中共北京市委党校（北京行政学院）学术文库"京"字号系列丛书

国家金融管理中心：
大国首都的金融发展之路

李诗洋　著

中共中央党校出版社

图书在版编目（CIP）数据

国家金融管理中心：大国首都的金融发展之路/李诗洋著．--北京：中共中央党校出版社，2024.3

ISBN 978-7-5035-7236-4

Ⅰ.①国… Ⅱ.①李… Ⅲ.①地方金融事业-经济发展-研究-北京 Ⅳ.①F832.71

中国国家版本馆CIP数据核字（2024）第063359号

国家金融管理中心：大国首都的金融发展之路

策划统筹	曾忆梦
责任编辑	刘海燕
责任印制	陈梦楠
责任校对	王 微
出版发行	中共中央党校出版社
地　　址	北京市海淀区长春桥路6号
电　　话	（010）68922815（总编室）　（010）68922233（发行部）
传　　真	（010）68922814
经　　销	全国新华书店
印　　刷	中煤（北京）印务有限公司
开　　本	710毫米×1000毫米　1/16
字　　数	198千字
印　　张	17
版　　次	2024年3月第1版　2024年3月第1次印刷
定　　价	68.00元

微信ID：中共中央党校出版社　　邮　箱：zydxcbs2018@163.com

版权所有·侵权必究

如有印装质量问题，请与本社发行部联系调换

前　言

　　金融是现代经济的核心与血脉,是社会资源配置的枢纽和杠杆,被视为国之重器。自新中国成立以来,金融在中国经济发展中扮演着至关重要的角色,尤其改革开放以来,我国金融业发展取得巨大成就,金融成为优化资源配置和调控宏观经济政策的重要工具,成为推动经济社会发展的重要力量,成为国家重要的核心竞争力。回顾新中国金融发展的历史,可以看到在党中央的坚强领导下,我们走出了一条前无古人的中国特色金融发展之路,金融体系不断完善、金融市场规模不断扩大、金融监管不断加强、金融开放不断推进。金融在推动经济增长、优化资源配置、促进产业升级等方面发挥日益重要的作用。

　　作为国家的政治中心,首都北京的金融发展具有特殊的地位和重要的意义。多年来,首都北京强化金融赋能,坚持金融工作的政治性、人民性,不断探索符合中国实际的金融发展道路,为推动实现中国式现代化提供强大的金融动能和战略支撑。本书深入探讨了国家金融管理中心和首都金融发展的相关问题，旨在为读者提供一个全面了解北京这一大国首都特色金融体系的视角。

本书在结构上共分为九个篇章，开篇即梳理了国家金融管理中心的历史渊源。首都北京能成为当代的国家金融管理中心，有其深厚的历史承袭和现代基础。北京自古就是我国的金融中心，其最早的金融集聚功能可以追溯至元朝，清末至民国更成为我国金融机构的聚集地。2015年至今，金融业增加值每年均占据全市地区生产总值近五分之一的份额，成为北京市经济发展的支柱产业，并对全市经济增长形成了有力支撑。经历过这样长期的历史发展和现代建设后，北京成为名符其实的国家金融管理中心。首都北京在监管决策、资源布局、支付结算、统计发布、标准制定、国际合作、金融法治、金融安全等国家金融功能中的枢纽地位充分彰显，国家金融管理中心也成为首都特色金融文化的重要核心内容。

金融监督管理是首都作为国家金融管理中心的核心功能，也是国家金融治理体系的重要组成部分。第二章主要介绍了首都北京作为国家级金融管理中心的资源聚集优势和金融监管格局的演进。我们坚持党对金融工作的集中统一领导，这是我国应对新形势下金融风险的复杂多变、完善金融监管治理、确保金融安全的重要法宝。为解决实践中存在的监管范围交叉和真空问题，我们重点开展了对监管机构协调性的研究，在实践中加强金融监管协调机制建设，补齐监管短板。为了提高金融稳定性，及时把握风险源头，首都金融监管在实践中从单纯注重金融机构个体风险的微观审慎监管，转向宏观与微观审慎监管并重，强化综合监管和持续监管。

完善的金融体系包括金融机构体系和金融市场体系，分工协作的金融机构和结构合理的金融市场体系是金融强国建设的重要基础和组成部分。本书的第三章和第四章分别梳理了首都金融机构体系和金融市场体系的形成与发展历程。经过多年发展，首都北京构建了以中国人民银行为中心，国有商业银行为主体，多种金融机构并存，分业经营、分业监管的金融中介机构体系格局。首都丰富的各层各类金融机构为支持北京实体经济扩大产能、产业转型、技术创新做出了重大贡献。近几年来，北京市多层次资本市场体系建设加快。第四章厘清了北京证券交易所、新三板、北京四板市场、中证报价系统等资本市场发展与北京市经济增长之间的关系，对于进一步完善首都多层次资本市场体系、促进北京市经济的快速增长有着较强的现实意义。从未来发展看，金融机构和金融市场体系的数字化转型是大势所趋，必须从服务首都发展大局的角度出发，重点推动自身创新发展，通过数字化转型实现金融服务多元化、提升智能风控水平、打造核心竞争优势。

本书的第五章分析了首都独具特色的各大金融功能区的发展，并提出北京各区实现金融产业差异化协同发展的对策建议。近年来，北京十六个行政区和经济技术开发区各自建立了自己的金融功能区，成为首都金融业发展的一道亮丽风景线。与此同时，北京"一主一副三新四后台"确立的金融功能区总体布局也颇见成效，金融街、CBD、中关村科技金融创新中心以及其他各区的金融产业功能区，在聚集高端要素、引领产业发展等方面发挥了重要作用。首都金融各功能区呈现稳步梯次发展态势，分别在科技金融、绿色金融、普惠金融、数字金融等不同金融产业领域寻求差异化发展，为首都金融业发展提供了有力支撑。

当前科技与金融的深度融合,已成为金融产业发展的大趋势。第六章分别介绍了首都北京在科技金融领域的创新和金融科技领域的生动实践。经过多年发展,北京科技金融领域取得了突破性发展,基本形成了以股权投资、财务公司、证券、信贷、保险机构为特色,包括担保、典当、科技型中小企业专营机构、小额贷款公司、金融后台机构等多种业态,传统型和新型金融机构并肩发展的多元化金融业格局,首都北京也成为具有全球影响力的科技金融创新中心。而金融科技本身既是首都的支柱产业,同时金融科技催生的新技术、新产品、新业态、新模式也是金融服务其他产业的不竭源泉。北京应借助区块链、金融云、互联网信用风险控制、生物识别、数字货币建设等最新金融科技手段的创新支撑北京经济的快速增长,实现各类金融机构深度合作和资源共享,共同推动数字金融发展,将北京打造为具有全球影响力的金融科技综合示范区。

第七章总结归纳了首都北京近年来在金融领域改革创新的实践经验,并在笔者多年从事智库课题调查研究的基础上提出了首都金融更好服务实体经济和地区产业升级转型的建议。例如,在普惠金融领域,基于笔者的智库研究成果,本章提出从建立金融支持"白名单"制度、政府设立高端服务业企业纾困基金等方面出台相关金融政策,更有针对性地缓解当前中小微型企业的融资困境。在绿色金融发展领域,建议充分利用首都丰富的金融资源和优势,探索打造绿色发展的北京模式,构建起以改革开放为动力、以创新引领为特色、以低碳持续为导向、以保障安全为底线的绿色金融体系。为提高金融精准化支持效率,本章提出建立首都特色金融顾问体系,分层次为不同领域的经济主体提供金融顾问服务，充分发挥金融顾问的地方政府"智囊团"作用，辅助地方政府加强金融管理。

第八章重点从金融监管的角度探讨了如何统筹首都金融发展与安全稳定。近年来北京市主动承担地方金融风险防范处置属地责任，组织、指导、协调相关部门开展违法违规金融活动的监测预警、风险防范和化解处置等，取得了一定成效。但由于金融监管事权在中央和地方之间的权责划分难题和地方金融组织的经营无界特点，北京在监管区域性金融行为和加强地方监管方面也面临很多难题。对此，本章总结分析了国际金融监管理论与实践的历史规律，进而界定地方政府金融监管体制的实施原则，提出首都北京金融监管的原则和方向，并提出相关实施建议。

最后一章从政策保障的角度探讨北京如何服务国家金融管理中心功能、实现大国首都金融高质量发展。北京作为国家金融管理中心的属地政府，应加大对国家金融管理部门的服务保障力度，为国家金融决策发布、金融信息交流和金融宏观调控提供支撑。应加大对全国性金融基础设施的服务保障力度，充分发挥政策优势，为首都金融发展保驾护航。充分发挥首都北京金融资源集中、金融优势明显的特点，引导首都金融业积极支持京津冀三地实体经济扩大产能、产业转型、技术创新。发挥首都金融科技高地的优势，完善地方金融风险监测预警机制，用好自身资源禀赋维护首都金融稳定。

作为国家金融管理中心，北京的金融业实践既具备中国特色金融发展之路的普遍规律，又呈现出独特的大国首都特色。因此，本书在整体设计上主要突出了两大特点。一是突出中国特色的金融发展特点：在梳理总结首都北京的金融发展实践基础上，探讨符合中国金融发展特色的金融体系和框架。纵观新中国成立以来首都金融体制的变化，不难发现，我国的金融体系变革都是顺应金融发展趋势的主动求变，既尊重金融发展的内在规律，又紧密地与我国金融结构的具体实践相结合，这恰是我们为丰富和完善国际金融理论体系所贡献的"中国经验"。二是突出大国首都的金融发展特点：北京作为大国首都，其金融体系的发展不同于一般金融中心城市，作为国家金融管理中心的功能地位，首都在国家金融体系中占据着核心地位，承担着重要的决策、监管、协调等职能。本书内容着重分析了首都在金融政策制定、金融市场监管、金融风险防控等方面的实践做法，指出金融管理中心更强调宏观层面的把控和战略规划，以确保国家金融体系的稳定和健康发展。希望对全国金融行业的发展起到引领和指导作用，对其他城市的金融中心建设起到一定的借鉴作用。

李诗洋

2024 年 3 月

目　录

第一章　首都北京：国家金融管理中心的形成　| 001
第一节　北京成为国家金融管理中心的历史渊源　| 001
第二节　北京成为国家金融管理中心的现实基础　| 006
第三节　国家金融管理中心的基本定位与功能建设　| 012

第二章　首都北京：国家级金融管理资源的聚集地　| 019
第一节　国家金融监管与决策的在京形成　| 019
第二节　首都金融监管格局的发展与演进　| 027
第三节　首都监管格局演变蕴含的金融监管理念发展　| 032

第三章　首都金融机构体系的形成与发展　| 042
第一节　庞大丰富的首都商业银行体系　| 042
第二节　首都非银行金融机构体系的发展现状　| 054
第三节　首都金融机构体系的改革与发展　| 063

第四章　首都金融市场体系的形成与发展　| 075
第一节　首都区域资本市场建设　| 075
第二节　北京证券交易所的"前世今生"　| 080
第三节　新三板市场：首都多层次资本市场的中坚力量　| 088

第四节 首都四板市场发展：北京股权交易中心 | 093

第五节 多层次资本市场的第五板块：中证报价系统 | 102

第五章 首都特色金融功能区的协同发展 | **111**

第一节 首都金融功能区的发展现状 | 111

第二节 首都金融功能区发展面临的问题 | 118

第三节 首都金融功能区差异化协同发展的思路 | 124

第六章 首都金融科技新兴业态的创新发展 | **130**

第一节 金融拥抱科技：科技金融还是金融科技 | 130

第二节 金融科技在首都北京的演进与发展 | 141

第三节 北京金融科技发展的障碍分析 | 146

第四节 北京金融科技产业发展的未来展望 | 149

第七章 持续推进首都金融改革与创新 | **156**

第一节 大力发展普惠金融的实践 | 156

第二节 发展与大国首都地位相匹配的绿色金融 | 162

第三节 伴随"两区"建设的首都金融扩大开放 | 172

第四节 创新首都特色的金融顾问服务体系 | 181

第八章 首都金融监管与风险防范 | **190**

第一节 首都金融监管面临的特殊形势 | 190

第二节 首都地方金融监管的现状 | 197

第三节 首都地方金融监管的理论依据与实施原则 | 208

第四节 完善首都地方金融监管机制 | 211

第九章　发挥政策优势为首都金融发展保驾护航 | **218**

第一节　加强对国家金融管理中心建设的服务保障 | 218
第二节　支持首都多层次资本市场建设 | 226
第三节　发挥首都金融资源在京津冀地区的辐射作用 | 230
第四节　用好资源禀赋维护首都金融稳定与发展 | 237

参考文献 | **244**
后　记 | **251**

第一章
首都北京：国家金融管理中心的形成

第一节 北京成为国家金融管理中心的历史渊源

近年来，我国金融业经历了资本市场异常波动、存款保险制度落地、取消存贷比监管、商业健康险税收优惠试点等一系列重大事件，利率市场化基本完成，金融改革进一步深化，金融业加快转型升级。但首都金融业的发展却在企稳之中表现出一枝独秀的态势。首都北京能成为当代的国家金融管理中心，有其深厚的历史渊源。北京自古就是我国的金融中心，其金融集聚功能最早可以追溯至元朝，发展到清末至民国，北京更成为我国金融机构的聚集地。

一、最早的北京金融一条街

北京前门外的商业街，是北京最早的"金融街"，清末至民国时期，这里的金融业发展迅速。

1. 珠宝市的 26 家"官炉房"

"炉房"亦称"银炉"。炉房最初的业务，仅代客商熔化零碎银两，定为大小元宝。后来炉房以存放现银为主要营生，熔化银锭反而成了附属业务。清道光年间的久聚炉房是近代北京第一家有影响力的炉房，后来久聚炉房有了很大发展，复聚、万聚、全聚、增盛、增茂、聚增、德顺等炉房也纷纷聚集在此。到晚清时，北京炉房众多，尤以珠宝市的 26 家炉房信用最著。它们分别是：聚丰、德顺、同元祥、聚义、益泰源、源丰、复聚、增盛、万聚、宝元祥、聚增、全聚厚、万丰、万兴、裕丰、宝丰成、祥瑞兴、谦和瑞、宝兴、德丰、恒盛、裕兴源、聚泰、恒康、增茂、聚盛源。这 26 家炉房虽为私人开设，但由于它们皆在户部备案，因此称为"官炉房"。清光绪年间，这 26 家炉房实际上控制了北京的金融行情，全市大小店铺在早晨开门营业前，都必须到珠宝市查看银钱比价的水牌。

2. 施家胡同密布银号

北京的银号，在康熙时期就开始活跃起来。最早的一家是浙江绍兴人创建于康熙六年（1667 年）的"正乙祠"，又称"银号会馆"，位于前门大栅栏街道西河沿街。

离银号会馆不远处就是施家胡同，胡同东西走向，东口在粮食店街，西口在煤市街。1949 年前，这条胡同称为"银号街"，280 米长的街道两侧，聚集了 10 多家银号，规模较大的银号有 10 号的谦生、11 号的裕兴中、12 号的义生、15 号的福生、17 号的启明、21 号的三聚源、22 号的集成、24 号的丰盛、26 号的余太亨、28 号的广瑞等。施家胡同的许多银号长期沿用旧式票号的经营方式。由于客户相对稳定，业务多是定向存贷、代理结算，所以基本不设对外营业大厅，而是设置洽谈客房、租赁账房和招待客户的厅堂住房，其构成类似现代的商务公寓，裕兴中银号就是一个典型的代表。

3. 西河沿街银行众多

民国时期，前门西河沿街曾经是京城有名的"金融街"。这条街上有交通银行、盐业银行、金城银行等多家银行。银行的开设、火车站的兴建使前门西河沿街迅速繁盛起来。

前门西河沿街的交通银行是其中建设较早的一家，交通银行于1907年12月由邮传部奏请设立，"以募集公债赎回京汉铁路为主因，而经管轮、路、电、邮四政收支，办理国外汇兑，以及推行国币，辅助统一币制，亦均在邮传部设行规划之中"。交通银行北平分行的新办公楼于1932年6月6日竣工。新中国成立后，这里曾是中国人民银行北京分行所在地，1995年被列为北京市文物保护单位。盐业银行是民国时期一家重要的商业银行，北洋政府以盐款为财政大宗，为维持盐业，调剂金融，于1914年10月筹设盐业银行，1915年3月26日正式开业，其总管处设在北京，盐业银行北京分行同时开业。盐业银行经营一般商业银行的业务及储蓄业务，为当时全国商业银行之冠。金城银行创办于1917年，最初在前门西河沿街内佘家胡同的几间平房里营业，不久后迁到前门西河沿街12号。

二、东、西交民巷见证的银行体系变迁

中国第一家银行——中国通商银行，创办于清光绪二十三年（1897年）。清光绪二十六年（1900年），八国联军入侵北京，东交民巷被辟为外国使馆区，并在此设立了6家外国银行：美国花旗银行、英国汇丰银行、俄国俄华道胜银行、日本横滨正金银行、法国东方汇理银行、德国德华银行。清光绪三十年（1904年），经财政处奏准，由

户部试办银行，以为财币流转总汇之所。次年户部银行正式开办，行址设在西交民巷路北。清光绪三十四年（1908年），户部银行改名为大清银行，移址西城设立印钞厂，厂址在白纸坊，该厂遗址尚存。[①]

大清银行之后，交通银行、金城银行、盐业银行、中南银行、大陆银行等纷纷在京设立。其后，大陆、金城、中国实业等银行，先后迁移至西交民巷。西交民巷成为西城最早的银行街，也是中资为主的银行街。1943年，北京西交民巷注册银行有13家。西交民巷17号是保商银行旧址，它的左侧是中央银行旧址，右侧是大陆银行旧址，三座银行比肩而立，非常气派。成立于1910年的保商银行总行原设于天津，由北洋政府和华洋商人出资成立，后从天津迁至此地。东交民巷的美国花旗银行、英国汇丰银行、法国东方汇理银行都是西式建筑风格，高楼林立，地下有保险金库。清末王公贵族及民国时的遗老新贵，最信任的就是这三家银行，因为它们拥有极高的金融信誉，可租用保险箱保管贵重家私。20世纪二三十年代，又建成数十家洋行，包括英国渣打银行、劳埃德银行等。

中国历史上许多大事，都发生在东、西交民巷。例如，1913年4月26日，袁世凯政府与英、法、德、俄、日五国银行团在汇丰银行大楼里签订了"善后大借款"合同。东交民巷金融街成为西方列强欺凌清王朝、干预中国事务的见证者。

新中国成立后，中国人民银行从河北省石家庄市迁至北京西交民巷，发行人民币，中国金融业进入新的历史时期。1984年，国家进行金融改革，中国人民银行行使中央银行职能，中国工商银行、中国农业银行、中国银行、中国建设银行、中国人民保险公司成为国家经济实

[①] 参见傅昱：《北京"金融街"史话》，《金融经济（市场版）》2019年第7期。

体，同时建立了各种信托投资公司、证券公司、财务公司、租赁公司、股份制银行、集体所有制的城市信用社，健全完善了以人民银行为中心，国有商业银行为主体，多种金融机构并存的金融体系。从大清银行到中国银行，再到中国人民银行，东、西交民巷见证了北京金融业的变迁。

三、现代金融街铸就的金融中心

元至元四年（1267年），元世祖忽必烈兴建了元大都城，大都城内设了五十个坊，金城坊便是其中之一坊。"金城"之意取自《汉书·贾谊传》，寓意城池坚固，难于攻破，今天的金融街即为金城坊辖地。明清时期这里银号林立，遍布钱庄、票号、金坊，商贾富豪及皇亲国戚多在此地经商，形成繁华的商业区和金融中心，成为中国金融业的最初萌芽之势。

1993年10月，国务院批复的《北京城市总体规划》中提出，"在西二环阜成门至复兴门一带，建设国家级金融管理中心，集中安排国家级银行总行和非银行金融机构总部"，标志着现代金融街项目的开始。它南起复兴门内大街，北至阜成门内大街，西抵西二环路，东邻太平桥大街。南北长约1700米，东西宽约600米，规划用地103万平方米，是北京市城市总体规划的重要组成部分，属重点建设区域。规划地上建筑面积238万平方米，地下建筑面积约80万平方米，共40多个单体建筑。

2003年，北京市委、市政府正式下发《关于促进首都金融业发展的意见》（以下简称《意见》），对北京金融业发展规划了"一主一副三新四后台"九大金融中心的总体布局，明确提出金融街作为金融主中心区，要进一步聚集国家级金融机构总部，提高金融街的金融聚集度和辐射力。2012年，中共北京市第十一次党代会首次明确将北京金融街定位为"国家金融中心"。2017年12月14日,北京市委、市政府召开全市金融工作会议,提出要积极完善金融街国家金融管理中心功能,拓展发展空间,促进金融街与丽泽金融商务区一体化发展。强化辐射带动作用,带动城市副中心等金融功能区发展各具特色的金融产业。

经过20多年的建设与发展,金融街已经建设成为集决策监管、标准制定、资产管理、支付结算、信息交流、国际合作为一体的国家金融管理中心,发展成为大型机构总部聚集地、全国金融资产聚集地、高端金融人才聚集地、人民币资金流通枢纽、金融市场信息发源地,见证与承载了国家金融改革发展历程和发展成果。今天的金融街整体占地面积259万平方米,楼宇面积达到700多万平方米,容纳1900多家的金融机构与著名企业,其中包括近20家全球500强企业,100多家世界顶尖外资金融机构和国际组织;运营总资产达百万亿元,每天资金流量超过100亿元,占全国金融机构资产规模的40%;金融从业人员达到23万人,50%以上具有硕士以上学历,10%以上具有海外留学经历。这里集中了中国人民银行、国家金融监督管理总局、中国证监会、北交所等中国最高金融决策监管机构与交易平台,几乎所有有关中国金融的重大决策,都在这里酝酿、讨论和最终形成。现代北京金融街已经成为事实上的国家金融管理中心,已与纽约华尔街、伦敦金融城、东京国际金融中心一样,成为全球瞩目的金融中心之一。

第二节　北京成为国家金融管理中心的现实基础

一、金融业自身发展成就突出

目前,北京金融资产的总量超过了190万亿元,约占全国一半。

在京各类的资管机构资产管理的规模约为33万亿元人民币，居全国首位。作为北京高端服务业的重要构成产业之一，在过去的几年，北京市金融业运行平稳，保持向好态势，对高端服务业发展和经济增长形成有力支撑。2009年以来，金融业占据北京市地区生产总值的比例一直居高不下，2015年金融业作为服务业中的一个子行业，其占地区生产总值的比重在所有产业中居首位，甚至超过工业同类指标，金融业首次跃居成为支撑北京经济发展的第一大支柱产业。之后连续八年，金融业增加值居高不下，每年均占据全市地区生产总值近五分之一的份额（如图1—1所示）。金融业已不折不扣地成为北京市的重要支柱产业。北京是全国资金的汇集枢纽，金融业的法人机构、从业人员数量、金融业总资产均居全国第一。

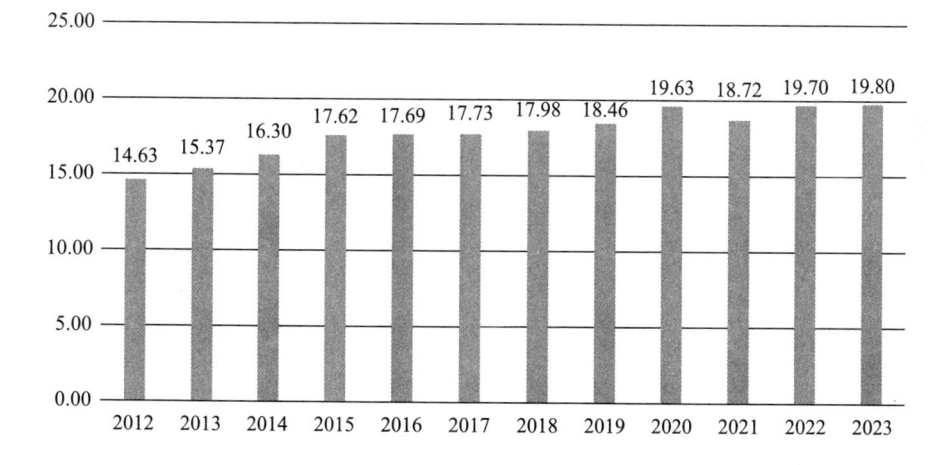

图1—1 北京市金融行业增加值占GDP比重变化趋势图（单位:%）

年份	2012	2013	2014	2015	2016	2017	2018	2019	2020	2021	2022	2023
比重	14.63	15.37	16.30	17.62	17.69	17.73	17.98	18.46	19.63	18.72	19.70	19.80

数据来源：《北京统计年鉴2023》，原北京地方金融监督管理局年度数据统计信息，https://jrj.beijing.gov.cn/zwgkn/sjxx/.

当前，北京市经济正在由高速增长阶段转向高质量发展阶段，经济的高质量发展离不开金融的高质量发展。2023年北京金融业实现增加值8663.1亿元，同比增速为6.7%，占地区生产总值的比重为

19.8%。十年来北京市金融业年均增长9.7%，超过全市GDP年均增速（5.9%）3.8个百分点；近十年增量占全市GDP增量的24%。总体看，全市金融业在错综复杂国内外经济形势下，稳中向好、稳中有升，金融国际影响力显著提升。金融业为首都经济高质量发展提供稳定适宜的货币金融环境，对实体经济的支持力度不断加大。自2013年9月以来，北京在全球金融中心中的排名一直位居前列。2023年9月公布的第34期全球金融中心指数（GFCI）[①]中，北京总体水平居全球第13位，而其银行业和金融市场两个专业领域处于更加领先地位，分别居全球第4位和第5位。大国首都的金融产业发展广受世界瞩目。

近几年来，北京金融业本外币存款余额和贷款余额均保持稳定增长。如表1—1所示，截至2023年12月，全市金融机构（含外资）本外币存款余额246430.0亿元，同比增长12.8%，较前一年度增加27968.8亿元；其中，人民币各项存款余额240438.6亿元，同比增长13.3%，较前一年度增加28159.5亿元，外币存款余额845.9亿美元，较前一年度减少41.7亿美元。本外币各项贷款余额110835.5亿元，同比增长13%，较前一年度增加12711.6亿元；其中，人民币各项贷款余额108601.2亿元，同比增长13.4%，较前一年度增加12800.2亿元，外币贷款余额315.5亿美元，较前一年度减少18.1亿美元。与全国社会融资规模收缩态势不同，北京地区社会融资规模增量持续逐年上涨，尤其是制造业中长期贷款、普惠小微贷款等重点领域和薄弱环

---

① 全球金融中心指数（Global Financial Centers Index）是全球最具权威的国际金融中心地位的指标指数。2007年3月该指数开始对全球范围内的46个金融中心进行评价，每年3月和9月定期更新以显示金融中心竞争力的变化。该指数评价体系涵盖了营商环境、金融体系、基础设施、人力资本、声誉及综合因素等五大指标。

节信贷保持快速增长。截至 2023 年 12 月末，北京市人民币制造业中长期贷款余额 9227.8 亿元，较前一年度增加 2543.9 亿元，同比增长 38.1%，比同期各项贷款增速高 24.7 个百分点；北京市金融机构普惠小微贷款余额 9575.7 亿元，较前一年度增加 1795.6 亿元，同比增长 23.1%，比同期各项贷款增速高 9.6 个百分点。与此同时，货币金融服务业带动金融业收入利润持续增长。截至 2023 年 12 月，北京市金融业资产收入总额达到 21803.5 亿元人民币，利润率达到 44.5%，占全市各行业利润总额的 49.1%。货币金融服务业、资本市场服务业、保险业、其他金融业资产总额占金融业资产总额的比重分别为 33.9%、11.8%、33.3% 和 21.0%。

表 1—1　北京市 2023 年金融业存贷余额统计表

指标	2023 年末	2022 年末	同比增长率（%）
本外币各项存款余额	246430.0 亿元	218461.2 亿元	12.8
人民币各项存款余额	240438.6 亿元	212279.1 亿元	13.3
外币存款余额	845.9 亿美元	887.6 亿美元	−4.7
本外币各项贷款余额	110835.5 亿元	98123.9 亿元	13.0
人民币各项贷款余额	108601.2 亿元	95801.0 亿元	13.4
外币贷款余额	315.5 亿美元	333.6 亿美元	−5.4

数据来源：《2023 年北京市货币信贷统计数据报告》（中国人民银行北京市分行 2024 年 1 月 26 日发布）。

从保险市场看，自 1997 年保险业开始大规模发展以来，北京市的保费收入占 GDP 比重比较稳定，大部分时间维持在 5%～8% 的区间内（如图 1—2 所示），并经历了一些拐点。截至 2023 年 12 月，在京保险法人机构 68 家，保险分公司 112 家，机构数量居全国第一。全年北京市实现全市原保险保费收入 3204.7 亿元，占全市 GDP 收入比重为 7.32%。其中，人身险公司保费收入 2610.8 亿元，财产险公司保费收入593.9亿元。保险业累计承担风险保障602.3万亿元。近年来，北京市保险业逐步实现自身结构优化转型，商业非车险迎来重要发展机遇，保费收入保持高速增长，保险保障需求加速释放，具有较大市场发展空间，特别是与经济发展、社会治理、居民消费息息相关的险种，如健康险、责任险、信用保证险等，财产险中非车险业务占比已达47.65%。发展势头良好，预计仍将保持较高增速。此外，北京还推出保险创新：推动工程质量潜在缺陷保险落地，启动知识产权保险试点，研发快递专项保险产品，发布"人才险"产品，持续推动长期护理险试点。

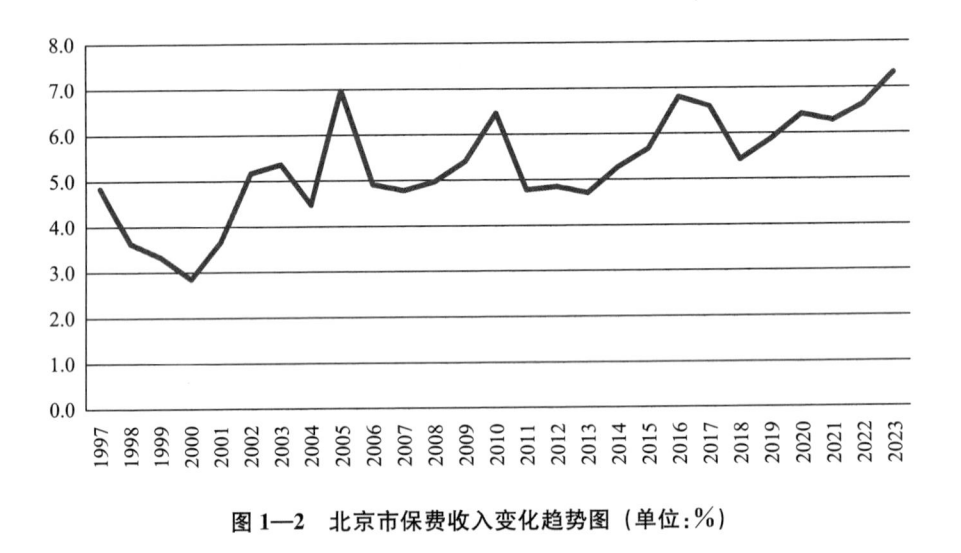

图1—2 北京市保费收入变化趋势图（单位：%）

数据来源：《北京统计年鉴2023》，原北京市地方金融监督管理局年度数据统计信息，https://jrj.beijing.gov.cn/zwgkn/sjxx/.

二、金融业多渠道促进北京产业转型与发展

金融业为首都的产业升级与转型发展提供了充足的市场流动性，多项重建信用债市场信心的政策措施出台，尤其服务北京新两翼的企业债券融资逐渐增加，社会融资结构进一步优化。

同时，近两年来，北京多层次资本市场不断向纵深发展，新三板、

北京四板、机构间私募产品报价与服务系统等多层次市场在支持高端服务业尤其是科技创新和信息服务业发展方面作出了巨大贡献。自中国有了证券交易所以来，北京市的上市公司数量逐年增加，尤其在2009年设立创业板之后，中关村的高新技术企业上市数量大幅增加，且持续增长。截至2023年12月，北京地区已经有近480家上市公司（如图1—3所示），其中，境内新增首发上市公司20家（包含主板2家、科创板7家、创业板4家、北交所7家），募集资金267.08亿元。

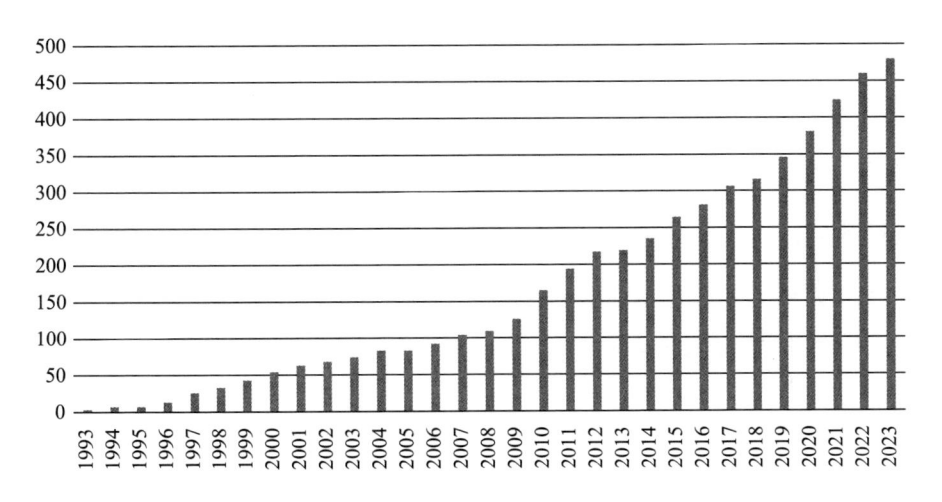

图1—3　北京市上市公司数量变化趋势图（单位：家）

数据来源：《北京统计年鉴2023》，原北京市地方金融监督管理局年度数据统计信息，https://jrj.beijing.gov.cn/zwgkn/sjxx/.

伴随着新三板深化改革的不断推进和北京证券交易所的正式建立，北京企业尤其创新型高端服务企业的发展备受市场瞩目，改革红利大幅度释放。截至2023年12月底，新三板挂牌公司存量6241家，其中创新层企业1877家，基础层企业4351家，总股本4454.61亿股，总市值21970.75亿元人民币。其中北京新三板挂牌公司存量787家（其中创新层189家，基础层598家），总市值2605.81亿元，占全市场融资规模的11.86%，挂牌公司总市值、创新层公司数量、融资笔数、融资金额均在全国市场位居前列。截至 2023 年 12 月底，北交所共有上市企业 239 家，接近开市时的 3 倍数量，总股本 318.04 亿股，总市值 4496.41 亿元人民币。其中中小企业占比超过 80%，民营企业占比接近 90%，先进的制造业、现代服务业、战略性新兴产业占比均超过八成，服务创新中小企业的主阵地的功能作用彰显。北京市共有 22 家公司成功在北交所上市。在区域性股权市场建设方面，截至 2023 年 12 月，北京四板市场挂牌展示企业 7532 家，登记托管企业共计 2465 家，投资者 50034 户，实现各项融资累计 5370.8 亿元。中证机构间私募产品报价与服务系统（五板市场①）加速发展，截至 2023 年 12 月，投资者开户数超过 15 万户，参与企业超过 3000 家，累计发行私募产品 70256 只，发行金额达 33887 亿元。北京市的私募股权投资市场无论在投资还是募资方面，均居全国首位。私募股权投资与大众创新创业以及资本市场发展形成良性互动循环，推动高端服务行业的各类中小微企业发展。

第三节　国家金融管理中心的基本定位与功能建设

一、国家金融管理中心的确立

1. 北京是国家金融管理中心

2017 年 9 月，党中央、国务院批复《北京城市总体规划（2016 年—

---

① 目前理论和实践上对于何为资本市场的第五板块尚存在较大争议，主要说法集中于券商柜台交易市场、股权众筹平台、中证机构间私募产品报价与服务系统等，本文遵循原北京市地方金融监督管理局的业务认定，以中证机构间私募产品报价与服务系统作为五板市场进行论述。

2035年)》，明确了北京是"国家金融管理中心"的定位。2020年12月，中央全面深化改革委员会第十七次会议进一步强调，"北京是国家金融管理中心"，以习近平同志为核心的党中央为首都金融发展指明了方向。2021年，《北京市"十四五"时期金融业发展规划》明确提出，"十四五"时期，北京将不断强化监管决策、资源布局、支付结算、标准制定、国际合作等金融功能，高水平建设与大国首都地位相匹配的国家金融管理中心。为全面加强对国家金融管理部门和在京金融机构的服务保障，北京积极完善与国家金融管理部门深层次的部市合作机制，创新性建立了对在京金融机构广覆盖的金融服务管家机制。为服务保障国家金融战略在首都的顺利实施，2021年北京金融法院作为改革法院高标准设立。北京市积极筹办金融街论坛，且作为我国参与国际金融治理的平台，其举办规格连年全面提升。基于国际交往中心的功能定位，北京开创性举办了多场全球系统重要性金融机构会议。

2. 国家金融管理中心面临的机遇挑战

当前我国正处于实现中华民族伟大复兴的关键时期，而世界正经历百年未有之大变局，世界经济金融前景面临很大的不确定性。全球金融市场不稳定性因素增多，金融体系脆弱性上升。新一轮科技革命和产业变革为金融发展提供了新的驱动力，同时也要求更好把握安全与发展、监管与创新的平衡。提升金融治理水平与防范金融风险能力成为金融发展的核心选项。我国金融改革开放深入推进，现代金融体系加快构建。北京作为国家金融管理中心，是国家金融改革开放的持续引领者、金融高质量发展的坚定践行者、国家金融安全的坚实维护者，在国家"十四五"发展时期金融承担重要历史使命，既迎来新机遇，也面临新挑战。

从国际环境看，一方面，我国国际地位不断提升，经济金融实力不断增强，北京作为国家金融管理中心和金融改革开放的前沿阵地，有基础、有条件紧密连接全球金融网络，成为全球金融中心的重要节点。另一方面，金融失衡引发各国对全球金融治理体系变革的思考，普惠、包容、可持续的金融发展成为重要的全球性议题。北京作为国际地位日益提升的大国首都，有基础、有条件代表中国参与全球金融治理，发出中国声音。从国内环境看，我国经济进入高质量发展新阶段，增长潜力和市场优势对全球金融资本形成强大的吸引力，金融供给侧结构性改革对优化金融机构、市场和产品体系提出更高要求的同时，也为北京率先承接国家金融改革开放任务、优化调整金融资源、提高竞争效率带来新机遇。以首都发展为统领推动高质量发展，以落好"五子"探索率先融入新发展格局的有效路径，加速形成京津冀协同发展新增长极，加快打造以"两区"为平台的高水平开放新格局，为首都金融业高质量发展提供丰富的应用场景和广阔的创新空间，加快推动北京国际科技创新中心建设，为首都金融业转型升级提供强劲技术支撑。

全球经济不确定性和金融市场不稳定性对我国金融业造成外部冲击，重点领域金融风险给我国产业发展带来冲击，而科技的快速发展以及由此产生的安全问题、金融边界问题、法律问题可能又会引发新的金融风险，跨境资本流动日益频繁对监管能力和水平提出新的挑战，这些由新技术、新场景、新变革而引发的深刻变化要求北京不断提高金融治理能力与金融治理水平。然而，制约首都金融高质量发展的结构性、功能性问题依然存在，国家金融管理中心功能还需要进一步完备，金融市场体系短板需要进一步补足，市场化资源配置能力和国际影响力需要进一步提升，以北京证券交易所为载体的服务创新型中小企业主阵地和支持专精特新的中小企业主平台需要进一步打造完善，服务科创民营小微企业的金融产品和工具需要进一步丰富，地方金融监管和治理体系需要进一步完善，防范化解金融风险的能力需要进一步巩固强化。

二、国家金融管理中心的功能定位

北京作为国家金融管理中心，金融业增加值约占到全市地区生产总值的20%，也贡献了全市20%的财政收入，是北京第一大支柱产业。近年来，北京市立足首都的城市功能定位，着力构建符合国家金融战略需要的首都金融体系，促使首都金融的核心竞争力大幅度提升，实现了高质量发展。接下来，北京市将立足资源禀赋，着力发展与大国首都地位相匹配的现代金融业，更好地服务和完善国家金融管理中心的功能定位。

1. 进一步完善国家金融管理中心的功能定位

一是着力强化金融监督管理中心的功能，更好地服务国家金融发展大局。北京市将加大对国家金融管理部门的服务保障力度，进一步强化金融决策、标准制定、金融法治、支付结算、统计发布等功能，支持保障国家重大的金融战略的实施，为货币政策、金融监管等政策的出台和落实提供良好的环境，更好地服务各大金融机构的总部管理的枢纽功能，加大对国家金融基础设施的保障力度，不断激发金融行业协会规范自律的引领作用，吸引更多国际金融组织在京发展。

二是着力推动首都金融业高水平的开放，更好融入全球产业链、供应链、价值链。积极争取国家金融开放政策在京率先落地，进一步加强在金融市场开放、跨境资金流动、投融资便利化等领域先行先试，支持金融机构在自由贸易试验区开展跨境结算业务，支持跨国公司开展跨境资金的集中运营管理，推动跨境金融稳健发展。鼓励在京金融机构和大型企业集团走出去，依法合规参与国际金融市场活动，推动"一带一路"金融合作高质量发展。同时，持续提升金融街论坛的国际影响力，打造中国参与全球金融治理的发声平台。

三是着力深化金融改革创新，更好服务实体经济发展。将持续深化金融供给侧结构性改革，提高普惠金融信贷供给，引导资金更多流向民营、科创、中小微企业。深化绿色金融改革，支持金融机构加强环境风险评估和信息披露，不断完善绿色金融产品和服务。巩固扩大金融科技发展优势，加强底层技术的研发和创新，支持金融机构与科技企业深度合作。大力培育数字金融产业的主体，积极发展消费金融、养老金融，促进金融更好服务消费升级、城市更新、城市治理。支持北交所深化改革，不断优化交易的机制，扩大交易规模，丰富交易品种，探索与境外资本市场互联互通。

四是着力优化金融的产业生态，更好地为在京金融机构营造良好的发展环境。我们将加大营商环境改革力度，继续优化支持首都金融业发展的政策措施，加大对金融机构在京落户、办公用房、人才引进、公共服务等方面支持力度，优化首都金融业的空间布局，提升金融街、金科新区、丽泽金融商务区、商务中心区、城市副中心的运河商务区等金融功能区的发展水平。①

2. 发展与大国首都地位相匹配的现代金融业

作为首都经济第一大支柱产业，"十四五"时期，首都金融业发展应立足新发展阶段，完整、准确、全面贯彻新发展理念，更加自觉主动融入新发展格局，更加突出国家金融管理中心的政治站位，更加突出金融高质量发展的工作主题，更加突出服务实体经济的根本宗旨，

---

① 冯娜娜：《北京市副市长靳伟：构建符合国家金融战略需要的首都金融体系》，《中国银行保险报》2023年3月22日。

更加突出统筹金融发展与安全的根本要求，努力构建符合国家金融战略需要的首都金融体系，努力发展与大国首都地位相匹配的现代金融业。

发展与大国首都地位相匹配的现代金融业，要做到金融资源进一步集聚、多层次资本市场进一步完善、金融改革开放进一步深化。根据《北京市"十四五"时期金融业发展规划》的目标设置，北京未来发展现代金融业应从以下十方面着手：一是强化大国首都金融功能，高水平建设国家金融管理中心；二是优化首都金融组织体系，打造具有全球竞争力的现代金融业态；三是服务新三板改革，完善多层次金融市场体系；四是发挥"金融＋科技＋数据"叠加优势，构建金融科技创新中心；五是加强普惠金融服务民生，促进城乡居民共同富裕；六是深化金融供给侧结构性改革，建设精准高效金融生态服务体系；七是加快绿色金融改革，建设绿色金融中心；八是推进金融领域"两区"建设，打造金融业双向开放新高地；九是完善金融监管体系，构建金融安全首善之区；十是提升首都金融软实力，营造国际一流金融营商环境。最终实现首都金融综合竞争力、创新引领力、资源配置力、资产定价力、国际影响力、风险管控力、监管有效性全面加强。

到"十四五"期末，北京要基本建成与大国首都地位相匹配的现代金融体系，成为基础雄厚、功能完备、法制健全的国家金融管理中心，拥有全球化资产配置能力、与我国国民财富增值需要相匹配的财富管理中心，与国际通行技术标准相符合的金融科技创新高地，服务绿色金融交流合作和市场运行的绿色金融中心，监管体系完备、风险监测预警能力突出、市场运行规范的金融安全稳定首善之区，具备国际一流的市场化、法治化、国际化、数字化水平的金融营商环境高地。

展望2035年，北京将形成国际一流的金融营商环境，金融机构组织体系更加完善；金融科技水平不断提升，绿色金融助力碳达峰、碳中和，成为推动金融业高质量发展的新动能、新引擎；金融业对北京建设国际一流的和谐宜居之都、推动京津冀协同发展起到充分支撑的作用；国家金融管理中心综合竞争力显著增强，与大国首都地位相匹配的现代金融业全面发展，成为全球金融中心城市网络中具有重要地位、在全球金融治理中发挥重要作用的中心节点。

第二章
首都北京：国家级金融管理资源的聚集地

第一节　国家金融监管与决策的在京形成

一、中国人民银行在京成立

1931年11月7日在瑞金召开的中华苏维埃第一次代表大会上通过决议，成立中华苏维埃共和国国家银行，并规定了对银行、信贷、货币和金融管理方面的政策，这是我们党建立的最早的中央银行，是开启对银行金融体系监督管理的历史性事件。1948年11月，华北人民政府决定将解放区建立的华北银行、北海银行和西北农民银行合并为中国人民银行。12月1日以原华北银行为总行，中国人民银行在石家庄正式宣告成立。华北人民政府当天发出布告，由中国人民银行发行的人民币在华北、华东、西北三区统一流通，所有公私款项收付及一切交易，均以人民币为本位货币。1949年2月，中国人民银行由石家庄市迁入北平。1949年9月，中国人民政治协商会议通过《中华人民共和国中央人民政府组织法》，把中国人民银行纳入政务院的直属单位系列，接受财政经济委员会指导，与财政部保持密切联系，赋予其国家银行职能，承担发行国家货币、经理国家金库、管理国家金融、稳定金融市场、支持经济恢复和国家重建的任务。

新中国成立初期，中国人民银行在中央人民政府的统一领导下，着手建立统一的国家银行体系：一是建立独立统一的货币体系，使人民币成为境内流通的本位币，与各经济部门协同治理通货膨胀；二是迅速普建分支机构，形成国家银行体系，接管官僚资本银行，整顿私营金融业；三是实行金融管理，疏导游资，打击金银外币黑市，取消在华外商银行的特权，禁止外国货币流通，统一管理外汇；四是开展存款、放款、汇兑和外汇业务，促进城乡物资交流，为迎接经济建设做准备。

此外，中国人民银行还承担了党对私营行庄的整顿改造，经历了业务引导、合作联营、公私合营三个阶段，直至公私合营银行退出历史舞台。在业务引导方面，中国人民银行主要采取两种形式：一是成立可以进行联合放款的银团，例如以银团、私营行庄成立"上海市私营银钱信托业联合放款处"，以这种形式存在的有173家；二是成立公私合营银行，宏观统筹当时的大行，比如中国实业银行、新华信托储蓄商业银行、四明商业储蓄银行和中国通商银行四家银行通过改造，成为上海第一批公私合营银行。在合作联营方面，中国人民银行于1950年向各类私营行庄倡导组建联营集团，京津是最先办理联营的地区，随后上海跟进，成立了4个私营金融业联营集团。对于推进公私合营发展，党中央于1952年4月印发《对私营金融业方针的指示》，同年12月，全国公私合营银行总管理处在北京成立，设在各地的各家公私合营银行，一律合并为全国公私合营总管理处所属的分行。1953年3月，中国人民银行向党中央报送的《关于私营金融业社会主义改造基本完成的报告》中称，私营行庄今后不复存在，国家接管金融阵地，加强对私人工商业的领导，是实现国家金融事业发展的必然之举。1957年7月，在公私合营银行的机构、人员、财产和业务等悉数并入中国人民银行之后，彻底终结了公私合营银行的存在。1957年末，我国基本形成了全国大一统的银行体制，金融体系高度集中，只存在一家银行，即中国人民银行。

中国人民银行作为中华人民共和国的国家银行，建立了全国垂直领导的组织机构体系；它的分支机构按行政区划逐级普设于全国各地，各级分支机构按总行统一的指令和计划办事；它既是金融行政管理机关，又是具体经营银行业务的经济实体，作为政权机构和金融企业的混合体而存在。中国人民银行统一了人民币发行，逐步收兑了解放区发行的货币，全部清除并限期兑换了国民党政府发行的货币，很快使人民币成为全国统一的货币；对各类金融机构实行了统一管理。中国人民银行充分运用货币发行和货币政策，实行现金管理，开展"收存款、建金库、灵活调拨"，运用折实储蓄和存放款利率等手段调控市场货币供求，扭转了新中国成立初期金融市场混乱的状况，成功抑制了国民党政府遗留下来的长达20年之久的恶性通货膨胀。同时，按照"公私兼顾、劳资两利、城乡互助、内外交流"的政策，配合工商业的调整，灵活调度资金，支持了国营经济的快速成长，适度地增加了对私营经济和个体经济的贷款；便利了城乡物资交流，为人民币币值的稳定和国民经济的恢复与发展作出了重大贡献。

二、中国人民银行的职能演变

在统一的计划体制中，自上而下的人民银行体制，成为国家吸收、动员、集中和分配信贷资金的基本手段。从1953年开始建立了集中统一的综合信贷计划管理体制，即全国的信贷资金，不论是资金来源还是资金运用，都由中国人民银行总行统一掌握，实行"统存统贷"的管理办法，将银行信贷计划纳入国家经济计划，成为国家管理经济的重要手段。高度集中的国家银行体制，为大规模的经济建设进行全面的金融监督和服务。

1958年至1965年我国金融体制在计划经济的整体框架内进行了一些调整和探索。"一五"计划完成以后，1958年，党的八大二次会议提出"鼓足干劲，力争上游，多快好省地建设社会主义"的总路线，发动"大跃进"运动和农村人民公社化运动，"左"倾错误严重影响到金融领域。1958年末，中共中央、国务院规定农村财政贸易体制实行"两放、三统、一包"的办法，银行的农村机构和人员全部下放给人民公社，与农村信用社合并，组成人民公社的信用部（同时挂银行营业所的牌子），银行对人民公社信用部的资金采取"存贷相抵，差额包干"的管理办法。新体制的实行引发了很多问题，造成了资金使用上的混乱，严重地削弱了中国人民银行信贷和货币流通的宏观管理与调节。有鉴于此，1959年6月，中国人民银行把下放给人民公社的营业所收回，把原来的信用社从人民公社信用部中分离出来，下放给生产大队变为信用分部。1961年9月，中国人民银行发出《关于讨论和试行农村信用合作社若干政策问题的规定（草案）的通知》，进一步明确农村信用合作社是劳动人民资金互助组织，重新建立农村信用社并取消人民公社信用部，由国家银行和人民公社对其双重领导，农村信用社恢复作为独立的经济组织。1962年6月，中共中央、国务院发出《关于改变中国人民银行在国家组织中地位的通知》，指出中国人民银行是国家管理金融的行政机关，是国家办理信用业务的经济组织。这个通知精神比较科学、比较切合实际地确定了人民银行的地位与作用。从1962年下半年到1965年国民经济调整期间，人民银行在抑制通货膨胀，克服经济困难，支持经济恢复与发展中比较充分地发挥了作用，作出了很大成绩。

遗憾的是，1966年至1976年是我国金融体制和金融事业遭到严重破坏的十年。1967年7月，人民银行总行和财政部合署办公。人民银行的机构系统被分割，集中统一的金融管理体系被严重破坏，金融工作出现了大量问题。1971年9月，在解决国民经济出现的"三个突破"问题中，强调要加强银行工作的独立性和集中统一性。1972年4月，国务院将中国银行定为事业单位，同年6月把建设银行划出来单独设置，在一定程度上加强了银行工作。1972年9月全国银行工作会议决定省和省以下银行机构与财政分开，恢复原来的系统。但是财政部和中国人民银行仍然没有分开，一直到1977年底，国务院发布《关于整顿和加强银行工作的几项规定》，才恢复了中国人民银行对金融业务实行自上而下的垂直领导，重新形成了集中统一的机构体系和工作体系。

随着金融体制改革的开始，改变了旧有的"大一统"格局，陆续恢复和分设了一些专业银行。1978年12月，十一届三中全会决定把恢复中国农业银行、大力发展农村信贷事业作为加快发展农业的一项重大决策。中国农业银行是新中国设立的第一家商业银行，也是改革开放后第一家恢复成立的国家专业银行。1979年以后，为了适应经济发展和经济体制改革的需要，我国先后恢复和建立了一些专业银行、综合性银行和非银行金融机构，在金融机构改革方面迈出较大的步子：

改革了中国银行、中国人民建设银行的体制，成立了国家外汇管理局，新设了中国投资银行、中国工商银行、中国国际信托投资公司，重建了中国人民保险公司、改革了农村信用社。这样，改变了金融体系的单一化，逐步建立分工协作的金融经济运行体系；根据各产业发展的需要对专业银行进行对口分工，改变了金融业的垄断格局；专业银行从事信贷、结算、现金出纳管理、储蓄、信托、投资等多种金融业务，有利于专业银行的综合化发展。

经济的日益发展和金融机构的增加，迫切需要加强金融业的统一管理和综合协调，由中国人民银行专门承担中央银行职责，成为完善金融体制、更好发展金融业的紧迫议题。1979年4月9日，国务院批转了《中国人民银行全国分行行长会议纪要》，纪要强调要把银行工作迅速转移到社会主义现代化建设的轨道上来，必须对银行的作用有足够的认识；并指出中国人民银行是全国资金的枢纽和连接国民经济的纽带，许多事情通过银行来办，比用行政方法更灵活，更有效，更有利于按经济办法管理经济。1981年1月，国务院发布《关于切实加强信贷管理，严格控制货币发行的决定》，强调"中国人民银行要认真执行中央银行的职责"。1982年7月，国务院批转中国人民银行的报告，进一步强调"中国人民银行是我国的中央银行，是国务院领导下统一管理全国金融的国家机关"，从此开始了组建专门的中央银行的准备工作。1983年9月17日，国务院正式作出《中国人民银行专门行使中央银行职能的决定》，宣布确立中央银行制度，中国人民银行不再办理工商信贷和储蓄业务，并具体规定了人民银行的10项职责。从1984年1月1日起，中国人民银行开始专门行使中央银行的职能，集中力量研究和实施全国金融的宏观决策，加强信贷总量的控制和金融机构的资金调节，以保持货币稳定；同时新设中国工商银行，人民银行过去承担的工商信贷和储蓄业务由中国工商银行专业经营；人民银行分支行的业务实行垂直领导；设立中国人民银行理事会，作为协调决策机构；建立存款准备金制度和中央银行对专业银行的贷款制度，初步确定了中央银行制度的基本框架。

至此，中国人民银行完成了从国家银行到中央银行的职能转变。

三、中国人民银行金融监管职能的强化

1984年1月，中国人民银行理事会召开第一次会议，强调要以积极的态度对待金融体制改革，人民银行要根据国家的方针、政策把资金管住，并且明确中国人民银行与专业银行在业务上是领导与被领导的关系。从1984年开始，我国经济改革全面展开，金融体制改革的重点是强化人民银行的中央银行职能，逐步建立健全金融机构体系，并实施"实贷实存"的信贷管理办法。到1992年，我国已初步形成以中央银行为领导，国家专业银行为主体，其他各种商业银行和非银行金融机构并存的多层次、多形式、多功能，具有中国特色的社会主义金融体系。

在专门行使中央银行职能的初期，为适应多种金融机构，多种融资渠道和多种信用工具不断涌现的需要，中国人民银行不断改革机制，搞活金融，发展金融市场，促进金融制度创新。中国人民银行努力探索和改进宏观调控的手段和方式，在改进计划调控手段的基础上，逐步运用利率、存款准备金率、中央银行贷款等手段来控制信贷和货币的供给，以达到"宏观管住、微观搞活、稳中求活"的效果，在制止"信贷膨胀""经济过热"，促进经济结构调整的过程中，初步培育了运用货币政策调节经济的能力。

在中央银行的职能定位上，1994年1月，人民银行总行正式印发

了《人民银行分支行转换职能的意见》，强调进一步转换人民银行职能的必要性和迫切性，具体规定了人民银行及分支机构的职能，主要是贯彻、执行国家货币政策，维护金融秩序稳定，依照法规对各类机构领导、管理、协调、监督、稽核，为各类金融机构稳健经营和金融市场有序运作提供完善的服务，中国人民银行进行金融调控、金融监管的职能进一步得到强化。

1995年3月18日，全国人民代表大会通过《中华人民共和国中国人民银行法》，这是首次以国家立法形式确立中国人民银行作为中央银行的地位，标志着中央银行体制走向了法治化、规范化的轨道，这也是中央银行制度建设的重要里程碑。1998年，按照中央金融工作会议的部署，改革人民银行管理体制，撤销省级分行，设立跨省区分行，同时，成立人民银行系统党委，对党的关系实行垂直领导，干部垂直管理。

2003年，中央机构编制委员会正式批准人民银行的"三定"调整意见。2003年12月27日，第十届全国人民代表大会常务委员会第六次会议审议通过了《中华人民共和国中国人民银行法（修正案）》，对中国人民银行有关金融监管职责进行了调整，新的职能为"制定和执行货币政策、维护金融稳定、提供金融服务"。同时，明确界定："中国人民银行为国务院组成部门，是中华人民共和国的中央银行，是在国务院领导下制定和执行货币政策、维护金融稳定、提供金融服务的宏观调控部门。"这种变化集中表现为中国人民银行作为中央银行在实施金融宏观调控、保持币值稳定、促进经济可持续增长和防范化解系统性金融风险中发挥的重要作用。

目前，我国经济市场化程度越来越高、货币政策决策面临的环境日趋复杂，金融业长期积累的金融风险仍然较重、改革与重组任务十分艰巨。中国人民银行要大力强化与制定和执行货币政策有关的职能，不仅要加强对货币市场、外汇市场、黄金市场等金融市场的规范、监督与监测，还要从金融市场体系有机关联的角度，密切关注其他各类金融市场的运行情况和风险状况，综合、灵活运用利率、汇率等各种货币政策工具实施金融宏观调控。同时，要从维护国家经济金融安全，实现和维护国家利益的高度，研究、规划关系到我国整个金融业改革、发展、稳定方面的重大战略问题。

第二节 首都金融监管格局的发展与演进

金融监管是国家金融治理体系的重要组成部分。在中国探索和发展社会主义市场经济的过程中，北京作为大国首都，立足于具体实践，创造性地建立了符合中国金融发展特色的金融监管体系和框架，并随着时代的发展不断革新。

一、金融业发展初期的监督管理与混业格局（1949—1984年）

在计划经济体制下，我国金融监管思想经历了从无到有的过程。新中国成立前后，我国在金融组织国有化和管理机构单一化两大金融监管思想下，在金融领域推行了一系列管理举措。针对各类金融组织，没收和接管了官僚买办阶级控制的金融机构，针对民族资产阶级控制的金融机构，国家采取一系列较为缓和的团结和改造政策逐渐将其纳入国家计划。在此时期，我国金融市场关系简单，机构数量稀少，北京作为首都，主要依托中国人民银行总行完成对全国金融领域的行政管理。中国人民银行兼具商业银行、政策性银行、中央银行三重身份，既经营全国金融业务，也负责金融管理和货币发行。在这一时期，首都对全国的金融管理只是监督计划执行，并非真正意义上的金融监管。

改革开放初期，我国对金融监管思想的研究迅猛发展，并批判性地引入以古典和新古典经济理论为主的西方货币金融理论，对金融监管体系开始有了实际层面的探讨。中国人民银行也开始进行实际层面的金融监管。我国逐步转变中央银行的定位，构建新的金融体制，为金融市场引进竞争机制，金融监管进入萌芽状态。十一届三中全会后，以银行业为主的金融领域也发生了一系列的改革，国有独资银行陆续从人民银行和财政部剥离出来，银行开始走向竞争的格局。中国人民银行仍扮演着商业银行和中央银行的双重角色，兼办工商信贷和城镇储蓄业务，但也开始研究金融机构改革、制定金融机构管理办法、审批金融机构的设立和撤并。改革开放后较长一段时期，是以"监督稽核"取代"金融监管"的，中国人民银行只下设了稽核局，负责检查和稽核，这是与大一统的银行体系且银行体系的业务基本局限于"存贷款"相适应的。在当时的经济体制与金融发展水平条件下，这种以中国人民银行为单一主体的金融集中管理体制，保证了一个崭新国家金融体系的统一与高效，也为其日后以央行监管为主导的金融监管提供了一定的经验、组织机构和人员方面的储备。

整体来说，新中国成立后的金融业发展初期，由于中国金融体系结构单一，作为金融监管核心的中国人民银行一直承担着商业银行和中央银行的双重功能，这一阶段的金融业呈现出初期自然的混业经营和混业监管的发展特点。

二、金融业完善时期以"一行"为核心的金融监管格局（1984—1994年）

1984年中国人民银行完全脱离一般银行职能，其金融管理职能呈现独立化特点。各专业银行迅猛发展，从不断突破专业限制，逐步发展到突破行业限制。在利益机制的驱动下，许多专业银行尤其是新设的股份制商业银行业务范围拓展到银行、保险、证券、信托、房地产等多个领域，事实上形成了混业经营模式。在此背景下，中国人民银行依据《关于金融体制改革的决定》对银行业、保险业、证券业、信托业实行分业管理，形成分业监管格局。监管内容分为市场准入监管、合规性监管、外部监管和一般行政性监管。

在这一时期，中国人民银行成为全国金融体系中唯一的、核心的金融监管和金融决策机构，首都金融管理中心的地位凸显。相比金融具体业务的事实混业经营，中国人民银行的金融监管形成了混业经营、分业管理的格局。

三、金融业快速发展时期的"分业经营、分业监管"格局（1994—2004年）

这一阶段，我国的金融监管理论已日益成熟。党的十四届三中全会勾画出社会主义市场经济体制的基本框架，在这一框架的指引下，我国不断深化金融领域的各项改革，颁布了一系列金融业法律法规，形成了中国市场化金融体系法律框架。在商业银行职能方面，国有银行进行商业化改革，剥离原有政策性金融业务。在法律框架方面，相继出台《中华人民共和国中国人民银行法》《中华人民共和国商业银行法》等重要法规。在中国人民银行组织体系方面，按照经济区设立分支机构，规范了总行、分行、中心支行、支行在金融监管中的职责和权利，形成多层次的监管体系。

20世纪90年代初，上海和深圳证券交易所先后建立，大力发展资本市场和直接融资已成为中国金融结构调整的重要方面，证券市场的特殊性要求它有独立的监管机构,于是,1992年中国证券监督管理委员会成立,这意味着现代意义的"金融监管"正式步入中国金融的治理体系之中。《中华人民共和国商业银行法》《中华人民共和国保险法》和《中华人民共和国证券法》等金融业的大法确立了分业经营的制度,但并没有及时建立与之相配套的监管体系,仍由中国人民银行行使对商业银行的监管权。1998年中国保险监督管理委员会成立,2003年中国银行业监督管理委员会成立。至此,"一行三会"的分离式的金融分业监管体系和"分业经营、分业监管"的监管格局在京形成,首都金融管理中心成为中国严格执行金融业分业经营、分业监管的象征。

四、金融改革时期的金融监管格局变迁(2004年至今)

随着金融创新的不断深入,新型金融工具不断模糊不同金融行业的产品界限,金融业由分业经营走向混业经营的制度。中国确立分业监管体制之际,正是全球信息技术革命迅速扩张渗透、以影子银行为代表的金融创新浪潮席卷之时,许多国家基于宏观谨慎而重塑了金融监管体系。

与其他国家大刀阔斧地改革金融监管不同,中国是在保持原有机构型分业监管框架的同时,建立"货币政策与宏观审慎双支柱调控",以缓解金融的顺周期性和提高金融的稳定性。分离型的机构导向监管体系下,监管主体和目标都十分明确,但协调成本高,监管者之间的竞争在某些方面会降低监管标准,助长了金融机构的监管套利。这在客观上加速了中国金融的混业经营进程,跨业经营成为许多金融机构扩张资产规模的重要战略,持有不同牌照实现金融的集团化经营十分普遍。同时,监管套利也带来了新的金融风险。银行、保险和券商的资产管理就因监管者竞争而大举扩张,为了取得规模竞争优势,它们在直接或间接地向投资者宣传"高"预期收益的同时淡化了风险;金融空转和脱实向虚也日益突出,债务不断扩张。因此防范金融风险成为金融监管的目标之一。①

为有效防范系统性金融风险,进一步加强金融监管协调,2017年召开的第五次全国金融工作会议提出成立"国务院金融稳定发展委员会",统筹协调金融监管政策间、部门间及其与其他相关政策的配合。2018年,按照国务院机构方案,银监会和保监会合并成立银保监会,作为国务院直属事业单位,标志着"一行三会"监管体系的改变,"一委一行两会"金融监管格局的形成。金融稳定发展委员会和银保监会的成立,进一步推动了行业监管的协同,避免了此前存在的一些监管重叠和监管漏洞的问题。在新的监管格局下,中国人民银行更多地担负起宏观审慎管理、金融控股公司和系统重要性机构、金融基础设施建设、基础法律法规体系及全口径统计分析等工作。各地相继成立的地方金融监管局也承担起对"7+4"类机构以及一些新兴金融业态的监管工作。

金融稳定发展委员会成立后,尽管在国务院层面建立了不同监管主体之间的协调机制,但监管仍然略显"分散"。比如,对金融控股公司的监管权力划归中国人民银行,中国人民银行又下设金融消费权益保护局,银保监会则负责对银行与保险业机构的监管,证监会则负责对资本市场的监管。党的二十大报告指出:"加强和完善现代金融监管,强化金融稳定保障体系,依法将各类金融活动全部纳入监管,守住不发生系统性风险底线。"这为新一轮的金融监管的大变革提供了根本遵循。2023年3月,根据国务院机构改革方案,一是组建了中央金

---

① 参见彭兴韵:《金融监管大变革》,《银行家》2023年第4期。

融委员会，不再保留国务院金融稳定发展委员会。金融委员会负责金融稳定和发展的顶层设计、统筹协调、整体推进、督促落实，研究审议金融领域重大政策和问题等，作为党中央决策议事协调机构。二是组建了国家金融监督管理总局，统一负责除证券业之外的金融业监管，同时，将中国人民银行对金融控股公司等金融集团的日常监管和金融消费者保护等方面的职责，以及中国证券监督管理委员会的投资者保护职责划入国家金融监督管理总局，中国银行保险监督管理委员会则完成了它的历史使命。至此，我国的金融监管体系变成"一委一行一局一会"的格局。

纵观新中国成立后金融监管体系70余年的发展历程，从一行统筹到"一行三会"到"一委一行两会"，再到"一委一行一局一会"的格局演变，首都北京在构建金融监管体系建设和承担全国金融监管决策职能方面积累了大量宝贵经验。而在新的发展阶段，为了强化金融对高质量发展的支持力度，我国金融业将沿着金融创新、市场化和对外开放方向发展，而这也要求金融监管改革进一步深化。

第三节　首都监管格局演变蕴含的金融监管理念发展

大国首都金融监管格局的演进反映了我国金融监管理念与监管原则的不断发展。从国际金融监管理论和实践发展的情况来看，金融监管的具体机制会随着时代发展和社会经济环境的不同而不断演化，各国应根据具体国情选择适合的金融监管制度。我国的金融监管模式必须立足实际国情，强化监管的宏观审慎意识，严格控制系统重要性金融机构的风险，从而实现维持金融稳定的监管目标，因此我国的金融监管协调机制在设置上应该有适度的前瞻性并随着风险的演变而不断作出调整。首都金融监管的演进反映出中国特色金融监管理念的不断发展与完善。

一、加强党对金融工作的集中统一领导

经济全球化给我国的金融监管体系增加了监管对象的多样性和风险的不可预测性，给我们的金融安全带来了新的挑战。加强党中央对金融工作的集中统一领导，是我国应对新形势下金融风险复杂多变、完善金融监管治理、确保金融安全的重要法宝。

党对金融工作的集中统一领导是有中国特色的金融监管治理的重要组成部分。传统市场经济国家，商业金融机构的治理机制主要是以股东大会、董事会和监事会为代表的"三会"。事实上，我国绝大部分金融机构都已按市场经济的要求建立了基于"三会"的现代公司治理结构，但近几十年的中国金融发展实践表明，仅有"三会"并不能防止金融机构的内部控制和道德风险。只强调"三会"在金融机构治理结构中的作用，以"自主经营"为幌子弱化金融机构党的领导和建设，实则极有可能通过金融机构进行种种利益输送，不仅直接损害了金融消费者的权益，也给金融稳定带来很大危害。加强金融工作的集中统一领导，不仅有助于防止内部人控制，也有助于从大局出发，让金融更好地回归本源，服务于实体经济，助力实现中国式现代化，弥补单纯依赖于"三会"的治理结构的缺陷；另外，加强金融机构党的政治、思想、组织、作风和纪律五个方面的建设，并没有取代或削弱金融机构的董事会和股东大会对重大事项的经营决策权，也没有取代或削弱监事会对金融机构的内部监督权。[①]

---

① 参见彭兴韵：《金融监管大变革》，《银行家》2023年第4期。

金融是现代经济的核心。保持经济平稳健康发展，一定要把金融搞好。改革开放以来，党中央始终高度重视金融工作和金融安全，我国金融业发展取得了巨大成就，金融成为资源配置和宏观调控的重要工具，成为推动经济社会发展的重要力量。党的十八大以来，中央反复强调要把防控金融风险放到更加重要的位置，牢牢守住不发生系统性风险底线，采取一系列措施加强金融监管，防范和化解金融风险，维护金融安全和稳定。加强党对金融工作的领导，必须坚持党中央集中统一领导，完善党领导金融工作的体制机制，加强制度化建设，完善定期研究金融发展战略、分析金融形势、决定金融方针政策的工作机制，提高金融决策科学化水平。地方各级党委和政府要按照党中央决策部署，做好本地区金融发展和稳定工作，做到守土有责，形成全国一盘棋的金融风险防控格局。

二、加强金融监管协调机制建设

为解决实践中存在的监管范围的交叉和真空问题，我国重点开展了对监管机构协调性的研究，在实践中加强金融监管协调机制建设，补齐监管短板。在金融监管业务上，我国认识到以微观监管为主的金融监管方式在应对系统性风险时发挥的作用有限，提出了加强宏观审慎监管。

尤其近些年来，随着地方金融规模的不断增长和各地金融形态的不断演进，金融风险的积聚和显现呈现出新的特征，中央金融监管部门和地方政府的管理均面临前所未有的挑战。2017 年全国金融工作会议要求"所有金融业务都要纳入监管，压实地方监管责任"，既有的金融监管机制急需据此作出调整完善，以现代化的金融监管机制防范化解新的金融风险。党的二十大报告提出要"加强和完善现代金融监管，强化金融稳定保障体系,依法将各类金融活动全部纳入监管,守住不发生系统性风险底线"。防范化解重大金融风险关乎总体国家安全,金融监管不仅是中央金融监管部门的责任,也是各地政府的属地责任。如何完善中央和地方金融监管协调机制,共同对金融风险进行预警防范,守住底线,杜绝系统性金融风险发生,已成为我国现代金融监管体系的重要内容之一。

金融监管协调机制重点在于协调监管,其协调性主要体现在两方面:一是中央与地方两级金融监管机构的协调机制,二是地方政府层级负责金融监管的部门与非金融监管部门之间的协调机制。

从国际经验来看,虽然中央统一监管金融业是绝大多数国家采用的方式,但由于各国管理制度和政治体制不同,也有部分国家实行了中央和地方分权的两级甚至多级金融监管协调体制。其中最为典型的是美国的二元金融监管体系:美联储体系分为两级,联邦层面建立联邦储备委员会,州级层面设置12家大区联邦储备银行,其中央与地方的金融监管分工明确且协调紧密。欧盟的双层金融监管体制则在实践层面提供了另一种模式:欧洲中央银行履行对欧盟所有成员的金融监管功能并负责各国的政策沟通,各成员国内部仍然保留自身的金融监管系统,负责对国内金融活动的监督管理。由于我国的特殊国情,国际上已有的央地金融监管模式并不完全适用于我国。中国的金融监管模式必须立足国情,严格控制系统重要性金融机构的风险,因此我国的金融监管协调机制在设置上要有适度的前瞻性并随着风险的演变而不断作出调整。

从制度层面的设计以及政策实践来看,2017年我国明确提出要加大地方金融监管力度,构建中央和地方金融监管的协作模式,压实地方政府防范化解金融风险的属地责任。在实践当中,各地方政府开始探索通过地方立法的形式对地方金融组织监管范围划定、风险防范与法律权责、地方金融服务与发展等内容进行界定。山东是全国最先出台地方金融管理相关法规的省份，《山东省地方金融条例》自 2016 年 7 月正式实施；2018 年 5 月，《河北省地方金融监督管理条例》也开始实施。自 2018 年 10 月各地方金融监督管理局陆续挂牌成立后，各省份的地方金融监督管理条例也相继出台，其中尤以 2020 年上海市、浙江省发布的《上海市地方金融监督管理条例》以及《浙江省地方金融条例》最具典型代表性，内蒙古自治区、海南省、北京市、广东省等地也先后颁发相应条例对地方金融进行监督管理。2021 年 12 月 31 日，中国人民银行总行发布《地方金融监督管理条例（草案征求意见稿）》（以下简称《条例》），明确了全国地方金融监管的基本规则，统一了各地的金融监管标准，从此我国地方金融监管有了明确的上位法依据，其后各省市出台地方金融监管条例的步伐加快。但是由于各地实施金融监管协调机制的时间有先后，步伐有快慢，做法有不同，目前地方政府在金融监管领域普遍面临权责界定不清、政策合作缺乏制度化、部门博弈难以协调、监管滞后于金融风险的演变等问题。

金融监管协调机制的顺畅运行亟须跨部门跨区域协调机制的顶层设计，我国金融监管机构体系近年来进行了持续的调整改革。2023 年《党和国家机构改革方案》颁布，新组建了国家金融监督管理总局，建立以中央金融管理部门地方派出机构为主的地方金融监管体制，统筹优化中央金融管理部门地方派出机构设置和力量配备。地方政府设立的金融监管机构专司监管职责，不再加挂金融工作局、金融办公室等牌子。过去，地方"金融办"既承担着部分监管职能，又承担着服务职能，许多地方政府为了本地经济发展，通过"金融办"要求商业银行为本地区发放更多贷款，这极大地危害了金融稳定。因此，中央与地方金融监管权限重新分配，地方金融监管机构专司监管职能，都是为了更好发挥政府金融监管的职责、维护金融稳定。

三、强化综合监管和持续监管

自20世纪末期国际金融危机频繁爆发，全球金融监管的趋势从单纯注重金融机构个体风险的微观审慎监管，转向宏观与微观审慎监管并重。微观审慎监管是以抑制单个金融机构的异质性风险和保护存款人或投资者的利益为目标并根据每一家金融机构的风险设置控制手段的监管方法。整个金融体系的健全依赖于每一个个体机构的稳健，只要每一家金融机构运营良好、稳健经营，就能够促进整个金融体系的稳定。但微观审慎监管的不足之处在于，重视个体机构的稳健性可能导致过度保护，削弱市场纪律，且最终不一定能保障这些金融机构的安全，监管注意力过于集中在单个金融机构的稳健运行上，很可能忽视了维护整个金融体系的稳定。金融具有顺周期性，这既提高了金融危机发生的可能性，也增加了危机时的系统性成本和负外部性，会加剧经济波动，因此，为稳定物价或实现充分就业的货币政策，并不能自动促成金融稳定，微观审慎监管也无法解决金融的顺周期性，实体经济也必将为此付出沉重的代价。

2008年次贷危机爆发后，宏观审慎监管以非常急切的方式被提上金融监管改革的日程，在不同国家以不同的表现形式建立了微观审慎监管与宏观审慎监管并重的金融监管新体制。我国适时顺应这一趋势，在全球范围内较早地建立了以MPA考核为核心机制的宏观审慎监管政策，强化综合监管。宏观审慎监管，是指为抑制金融体系的系统性风险、避免金融不稳定对宏观经济造成巨大冲击，而根据系统性概率设置的审慎控制机制。宏观审慎监管政策主要依赖两大核心指标：资本和杠杆情况项下的"资本充足率"、资产负债情况项下的"广义信贷"。广义信贷增速根据银行类型不同，与 M2 增速挂钩；资本充足率则是比较其与宏观审慎资本充足率的大小，宏观审慎资本充足率是在微观审慎最低监管要求的基础上，外加一定指标而得出的一个考核标准。我国的宏观审慎政策体系在原有的微观审慎监管基础上，增加了新的政策工具，形成了有别于货币政策的、相对独立的政策体系，在防范系统性风险的框架内，弥补了以往货币政策不能达到的目标领域。

结合近年来金融业发展的特点分析，金融监管不仅仅是要维护金融的系统性稳定，还要保护金融消费者权益，因此行为监管也纳为金融综合监管体制的重要内容。行为监管旨在通过保持金融市场和金融机构的公正和透明，保护金融资产购买者或投资者的切身利益。与审慎监管关注金融体系稳健性不同，行为监管主要维护金融市场秩序，以使各类金融机构公平对等，金融消费者、金融市场参与者能够公平地进行交易。我国的行为监管特别强调相关金融服务的信息披露的完整性、及时性和有效性，不得利用信息优势、资金优势获取不正当利益。当然，行为监管也有助于监管者更好地判断金融机构的商业模式、设计的金融产品的结构性特征等可能隐藏的系统性风险，有助于维护和提高金融的系统性稳定水平。

为了提高金融稳定性，需要及时地把握风险源头，但由于金融产品的结构越来越复杂，传统的金融监管手段和方法已经无法有效地识别和计量金融风险。因此，穿透式监管在我国应运而生。在穿透式监管中，监管者须及时弄清每一项金融活动中资金的最终投向或资金的最终来源，在资产端，穿透各类金融产品嵌套的交易结构和通道安排，鉴别出资金的最终用途，这些因使用结构化金融产品获得资金而最终形成的资产，被称为底层资产。通过鉴定出底层资产，可以明确资金的最终流向及使用者，穿透识别底层资产是否符合国家经济、产业和监管政策。在资金来源端，穿透式监管则识别实际投资人的资质和数量是否符合相关监管要求，识别最终风险收益的承担者，防止风险承担者和资产类别错配等。通过穿透式监管，可以较好地避免监管盲区，防范系统性金融风险，提高金融体系的稳定性。

四、遵循与时俱进的金融监管理念与方法

金融监管的理论与实践源于西方，并在不同的时代、不同的经济社会环境呈现出不同的原则导向和特点，但其根本的理论逻辑和经济学基础仍然适用于当前我国面临的金融监管形势。我国总结分析金融监管理论与实践的历史规律，进而构建适合中国国情的金融监管理念与实施原则，不仅对于我国防范化解金融风险、维护金融安全稳定起到了关键作用，还有助于丰富完善国际金融监管的理论内容。总体而言，金融监管体制的不断调整体现了与时俱进的监管理念。

第一，金融监管的体制基础是合理划分权责边界。从公共利益论的角度分析，由于存在外部性、信息不对称等客观现实，金融体系的自我调节机制会失灵，从而诱发系统性金融风险，造成社会经济秩序的混乱。为满足最广泛性的公共利益保护，中央和各级地方政府有必要运用"有形之手"参与金融监管和风险防范，这是地方金融监管协调机制的理论根基。完善的金融监管体制对中央和地方的监管部门，以及各个不同监管主体之间的权责划分应有合理界定，使得监管主体所拥有的权力和承担的责任尽可能对等，这是地方金融监管协调体制需遵循的基本逻辑。具体到央地监管协调问题，可借鉴信息经济学、行为金融学等提出的监管理论，通过具体的制度设计与流程再造，来解决央地协调中存在的信息不对称和权责界定问题。

第二，金融监管须做到立法与执法的统一协调。金融监管理论对监管立法与监管执法提出了二重要求：一方面，金融监管要从立法层面制定相关法律、条令和技术规范等制度规则；另一方面，要从执法层面对各项业务监督管理，当金融机构的运作出现偏差错误时，监管主体需要对其实施行为纠偏和违规惩治。从具体情况来看，全国满足《条例》规定的几十万家各级各类地方金融组织均属于被监管对象，面对如此庞大的执法客体，仅靠中央及地方的专业监管机构是无法完成的，必须依托地方政府的各相关部门开展联合监管和联合执法。

第三，金融监管应注重规则导向监管与原则导向监管的结合。从20世纪30年代开始，受金融危机影响，西方多采用政府强制管制金融的模式，以美国为代表的规则导向监管成为当时金融监管的主流。20世纪70年代以来，各国纷纷放松金融管制，英国等金融监管当局奉行原则导向监管，重新重视金融自律性管理，强调要发挥金融机构自身以及行业协会的监督管理作用。20世纪90年代之后，金融危机的频发与金融自由化的深入令各国转向效率与安全兼顾的金融监管模式，在政府强制监管与行业自律之间寻找平衡点。我国的金融监管应注重规则导向监管与原则导向监管的结合，在实施政府公权力的强制性监管的同时，也要注重金融机构的内部管理制度建设，让金融机构和行业协会的自我规范管理成为地方金融监管协调机制的有益补充。

第四，金融监管应对金融创新须注重前瞻性和主动适应性。从金融监管理论与实践的演变历史可以看出，金融监管制度的改革往往是被动地适应金融危机和金融创新带来的挑战。近年来，以金融科技为代表的金融新兴业态在加速金融创新的同时也带来了前所未有的风险，其技术风险与传统风险的叠加加剧了我国系统性风险跨部门跨领域发生的频次。而基于审慎监管、功能监管、行为监管三大支柱的传统金融监管模式，由于监管技术缺乏更新迭代，对风险的识别预警滞后，在处置应对金融科技所引发的综合风险时明显力不从心。基于此，我国地方金融监管协调机制需从监管模式、理论逻辑方面进行重大突破，改变目前被动适应金融创新和金融风险的状态，在传统的三大监管支柱之外增加科技监管维度，主动适应并充分利用科技进步带来的契机，在促进金融创新的同时做到前瞻性地控制风险。

纵观新中国成立以来首都金融监管体制的变化，不难发现，与西方发达国家由危机催生的被动金融监管改革不同，我国的金融监管变革都是顺应金融发展趋势的主动求变，既尊重金融发展的内在规律，又紧密地与金融结构的具体实践相结合，这恰是我们为国际金融监管贡献的"中国经验"。

第三章
首都金融机构体系的形成与发展

第一节 庞大丰富的首都商业银行体系

截至目前,在京法人金融机构超过 900 家,全市金融资产总额突破 190 万亿元。我国已初步形成了以中国人民银行为中心,国有商业银行为主体,多种金融机构并存,分业经营、分业监管的首都金融中介机构体系格局。

一、国有商业银行体系

1. 从专业银行转为商业银行的国有四大行

以中国工商银行、中国农业银行、中国银行、中国建设银行四大行为代表的国有商业银行是我国商业银行体系的支柱组成部分,四大行的总部均在北京。从发展历程上看，国有四大行的成立与发展经历了相对曲折的过程。

新中国成立之后，党着手组建新的国有银行体系，这是我国金融工作的重要内容。从1949年到1977年这段时期，尽管银行业取得了一定发展业绩，但因为对金融业发展缺乏正确认识，特别是"文化大革命"的猛烈冲击，对我国金融业的破坏尤为严重。十一届三中全会的召开，为国有专业银行的纵深发展提供了政策基础。1978年以后，基于党中央的正确决策，陆续恢复组建了四大专业银行，即中国农业银行、中国建设银行、中国银行及中国工商银行，其专业化发展步伐加快，形成了四大国有专业银行同步推进的金融发展格局。1993年10月，国务院推动专业银行向国有商业银行转变，并于同年12月底明确提出，我国未来的金融改革方向是，积极构建国有商业银行为主体、多种金融实体并存发展的金融组织体系。之后的30多年里，国有商业银行经过商业化、股份制改革之后，竞争能力明显提高。

四大行之中国农业银行

中国农业银行的创建经历了几次反复交错的过程，大体上表现为三次成立与撤销。中国农业银行的第一次成立是在新中国成立初期，为了适应农村经济的迅速发展及土地改革的现实需要，1950年12月全国金融工作会议通过了《筹设农业合作银行提案》，1951年农业合作银行正式成立。然而，为了响应并落实党中央开展"三反"运动的指示要求，农业合作银行随即在1952年被撤销，农村金融领域工作交由中国人民银行统一管理。中国农业银行的第二次成立是基于推进农村生产发展的现实考量，国务院通过了中国人民银行报送的《关于建立中国农业银行的请示报告》，新成立的中国农业银行由中国人民银行归口管理，但二者在业务运行中存在明显的职能交叉、关系不协调问题，党中央随即对农业银行的各级机构和人民银行的相关机构进行合并，实际上是又一次撤销了中国农业银行。中国农业银行的第三次成立，主要是基于党中央对农业资金管理及使用效益的现实考虑，为了提高农业资金的运作率，又恢复了中国农业银行，这一次总行设在了北京，形成了一定的全国效应。但好景不长，考虑到中国人民银行和农业银行在农村基层机构的设置上有明显冲突，旋即党中央决定把农业银行再次并到人民银行之中，这一次撤销是 1965 年 11 月。1979 年 2 月，党中央决定恢复组建农业银行，1979 年 3 月 13 日，中国农业银行正式恢复建立，并于 3 月 14 日挂牌办公。农业银行的任务包括：一是支农资金管理，二是农村信贷办理，三是对农村信用社进行统筹治理，以此促进农村金融业。除农业银行，其他专业银行也纷纷向农村拓展业务范围和领域，当时最重要的工作就是为乡镇企业提供贷款。国家希望通过此举促使四大专业银行之间形成良性竞争，促进银行业的彼此协调联动，共同促进农村金融发展。中国农业银行的恢复建立，顺应了农村经济改革和发展的历史潮流，在大力支持农业发展，支持农村经济发展方面起到了巨大作用，中国农业银行本身也在此过程中不断发展壮大。

四大行之中国建设银行

随着国家经济建设的全面展开，基本建设投资任务日益加重，机构与任务的矛盾日益突出，迫切要求专业化的金融机构统揽基本建设。财政部建议政务院批准组建全权负责基本建设任务的专业银行，中央及地方各部门关于基本建设的投资和贷款业务均由专业银行来负责督办。针对上述问题，党中央决定建立"中国人民建设银行"，并由财政部统一领导。1954 年 10 月 1 日，中国人民建设银行成立，该行主要的功能包括基建投资拨款、贷款业务和结算业务。而在 1958 年"大跃进"运动发生后，建设银行各级机构并入同级财政部门。1979年8月28日，国务院批转国家计委、国家建委、财政部《关于基本建设投资试行贷款办法的报告》和《基本建设贷款试行条例》，并发给各地区、各部门试行。该办法规定，凡是实行独立核算，有还款能力的工业、交通运输、农垦、畜牧、水产、商业和旅游等各类企业进行基本建设所需资金都可以贷款，贷款单位必须在规定的期限内还本付息。贷款业务由中国人民建设银行负责办理，贷款基金由国家财政从当年基本建设预算拨款中拨给。1979年、1980年先在轻工、纺织、旅游等行业和北京、上海、广东三省市中选择投资少、见效快、利润高、建设条件好的项目以及交通、铁道、旅游等部门买车、买船等方面的投资进行试点。这是投资试行"拨改贷"的开始。同时，中国人民建设银行改为国务院直属机构，承担银行和财政双重职能，由原国家建委、财政部代管。1983年4月20日，国务院批准对中国人民建设银行进行进一步改革，决定中国人民建设银行由事业单位改为独立经营、独立核算的全国性金融组织，为国务院直属局级经济实体。在财政业务方面仍接受财政部领导。1985年11月经国务院批准，中国人民建设银行的信贷计划纳入中国人民银行的信贷体系，在信贷业务上受中国人民银行领导和监督。国务院确定中国人民建设银行是主营固定资产投资的专业银行，除了继续办理国家的固定资产投资拨款业务，也办理固定资产投资的信贷业务和储蓄业务。1994年是建设银行重要的转折发展的一年，按照政府对投资体制和金融体制改革的要求，建设银行将长期承担代理财政职能和政策性贷款职能分别移交财政部和新成立的国家开发银行，开始按照商业银行的要求，对经营管理体制进行全面改革。从1996年3月起，中国人民建设银行更名为中国建设银行，此时，其非利差业务取得了长足发展。在承继传统业务，继续代理国家财政资金拨付的同时，作为国家开发银行的最大代理行，承担该行资金的拨付和部分管理职能。1994年至1998年代理开发银行业务量已逾3420亿元，占开发银行业务总量的79.8%。2005年12月27日，中国建设银行股份有限公司在香港联合交易所挂牌上市，成为中国内地首家实现公开发行上市的中国国有商业银行。自专营商业银行业务以来，建设银行的贷款业务主要集中在重点工程、国有企业和政府机构等领域，包括提供固定资产贷款、流动资金贷款、出口信用贷款等。改革开放后，建设银行开始逐步放开经营范围，拓展贷款业务领域，开始提供个人住房贷款、消费贷款等业务，并开始向民营企业、小微企业等市场倾斜，加大对小微企业的信贷支持力度。进入新世纪，建设银行不断创新金融服务产品，开发了如"绿色信贷""绿色通道贷款"等，打造了一系列专业化的贷款产品。除此之外，建设银行也积极推进金融科技创新，打造智能化的贷款服务。建设银行推出的"智慧贷款"等产品，可以通过人脸识别、语音识别等技术，实现在线申请、自动审批、快速放款等服务，大大提高了客户的体验感。目前，建设银行的贷款业务已经覆盖了全国各地的企业和个人。与此同时，建设银行还加强了风险管理，提高了贷款审批效率，为客户提供更加优质的服务。总体而言，作为国有大行，中国建设银行始终秉承新发展理念，以"优政、惠民、兴企"为目标，以新金融助力国家治理体系和治理能力现代化建设，赋能政府数字化改革，推动中国式现代化高质量发展。

四大行之中国银行

中国银行创建于1912年，是由清政府成立的户部银行改组而来的，最早属于官商合办性质。1928年被民国政府制定为专营国际汇兑业务的银行，总管理处设在上海。1949年新中国成立后，人民政府将中国银行的官股收归国有。1949年11月，中国银行总管理处迁往北京。1953年10月,中央政府决定中国银行作为中国人民银行领导下的国家特许的公私合营性质的外汇专业银行。此时,中国银行已与中国人民银行的国外业务局合署办公。1966年9月,中国银行又被改组为国家全资所有的银行。1978年以前,中国银行主要是一个办理国际结算业务的国家外汇专业银行,且只是作为中国人民银行的一个局运作,其业务相对单一,人员编制也非常少。改革开放后,我国同外界的交流骤然增加,中国银行的人员明显不足。1979年3月,中国银行与中国人民银行分离,直属国务院领导。这实际上宣告了中国已经拥有专职进行外汇业务的专业银行。此外,国家外汇管理总局宣告成立,并与中国银行共用一套机构,但对外则表现为两块牌子同时使用。把中国银行总管理处更名为中国银行总行,统一管理全国外汇业务。1982年8月,根据全国人大常委会的决议和国务院的决定,国家外汇管理总局改为国家外汇管理局,划归中国人民银行直接领导,中国银行则仍为国务院直属机构,由中国人民银行代管。中国银行是社会主义国营企业,是中华人民共和国的国家外汇专业银行。中国银行除经营本身业务外,还可以根据国家的授权和委托,代表国家办理信贷业务。

四大行之中国工商银行

随着各类金融机构的恢复建立和金融服务需求的多样化,为解决中国人民银行既承担货币政策制定和金融监管职能,又从事具体业务经营的矛盾,1983年9月国务院正式决定人民银行专门行使中央银行职能,另组建中国工商银行,承接原由人民银行办理的工商信贷和储蓄业务。中国工商银行于1984年1月1日正式成立。中国工商银行的成立,在我国金融改革史上具有重大的历史意义。第一,中央银行体制的确立,是我国改革开放后建立中央银行和商业银行两级银行制度最核心的一环,也是我国金融体制改革最主要的成就之一。中国工商银行的成立,使中国人民银行最终摆脱了具体的工商信贷和储蓄业务经营,完成了向中央银行的飞跃,实现了我国银行业组织制度上的第一次政企分离。第二,中国工商银行的成立,标志着我国国家专业银行体系的最终建立。如果说改革开放后重建农业银行,分设中国银行、建设银行,拉开了金融组织体制改革序幕的话,工商银行的成立则为这项改革画上了完美的句号。可以说,工商银行的正式诞生,是新中国中央银行制度得以确立、国家专业银行体系最终形成的一个标志性事件。

中国工商银行成立后,充分发挥了融资主渠道作用;坚持"择优扶植"信贷原则,以支持国有大中型企业为重点,积极开拓,存、贷、汇等各项业务取得了长足发展,成长为中国第一大银行;信用卡、国际业务等新兴业务从无到有,电子化建设初见成效,经营效益不断提高,较好地完成了国家赋予的宏观调控任务和政策性贷款任务,有力地支持了国民经济发展和改革开放的推进。由国家专业银行向国有商业银行转变的调整发展期过后,建立了以质量和效益两大类指标为中心的新型经营管理体系,促进了全行资产质量、经营效益的根本性好转,在资金实力、业务创新、跨国经营、信息化建设、机构改革、内部控制及风险管理等诸多方面均取得了较好成绩,为工商银行的股份制改革奠定了坚实基础。2005年4月,国家正式批准工商银行的股份制改革方案,工商银行财务重组随之启动。10月,工商银行股份有限公司正式成立。2006年10月,工商银行股票开始面向海内外公开发售,并实现了在上海、香港两地同步上市,由此完成了工商银行发展史上的一次"脱胎换骨"的转变。通过转型发展战略的逐步实施,工商银行基本实现经营结构的优化调整和管理体系的改革创新,初步探索出一条具有工商银行特色的转型发展之路。

2. 股份制银行等各类银行云集的总部优势

相对国有商业银行的公有属性而言，股份制商业银行则是由非国有资本投资的银行，属于股份制，而且是具有多种具体形式的股份制。20世纪80年代开始我国兴起了建立股份制银行的热潮，应经济体制改革的需要，国务院于1986年同意恢复设立交通银行，交通银行也因此成为全国第一家股份制商业银行。1987年4月8日，第一家由国有企业设立的招商银行在深圳特区建立，1987年4月14日，中信实业银行①在北京成立。1992年8月，经国务院批复并经人民银行批准设立的全国性股份制商业银行中国光大银行正式成立，总部设在北京。其间，随着市场的发展，深圳发展银行②、福建兴业银行③、广东发展银行④、上海浦东发展银行、海南发展银行⑤、中国民生银行⑥等众多银行也都纷纷设立，逐渐形成了股份制商业银行现在的金融机构体系，并且具有多层次、多类型等特点。这些股份制商业银行中一部分总部设在北京，另一部分不在北京的也都在京开设了重要的分支机构，逐步成为一支充满活力的生力军，为首都商业银行体系的发展提供了动

---

① 即现在的中信银行。该行成立于1987年，是中国改革开放中最早成立的新兴股份制商业银行之一，是中国最早参与国内外金融市场融资的商业银行，2005年更名为中信银行。
② 即现在的平安银行。深圳发展银行于1987年12月22日正式宣告成立，是中国第一家面向社会公众公开发行股票并上市的股份制商业银行，2012年6月14日，深圳发展银行和平安银行正式合并为平安银行。
③ 即现在的兴业银行。建立于1988年8月的兴业银行原名福建兴业银行，是经国务院、央行批准成立的首批股份制商业银行之一，总部位于福建省福州市，2003年3月正式更名为兴业银行。
④ 即现在的广发银行。广发银行成立于1988年，前身为广东发展银行，经国务院和中国人民银行批准，是国内首批组建的全国性股份制商业银行之一，总部位于广东省广州市，2011年4月8日，改名为广发银行。
⑤ 海南发展银行成立于1995年8月，是海南省一家具有独立法人地位的股份制商业银行，其总行设在海南省海口市。1998年6月21日，中国人民银行发表公告将其关闭。
⑥ 中国民生银行于1996年1月12日在北京成立，是中国第一家主要由民营企业发起设立的全国性股份制商业银行。

力，并成为我国银行业以及社会经济发展的不可或缺的一部分。

目前，在北京的全国性银行除了中国银行、中国农业银行、中国建设银行、中国工商银行之外，还有邮储银行、交通银行、浦发银行、中信银行、兴业银行、光大银行、招商银行、民生银行、华夏银行、广发银行、平安银行、浙商银行、渤海银行、恒丰银行等。外资行有汇丰银行、东亚银行、渣打银行、恒生银行、南洋商业银行、花旗银行、华侨永亨银行、大华银行、韩亚银行、星展银行、富邦华一银行、友利银行、新韩银行、摩根大通银行、德意志银行等。城商行有徽商银行、盛京银行、江苏银行、包商银行、南京银行、杭州银行、锦州银行、宁波银行、上海银行、北京银行、厦门国际银行、大连银行、天津银行、昆仑银行、北京农商银行等。总体而言，大型股份制商业银行、城市商业银行、中小型股份制商业银行、农村商业银行等众多商业银行共同构成了目前首都商业银行体系的整体格局。

二、独具首都特色的属地商业银行体系

1. 华夏银行

1992 年，邓小平在南方谈话后视察首钢，要求加快改革开放步伐。在此之后，国务院赋予了首钢资金融通权，批准首钢建立自己的银行，按照国际惯例经营金融业务。在此背景下，华夏银行于 1992 年 10 月在北京成立。首钢总公司作为华夏银行的发起者，开创了我国工业企业办银行的先河。1995 年 3 月，华夏银行实行股份制改造；2003 年 9 月，华夏银行首次公开发行股票并上市交易，成为全国第五家上市银行。经历了 30 年的发展，华夏银行已经发展成为有特色、有质量、有竞争力的全国性股份制商业银行，并成为我国系统重要性银行。

2. 北京银行

北京银行成立于 1996 年，由当时 96 家北京市城市信用合作社改制而来，原称"北京市商业银行"，2005 年更名为北京银行，目前是北京市国资委所属的新型股份制商业银行。北京银行已经成为中国最大的城市商业银行及北京地区第三大银行。在业务领域，北京银行突破了地域限制，在北京、天津、上海、西安、深圳、杭州、长沙、南京、济南、南昌、石家庄、乌鲁木齐等十余个中心城市、香港特别行政区等成立了近 640 家分支机构，探索了中小银行创新发展的经典模式。作为服务首都地方经济发展的银行，北京银行紧密围绕"服务实体经济、防控金融风险、深化金融改革"三项任务，强化党建引领，依法合规经营，加快数字化转型升级，加强全方位风险管控，扎实推动全行各项业务高质量发展。截至 2023 年 3 月末，北京银行资产总额达到 3.50 万亿元，2023 年一季度实现净利润 74.93 亿元。成本收入比 27.44%，不良贷款率 1.36%，拨备覆盖率为 217.01%，资本充足率 13.94%，各项经营指标均达到国际银行业先进水平。品牌价值达 769 亿元，一级资本排名全球千家大银行 50 位，连续九年跻身全球银行业百强。

3. 北京农商银行

北京农商银行成立于 2005 年 10 月 19 日，是在北京市农村信用合作社的基础上改制而来，也是国务院首家批准组建的省级股份制农村商业银行。北京农商银行拥有 694 家网点，居北京市各银行机构之首，是唯一一家金融服务覆盖全市所有 182 个乡镇的金融机构。目前，北京农商银行已经建成北京市首家持牌社区银行，发起设立湖北仙桃北农商村镇银行和青岛即墨京都村镇银行。北京农商银行的市场定位是"立足首都，服务'三农'，服务企业，服务百姓"，是市属银行中唯一一家服务于"三农"的银行。

4. 中关村银行

北京中关村银行是北京首家获批开业的民营银行，于2017年7月16日正式开业。北京中关村银行是全国首家专注服务科技创新的银行，定位为"创新创业者的银行"，专注服务"三创"（创客、创投、创新型企业），并在银行业务的经营中坚持科技创新，积极探索应用新兴科技、前沿技术赋能业务发展。

中关村银行由用友网络、碧水源、光线传媒、东方园林等11家中关村知名上市公司共同发起建立。其中，用友网络为该行第一大股东，持股比例为29.80%；碧水源位列第二，持股比例为27%；光线传媒和东方园林并列第三股东之位，持股比例为9.9%。

中关村银行业务定位主要聚焦在完善首都科技金融服务体系方面，中关村银行支持企业通过并购重组做强做大，通过开展担保融资、信用贷款、知识产权质押贷款、信用保险和贸易融资、小额贷款等创新试点，支持企业发行信托计划、集合票据、中小企业私募债等直接融资产品。自成立以来，中关村银行推动了以"认股权贷款"为代表的投贷联动新模式，并针对小微企业无抵押融资难问题推出了供应链金融产品创新，在降低企业融资成本、陪伴科技企业成长方面作出了有益探索。

5. 百信银行

2015年7月国家出台《关于积极推进"互联网＋"行动的指导意见》，同期，十部委联合印发的《关于促进互联网金融健康发展的指导意见》也进一步明确，以银行为主体，联合互联网公司共同发展互联网金融；中信银行与百度公司积极响应互联网金融的国家战略，联合发起设立直销银行，发展普惠金融，服务实体经济。2017年11月18

日，百信银行（全称为"中信百信银行股份有限公司"）正式在北京开业，这是中国首家独立法人形式的直销银行，具有试点意义。

百信银行市场定位是"为百姓理财，为大众融资"，依托中信银行这一传统商业银行的产品研发及创新能力、客户经营及风险管控体系，结合百度公司互联网技术和用户流量资源，满足客户个性化金融需求，打造差异化、有独特市场竞争力的直销银行。作为国内首家独立法人直销银行，百信银行聚焦智能和普惠，构建智能账户、智能风控和智能服务等核心能力，主要针对传统银行服务薄弱和未触达的空白领域进行错位发展，推出了消费金融、小微金融和财富管理三大核心业务。

自新中国成立以来，首都丰富的各层各类行业银行体系为支持北京实体经济扩大产能、产业转型、技术创新作出了重大贡献，是首都金融体系的重要构成。未来，首都北京将继续支持国家开发银行和政策性银行、大型国有商业银行、全国股份制银行等进一步优化完善在京布局，支持民营银行、直销银行等高质量发展。支持华夏银行以特色化、数字化、专业化为发展方向，打造"大而强""稳而优"的全国性股份制商业银行。支持北京银行聚焦首都经济社会发展重点，通过场景拓展与生态互联，打造首都"方案银行"。支持北京农商银行打造区域竞争力显著、涉农特色突出、总体跻身先进银行前列、实现数字化转型的特色银行、智慧银行和精品银行。支持中关村银行以场景智慧金融为路径，探索科技和金融深度融合，打造成为民营银行支持科创小微企业的典范。支持百信银行数字化金融发展，形成"云化、敏捷、智能、安全"的科技特色，持续强化产品和服务创新，不断提升数字普惠金融质效，推动百信银行在ESG可持续发展、开展数字普惠金融、践行绿色低碳和履行社会责任等方面进行有益的实践探索，为首都写好绿色金融这篇大文章作出有益贡献。

第二节　首都非银行金融机构体系的发展现状

一、国有政策性银行

为实现国有四大行政策性金融与商业性金融的彻底分离，1994年，国家开发银行、中国农业发展银行、中国进出口银行三大国有政策性银行相继在北京成立。这三家政策性银行均由国家出资设立，直属国务院领导。将政策性的金融事务从国有商业银行中剥离出来，让国有商业银行专职办好商业金融事务，从而彻底斩断政策性贷款与基础货币的直接联系，利于中国人民银行在宏观上对货币进行总体把控。三家政策性银行遵循保本经营的底线原则，不与国有商业银行进行竞争，沿着自己的政策轨道向前推进，但在面对各种风险挑战时则要努力担当，共同促进中国金融事业发展。

国家开发银行主要承接了中国建设银行的政策性金融业务。国家开发银行的职能在于通过多种渠道筹集社会闲散资金，负责重点建设项目的贷款以及贴息业务，总体调节固定资产的内在结构与投资总量，推动建立起投资的风险防控机制，以较高的投资效益提升国家经济发展品质。目前，国家开发银行已成为全球最大的开发性金融机构，开展中长期信贷与投资等金融业务，为我国国民经济重大中长期发展战略服务。

中国农业发展银行主要承接了中国建设银行的政策性金融业务。中国农业发展银行的主要职责是按照国家的法律法规和方针政策，以国家信用为基础筹集资金，承担农业政策性金融业务，对农业信贷资金进行筹集，负责办理农业与农村相关的金融业务，对支农资金进行代理划拨，为农业和农村经济发展服务。

中国进出口银行则承接了与中国银行机电进出口业务相关的政策性金融业务。中国进出口银行主营出口信贷和进口信贷，以买方和卖方信贷支持我国大型机电设备出口，为中国银行的机电产品出口提供信用担保，同时提供出口信贷的贴息服务。该行的资金来源包括财政专项资金补助和金融债券两种。作为三大政策性银行之一，中国进出口银行贯彻执行国家产业政策、对外经贸政策、金融政策和外交政策，为扩大中国机电产品、成套设备和高新技术产品出口，推动有比较优势的企业开展对外承包工程和境外投资，促进对外关系发展和国际经贸合作，提供政策性金融支持。

2001年12月，我国第四家政策性金融机构——中国出口信用保险公司在北京成立。中国出口信用保险公司是我国唯一承办出口信用保险业务的政策性保险公司，其主要职责是积极配合国家外交、外贸、产业、财政、金融等政策，通过政策性出口信用保险手段，支持货物、技术和服务等出口，特别是高科技、附加值大的机电产品等资本性货物出口，支持中国企业向海外投资，为企业开拓海外市场提供收汇风险保障，并在出口融资、信息咨询、应收账款管理等方面为外经贸企业提供快捷、完善的服务。中国出口信用保险公司主要承保国家风险和买方风险。国家风险包括买方国家收汇管制、政府征收、国有化和战争等；买方风险包括买方信用风险（拖欠贷款、拒付贷款及破产等）和买方银行风险（开证行或保兑行风险）。

二、金融资产管理公司

金融资产管理公司（Asset Management Corporation，简称AMC）在国际金融市场上共有两类：从事"优良"资产管理业务的AMC和从事"不良"资产管理业务的 AMC，前者外延较广，涵盖诸如商业银行、投资银行以及证券公司设立的资产管理部或资产管理方面的子公司，主要面向个人、企业和机构等，提供的服务主要有账户分立、合伙投资、单位信托等；后者是专门处置银行剥离的不良资产的金融资产管理公司。我国于 20 世纪 90 年代末期成立的四家金融资产管理公司——中国华融资产管理公司、中国长城资产管理公司、中国信达资产管理公司、中国东方资产管理公司均属于后者，是经国务院决定设立的收购国有独资商业银行不良贷款，管理和处置因收购国有独资商业银行不良贷款形成的资产的国有独资非银行金融机构。

20 世纪 90 年代以来，特别是亚洲金融危机后，各国政府普遍对金融机构不良资产问题给予了极大关注。我国国有商业银行是金融体系的重要组成部分，是筹措、融通和配置社会资金的主渠道之一，长期以来为经济发展提供了有力支持。然而，1995 年《银行法》出台之前，国有四大银行是以专业银行模式运作的，信贷业务具有浓厚的政策性色彩，兼之我国处于经济转轨过程中，在控制贷款质量方面缺乏有效的内部机制和良好的外部环境，从而产生了一定规模的不良贷款。1993 年之前，银行从未提取过呆账准备金，没有核销过呆坏账损失。不良贷款不断累积的金融风险已经成为经济运行中的一个重大隐患，如果久拖不决，有可能危及金融秩序和社会安定。鉴于上述情况，在认真分析国内金融问题和汲取国外经验教训的基础上，1999 年，中国华融资产管理公司、中国长城资产管理公司、中国东方资产管理公司、中国信达资产管理公司在北京成立，分别处置从中国工商银行、中国农业银行、中国银行、中国建设银行剥离出来的不良资产。

其中，中国信达资产管理公司先行试点，于 1999 年 4 月成立，其他三家均于 1999 年 10 月成立。为达到缩减国有商业银行不良资产的目的,党中央于 1999 年决定把国有商业银行持有的 14000 亿元不良资产交由四家金融资产管理公司进行消化解决。金融资产管理公司以最大限度保全资产、减少损失为主要经营目标,依法独立承担民事责任。组建金融资产管理公司,是中国金融体制改革的一项重要举措,对于依法处置国有商业银行的不良资产,防范和化解金融风险,推动国有银行轻装上阵,促进国有企业扭亏脱困和改制发展,以及实现国有经济的战略重组都具有重要意义。自 2007 年始,四大金融资产管理公司开始商业化运作,不再局限于只对应收购上述几家银行的不良资产,目前已经作为长期运作的金融机构,成为我国非银行金融机构体系的重要组成部分。

三、在京保险公司

1949 年 10 月 20 日,新中国第一家国有保险公司——中国人民保险公司在北京西交民巷正式挂牌营业,新中国保险业从此掀开了崭新的一页。

中国人民保险公司创立之后,根据"为生产服务、为群众服务"的原则,在全国范围内先后拓展了各种财产保险和人身保险业务。在财产保险方面,有火灾保险、物资运输保险、运输工具保险,以及国家机关、国营企业和县以上供销合作社的财产强制保险等。在人身保险方面,有团体人身保险、简易人身保险,以及铁路、轮船、飞机、公路旅客意外伤害强制保险等。在农村保险方面,有牲畜保险,以及在部分地区试办的农作物保险。1986 年之前,形成了中国人民保险公司独步中国国内保险市场的局面。

随着经济体制改革的迅猛推进,垄断经营体制的固有弊端逐步显露出来,急需引入竞争。1986 年,新疆生产建设兵团农牧业保险公司成立；1987年，交通银行恢复经营保险业务；1988年，中国首家股份制保险公司——平安保险公司在深圳成立；1991年中国太平洋保险公司成立；1994年至1995年，天安保险公司和大众保险公司相继成立；1996年，华泰财险、泰康人寿、新华人寿、永安财险和华安财险5家股份制保险公司成立。2000年后，各类保险机构主体更是层出不穷，诸多"史上第一"相继面世，比如：2000年6月，中国第一家保险经纪公司——江泰保险经纪股份有限公司成立；2001年12月，第一家信用保险公司——中国出口信用保险公司成立；2003年7月，第一家保险资产管理公司——中国人保资产管理有限公司成立；2004年9月，第一家专业性的股份制农业保险公司——上海安信农业保险股份有限公司成立；2004年11月，第一家健康保险公司——中国人民健康保险股份有限公司成立；2005年1月，第一家相互制保险公司——阳光农业相互保险公司成立等。这些保险机构或将总部设在北京，或在北京开设重要分支机构，首都保险市场主体日益多元化。

从20世纪90年代中期开始，中国人民保险公司开始了机构分设的历程。1996年7月，经国务院批准，中国人民保险公司改建为中国人民保险（集团）公司，简称中保集团。中保集团直接对国务院负责，中国人民银行负责对中保集团的业务领导、监督和管理。中保集团下设中保财产保险有限责任公司、中保人寿保险有限责任公司和中保再保险有限责任公司三个专业子公司，分别经营产险、寿险和再保险业务，中保集团及其三个子公司均为企业法人。1998年10月，中保集团宣告撤销，其旗下的三大子公司成为中国人民保险公司、中国人寿保险公司、中国再保险公司三家独立的公司，分别经营财产保险、人寿保险、再保险业务。

2001年中国保险市场主体大幅增加，经中国保监会批准，太平人寿保险公司和太平保险公司全面恢复中国境内的保险业务，批设了恒安、生命和东方三家公司作为与外方合资的实体，批设了中外合资保险公司6家和外国保险公司分公司4家，增批了多家股份制保险公司的分支机构。同时，将国有独资保险公司经营的政策性业务与商业性业务分开，成立了我国第一家政策性保险公司——中国出口信用保险公司。保险市场格局也发生了相应的变化，国有独资保险公司业务规模持续扩大，而股份制保险公司的市场份额则有较大幅度的上升。

保险公司的体制改革也因中国加入世贸组织而开始加快步伐。2003年7月，中国人民保险公司变更为中国人保控股公司，其独家发起设立的中国人民财产保险股份有限公司于2003年11月在香港上市。2003年8月，中国人寿保险公司重组为中国人寿保险（集团）公司和中国人寿保险股份有限公司，中国人寿保险股份有限公司于2003年12月在香港和纽约同时上市。中国再保险公司于2003年8月重组为中国再保险（集团）公司，并以投资人和主发起人的身份控股设立中国财产再保险股份有限公司、中国人寿再保险股份有限公司、中国大地财产保险股份有限公司，采取产、寿再保险并举，再保与直保公司相互支持的经营战略，组建多元化的再保险集团。

国内股份制保险公司再进一步优化股权结构，完善运行机制。中国太平洋保险（集团）股份有限公司完成增资扩股，并同时引进海外战略投资者和国内民营资本；中国平安保险（集团）股份有限公司和华泰财产保险股份有限公司也都引入了海外资本；华安财产保险股份有限公司开始重组，国有资本退出，持股比例大幅下降，83%的股份由民营资本持有；而2003年6月成立的民生人寿保险股份有限公司则成为国内第一家以民营资本为投资主体的全国性寿险股份公司。同时，多家股份制保险公司都在积极准备，创造条件尽快公开上市。2003年

7月，中国保监会出具监管意见书，同意新华人寿保险股份有限公司公开发行股票并上市。2004年6月，中国平安保险（集团）股份有限公司在香港整体上市。

据国家金融监督管理总局公开的保险机构法人名单显示，截至2023年6月，在京营业的共有13家保险控股公司、75家寿险公司、10家养老保险公司、88家财险公司、7家再保险公司、33家资产管理公司、7家健康险公司、1家出口信用保险公司和3家互助社。中国保险业已经形成了以大型国有控股公司为主导，多家股份制公司、中外合资公司和外国公司分公司并存的竞争格局。根据国家金融监督管理总局发布的保险业经营数据显示，截至2023年12月末，保险行业资产总额达29.96万亿元，同比增长10.4%。行业净资产2.73万亿元，同比增长1.25%。2023年1—12月，我国保险业实现原保险保费收入5.12万亿元，按可比口径，行业汇总原保险保费收入同比增长9.13%。保险业原保险赔付支出1.89万亿元，同比增长21.94%。从产寿险业务来看，2023年1—12月，财产险业务实现原保费收入1.36万亿元，人身险业务实现原保费收入3.76万亿元。从资金运用方面来看，截至2023年12月末，保险业资金运用余额27.67万亿元。其中，银行存款、债券、股票和证券投资基金占比分别为9.84%、45.41%、12.02%。受权益市场波动影响，银行存款及债券投资环比小幅增长，权益类投资占比环比下降。

四、证券投资机构

截至2022年12月31日，北京地区拥有中国银河证券、中信建投证券等18家总部位于北京的证券公司，国泰君安证券等112家在北京开设分公司的证券公司，以及517个营业部。在北京本地发展壮大的证券公司以中国银河证券和中信建投证券为代表。

北京现有12家信托公司，分别是中国金谷国际信托有限责任公司、中诚信托有限责任公司、中粮信托有限责任公司、北京国际信托有限公司、中国对外经济贸易信托有限公司、英大国际信托有限责任公司、国民信托有限公司、中信信托有限责任公司、华鑫国际信托有限公司、中国民生信托有限公司、国投泰康信托有限公司、建信信托有限责任公司。

北京现有70多家财务公司，其中比较著名的有中油财务有限责任公司、中国石化财务有限责任公司、中国电力财务有限公司、航天科技财务有限责任公司、中国华能财务有限责任公司等。

今后将持续推动在京证券、基金、期货机构提升创新能力，丰富投资产品，增强资本市场服务功能。支持中金公司、银河证券、中信建投证券等在京证券公司以市场化、国际化、规范化为导向，成为综合型、全能型投资银行，打造国际顶级券商机构。推动在京基金公司做优、做强，成为行业发展引领企业。大力培育长期投资机构，壮大公募基金管理人才队伍，促进私募基金行业健康发展，培育一批优质私募基金、创业投资基金等。支持期货公司更好发挥专业优势，为企业提供风险管理服务。

五、地方金融组织

除了前述提到的各类银行和非银行金融机构，北京还包括数量众多的地方金融组织，截至2023年12月，在京各类法人金融机构接近930家，全市金融资产总额突破200万亿元。地方金融组织是指依法设立的从事相关金融业务的小额贷款公司、融资担保公司、区域性股权市场、典当行、融资租赁公司、商业保理公司、地方资产管理公司，以及法律、行政法规和国务院授权省人民政府监督管理的从事金融业务的其他组织。如表3—1所示，截至2023年12月，北京市正式注册运营的地方金融组织包括123家小额贷款公司，52家融资性担保公司，158家融资租赁公司，58家商业保理公司，334家典当行，32家本市交易场所，1家区域性股权市场，1家农民互助合作社，2家地方资产管理公司。

表3—1 北京市地方金融组织构成现状

机构类型	指标名称	截至2023年12月末
小额贷款公司	数量（家）	123
	注册资本金（亿元）	149
融资性担保机构	数量（家）	52（不含3家分支机构）
	注册资本金（亿元）	747
区域性股权市场	数量（家）	1
	累计挂牌展示企业数（家）	6499
典当行	数量（家）	334（不含87家分支机构）
	注册资本金（亿元）	121
融资租赁公司	数量（家）	158（不含2家分支机构）
	注册资本金（亿元）	696
商业保理公司	数量（家）	58
	注册资本金（亿元）	147
地方资产管理公司	数量（家）	2
	注册资本金（亿元）	32
农民互助合作社	数量（家）	1
本市交易场所	数量（家）	32

数据来源：原北京市地方金融监督管理局年度数据统计信息，https://jrj.beijing.gov.cn/zwgkn/sjxx/.

近年来，为落实《北京市地方金融监督管理条例》，北京制定出台了各类地方金融组织监管办法，完善监管规则，加强风险管理，推动规范发展。引导小额贷款公司提升合规意识，创新业务模式，增强信用贷款能力，降低贷款利率，提高风控水平，进一步加大对小微、"三农"支持力度。坚持融资性担保机构服务小微、"三农"导向，完善考核评价机制，引导政府性融资担保、再担保机构拓展业务覆盖面，降低担保费率，完善风险补偿和分担机制。促进融资租赁、商业保理、典当行等发挥自身特点，依法合规经营，为居民、企业提供融资服务。推动地方资产管理公司发挥不良资产收购处置、企业纾困等作用，提升化解金融风险能力。推动北京股权交易中心规范发展，探索与多层次资本市场合作对接。

第三节　首都金融机构体系的改革与发展

一、金融机构的数字化转型

当前，以大数据、云计算、人工智能、区块链以及移动互联为引领的新一代金融技术发展迅猛，已成为首都金融机构体系重组要素资源、重塑经济结构、改变竞争格局的关键力量，正成为各类金融机构外拓可能性空间、促进绿色化生产、构建开放型生态、实现共享式发展的重要助力，直接驱动了首都金融业的数字化改造浪潮。近年来，各类金融机构尤其是商业银行，纷纷响应国家发展战略、落实监管政策要求，全力推动数字化转型。从未来发展看，各类金融机构的数字化转型必须从服务首都发展大局的角度出发，重点推动自身创新发展，通过数字化转型实现金融服务多元化、提升智能风控水平、打造核心竞争优势的目标。

1. 加强顶层设计、一体化推进

金融机构的数字化转型是一场深层次、全方位的变革，需要从全局高度进行协同式、系统性、一体化推进。数字化转型涉及数据管理、业务管理、技术管理、组织体系管理以及薪酬体系管理等诸多方面。金融机构必须构建自上而下、协同联动的数字化转型治理架构和工作机制，建立一把手负责的数字化转型协调委员会，一体推进、协调数字化转型过程中遇到的各类难题，保证各项数字化转型工作的加快推进。此外，金融机构还要制定完善清晰的数字化转型整体战略，构建覆盖数字化转型关键领域的重点项目库，在顶层设计层面对数字化转型形成强有力的支撑。在此基础上，构建数字化转型重点项目管理机制，以数字化转型战略规划及重点工作任务清单为基础，从技术视角对各项工作进行分类和归并，识别数字化转型工程重点项目，综合分析项目价值、实施难度和实施周期，结合现有资源等方面因素对项目优先级进行合理排序，形成数字化转型的实施路线图。

为此，应充分发挥首都科技创新中心资源优势，鼓励各类金融机构申报数字化转型等科技类项目，加大对金融数字化转型的奖励支持力度。鼓励人工智能、区块链、大数据、云计算等技术在支付、征信、风险管理、投资、交易、清算、登记、供应链金融、身份认证、反欺诈、反洗钱等领域应用。支持金融科技底层关键核心技术、前沿技术、应用型新技术的研发。

2. 搭建金融基础设施的科技底层根基

数字化转型的底层根基在于加强金融基础设施建设以提升科技功能。近年来，随着金融业的蓬勃发展，金融市场参与主体众多，功能角色复杂，全生态下不同参与者的差异化特征和需求突出，这对场景深耕、产品创新、研发效率、客户服务提出更高要求，未来也需要在统一金融操作系统上进行信息交互、数据处理、业务流动、人员管理和风险管控。为此，需打造以区块链为底层关键技术的金融基础设施，保障各类金融机构向下对接大量设备和海量数据，支撑数据收集存储、可信共享和智能分析，向上支撑项目敏捷开发、产品快速迭代、需求精准洞察、资源合理配置、体验极致提升，囊括金融产品、金融数据、金融信息、金融服务、用户、机构及金融云服务平台，构建具有灵活扩展、安全稳定、生态共赢功能的全域覆盖、全面融合、全程贯通的统一金融操作系统，实现金融业务在网络中沟通、在数据中穿行、在云端上存储、在云平台落地。

为此，北京市应做好基础设施建设保障，支持开展数字货币、支付清算、登记托管、征信评级、资产交易、投资者保护等领域金融科技研发相关试点示范和项目落地。按照市场化原则，推动政务数据、社会数据、商业数据与金融数据的开放共享和互联互通，推动建设服务金融科技行业发展的金融大数据服务平台，规范发展金融数据交易。推动金融科技企业接入人民银行征信系统，纳入金融业综合统计范围。支持金融科技企业发起设立金融科技类产业联盟、行业协会等社会组织，在行业自律、共性技术研发、标准制定等方面发挥更大作用。鼓励开展金融科技行业信用评价。加强金融科技领域数据安全、网络安全、系统安全能力建设，积极维护国家金融安全，依法保护个人隐私。积极支持专业化的数据存储、公共云、专有云平台建设，发展分布式架构。

3. 强化金融科技在产品服务领域的应用

各类金融机构应建立应用金融科技助推业务发展的理念，在实践中持续探索金融科技的有效应用。以银行为代表的传统金融机构应整合封装各业务条线基础通用技术能力，全面支持信创化，稳妥推进信息系统向多节点并行运行、数据分布存储、动态负载均衡的分布式架构转型；依托自动化机器学习、大规模预训练模型等技术集成，打造企业级人工智能平台，释放语音、图像、文本、知识图谱、流程自动化、智能决策等领域智能服务。依托计算机图形学、图形渲染、动作捕捉、深度学习、语音合成等技术手段，打造出RPA虚拟数字人，逐步建立起"数字化劳动力"体系。各类金融机构应通过数字化转型实现数据存储管理和分析应用的集中统一，通过管理好数据来充分做好消费者信息保护，有效解决长期存在的部门间"数据孤岛"问题；树立优先使用数据解决问题的意识，努力营造人人能用数、人人会用数、人人敢用数、人人想用数的用数氛围，最大程度地发挥数据资产的价值。

为此，北京市应鼓励发挥大型金融机构的示范效应，支持金融机构与国内外金融科技企业开展战略合作，支持金融机构与科技企业共享资源，共建平台，共防风险，开展广泛深度合作。支持银行业等金融机构积极运用金融科技丰富信贷审批手段、完善信用风险评估模型，提高风险管理能力；发展网上银行、电子银行、直销银行业务，建设线上缴费、消费等平台，提升远程开户服务，扩大金融服务覆盖范围，提高中间业务收入占比；支持证券业机构运用金融科技建设智能化线上客户服务终端，发展智能投顾等业务；支持保险业机构运用金融科技发展线上保险产品销售，创新基于特定场景的保险产品，提高保险产品定价水平；支持基金业机构运用金融科技开发量化投资模型，发展精细化资产配置和财富管理服务；支持信托、租赁等非银行金融机构运用金融科技开发面向特定客户的个性化金融产品。支持各金融市场和交易平台运用金融科技创新资产交易、登记和信息披露方式。支持各金融机构软件研发、信息科技、电子银行等部门独立运营，设立金融科技子公司。支持金融机构建立内部孵化机制，培育金融科技创新项目和创业人才团队。

4. 以数字化转型持续提升智能风险防控能力

目前，以商业银行为代表的首都主要金融机构以数据、技术为驱动，不同程度地落地了智能风险管理项目，包括全域风险可视化系统建设、信用风险管理系统建设、个人经营性贷款与普惠贷款统一授信管理、"冒烟指数"模型开发、模型验证体系建设等。未来，金融机构需以数字化转型持续提升智能风险防控能力，逐渐构建起全机构、全业务、全渠道、全流程风险管控体系，实现对各类机构、各类风险、各类客户的完整覆盖、充分穿透和智能监控。一是实现风险管理全面覆盖。依托数据挖掘、机器学习等技术，以科技赋能风险管理，上线数字风控体系通用模型、"冒烟指数"系统、知识图谱、智慧风控 App 等，形成多维度风险模型预警体系。从全域风险管理的角度出发，将各级机构的所有风险进行全覆盖、穿透式、全流程管控，将所有风险都纳入风险图谱管控，构建风险"驾驶舱"。二是实现风险防范前瞻预警。动用一切人力、一切资源、一切手段，做好事前、事中、事后不同时期的全覆盖风险监测预警，早识别、早预警、早发现、早报告、早处置，把一切风险都控制在隐患形成之前、处置在苗头中。三是实现智能风险模型自主研发应用。通过数字化赋能加强数字风控体系建设，应用各类算法和系统动力学构建大数据风控模型，及时更新模型库，不断消除模型风险，依托"冒烟指数"模型建设和迭代，逐步实现各类风险的模拟、仿真和预警。

为此，北京市应建立完善金融科技技术标准、行业规范和监管框架，加强市场准入管理，加强事中事后监管。充分运用大数据、金融云、区块链等手段，建立完善覆盖各类金融科技业态的风险监测预警系统，积极争取监管部门监管科技相关政策试点。推动在北京金融科技与专业服务创新示范区探索"沙盒"机制和"金融风险管理实验区"，完善金融科技监管协同机制和沟通渠道，建立金融科技监管国际合作机制，提升区域监管科技水平，有效防范金融风险。

5. 注重金融数字化人才队伍建设

金融机构要成功借助数字技术实现智能化转型，人才是关键。各类金融机构应坚持数字化转型战略方向，梳理数字化人才引进需求和人员能力培养需求，明确岗位缺失、人员缺失、能力缺失，据此持续完善数字化人才队伍建设规划。从选、用、育、留等四个方面构建完善的数字化人才体系，围绕业务转型发展对数字化人才的实际需求，通过内部选拔培养为主、外部引进为辅的方式，在大学生招聘中向复合背景及理工科背景倾斜，引进数据科学家、数据分析师等数字化领军人才、专家型人才，不断提升数字化人才的数量和质量。加快构建数字化人才培养体系落地，针对不同层级的数字化人才形成定制化、差异化培训课程体系，通过岗位交流锻炼等形式打造复合背景的数字化人才队伍。建立数字化人才激励与晋升机制，不断提升数字化人才地位，推进数字化人才的激励奖励、职业通道发展等机制落地。探索针对数字化人才的数字化管理，通过数据标签、能力标签等构建丰富的数字化人才评价体系，将培训档案、绩效考核等信息纳入数字化人才评价维度，加强人力资源数据的应用深度，提升数字化人才管理水平。

为此，北京市应积极鼓励在京高校和科研机构发挥跨学科优势，采取多种形式设立金融科技研究机构，建设金融科技人才为代表的金融复合型人才培养基地，培养专业化金融科技人才。加大力度引进国际金融科技领域权威科学家和高级人才。优化金融科技人才服务，符合条件的金融科技人才可申请办理人才引进落户。支持各区在工作居住证、教育医疗、子女入学、出入境等方面给予金融科技人才必要的服务保障。建设对金融科技人才的市场化专业服务体系。推动建立涵盖技术研发、项目评估、知识产权、企业孵化、投融资、产业培育、市场应用和财务、法律、审计、人力资源等全链条的金融科技人才专业服务体系。鼓励金融科技领军企业通过建设园区或孵化器等方式进行人才输出，积极发展基于大数据的第三方征信、投资咨询、资产评估、信用评级等专业服务。

二、多重创新解决小微企业融资难题

1. 支持民间资本进入银行业，成立科技银行

自成为国家科技金融创新中心以来，虽然北京市已经出台了多项政策，大力鼓励和支持各类金融机构开展中小微企业融资产品创新试点，但是总体来说，这些产品创新都是针对发展期和成长期的企业，针对初创期的科技型企业的金融产品和金融服务还是微乎其微，远远不能满足初创期的企业融资需求。北京市为解决这一问题已经大力发展天使投资，甚至将中关村图书一条街规划为天使投资一条街，但是天使投资人的数量有限、资金覆盖面很小，企业融资难的问题在初创期这一层面仍然表现比较突出。

要解决这一问题的根本靠现有的融资体系是不现实的，在国外，这一问题主要依靠一种新型银行——科技银行来解决。科技银行指专门为科技型企业提供融资服务的银行，主要开展无形资产抵押贷款、企业股权抵押贷款、个人信誉担保贷款等。创新型高科技企业往往伴随高风险，科技银行主要为风险投资及其投资对象——高科技企业提供金融服务。科技银行不同于传统的商业银行，除了贷款客户不同，

贷款依据也不同。商业银行主要依据流动性、安全性和效益性"三性"原则发放贷款，科技银行则通常借助风险投资，构建风险管理架构。2012年8月15日，上海浦东发展银行与美国硅谷银行合作，在上海成立了浦发硅谷银行，这是自1997年以来第一家获得批准的合资银行，也是中国首家科技银行。2017年7月16日，北京首家民营银行——中关村银行正式获批开业，北京中关村银行是全国首家专注服务科技创新的银行，定位为"创新创业者的银行"，专注服务"三创"（创客、创投、创新型企业），虽然并非完全意义上的科技银行，但在推进科技企业金融创新政策方面迈出了重要一步，中关村银行在实践中支持企业发行新型债务融资工具，推动科技物业资产证券化和个人延税型养老保险试点，支持企业到海外并购获取关键和核心技术，促进移动支付、社交网络、搜索引擎和云计算等现代信息科技和金融的结合。同年中信银行和百度联合发起成立百信银行，将传统商业银行的客户经营及风险管控体系，与互联网技术和用户流量资源结合起来，打造差异化、有独特市场竞争力的直销银行，在满足小微企业个性化金融需求方面也做出了有益探索。

作为中国的硅谷，中关村应该在此基础上，建立更多的民营或者合营科技银行，专为科技型企业服务。中关村可以双管齐下：一方面借助民营资本进入银行业的大潮，中关村可以鼓励民间资本设置科技银行，或者由民间资本入股合作设立，对此给予政策方面的最大支持；另一方面借助"两区"建设的优势向国家层面争取利率和汇率政策的最大自主权，积极与外资科技银行沟通合作，力争合资的科技银行尽早落户北京。

科技型中小企业自身的特点决定了其贷款融资必须是借助政府搭建融资平台，由担保机构提供担保、科技银行发放贷款、风险投资跟进投资，最后风险池基金进行补偿的系统过程。在中关村，科技银行可以与政府合作向中小企业发放贷款：首先企业向政府搭建的融资平台提出贷款申请，然后向科技担保公司申请担保，最后通过平台中的信用评估等中介服务机构进行资信审查，审核通过后向科技银行申请科技贷款。

股权投资行业的繁荣是北京金融发展的一大亮点，发展科技银行应该充分利用这一原有的优势。对于在京数量众多的以 VC（风险投资）和 PE（私募股权投资）为主的创业风险投资机构，应鼓励其与新型的金融机构合作发展，同时，其可以开展科技银行与已有的风险投资机构的合作关系。例如，在发放贷款前科技银行可以依赖风险投资机构的技术评估优势和信息优势，对科技型中小企业进行科学合理的评估，降低贷款的审查成本，降低科技贷款风险。在发放贷款后，利用风险投资的资源优势，确保科技型中小企业的成长和健康发展，保证科技贷款的质量；加强与创业风险投资的交流沟通，持续监督科技型中小企业，减少与科技型中小企业的信息不对称，以控制科技贷款的风险。对于 VC 和 PE 这些风险投资机构而言，科技银行贷款的介入有利于确保科技型中小企业获得其快速成长过程中所需的足够资金支持，有利于项目的成功，而且并不稀释股权。这既降低了自身的投资风险，又增加了收益。同时，科技银行的介入也为其腾出更多的资源以寻找其他优质项目。

2. 加大开放程度，支持金融机构开展跨境创新业务

金融体系的开放已经刻不容缓。对于中关村来说，短时间内申请建立离岸金融中心需要国家层面的政策审批，时限长、难度大，同时这一问题也是与人民币资本项目开放一脉相承的，因此短期内难以实现。但是在现阶段可以一方面申请科技金融特区办理离岸金融业务的权限，另一方面鼓励金融机构大胆开展国际投融资业务，同时积极申请参与上海的离岸金融业务，进行练兵，为将来建立自己的离岸中心做准备。

就政策来说，中关村关于科技金融的配套政策体系已经较为完善，可以极大地缓解企业的融资难题，但是许多企业根本不了解这些融资优惠政策，错失良机。这说明北京市在这方面的宣传力度还不够，导致企业不知道有好的政策，从而无法落实。不仅如此，北京市还要充分利用"两区"建设已有的优惠政策，大力支持鼓励各类金融机构开展诸如融资租赁、国际信用证、国际保理等创新性业务。

融资租赁是指实质上转移与资产所有权有关的全部或绝大部分风险和报酬的租赁。相比传统银行业，它能更好地服务于科技型的中小企业，提供资金的方式、利率、期限都更为灵活。目前，我国的融资租赁业务仅处于起步阶段。海淀区应走在前列，大力鼓励融资租赁公司的成立，鼓励科技型企业通过融资租赁的方式获取科技研发设备、器材、场所等，同时制订相关措施鼓励有条件的科技型企业通过申请设立融资租赁公司的方式直接开展融资租赁业务。对于这一类机构的税收优惠，可以暂时适用中关村已有的税收政策，例如股权激励个人所得税分期纳税政策等。除了让其享受与股权投资机构同等的政策待遇之外，还可以向相关金融主管部门申请，允许融资租赁公司在开展融资租赁业务的同时能够兼营与主营业务有关的商业保理尤其是国际保理业务，为科技类企业的跨国贸易提供金融支持和信用保障。

3. 加大科技保险力度，支持保险公司拓展责任保险服务领域

科技型企业具有高投入、高风险的行业特征，为降低科技创新行为及其相关活动风险，减少损失，让更多的资金、更多的人才在发展科技事业中充分发挥作用，北京应该大力推广科技保险和信用保险服务。

科技保险可以对科技企业或研发机构在研发、生产、销售、售后以及其他经营管理活动中，因现实面临的各类风险而导致科技企业或研发机构的财产损失、利润损失或科研经费损失等，以及其对股东、雇员或第三者的财产或人身造成现实伤害而应承担的各种民事赔偿责任给予保险赔偿，是一种分散企业科技创新风险的保险保障方式。结合科技金融创新中心建设，中关村今后应深化科技保险试点，完善科技保险保费补贴机制，支持企业购买科技企业产品研发责任保险、关键研发设备保险、出口信用保险、员工忠诚险等科技保险产品和服务。研究发展科技再保险。研究推动保险资金参与中关村基础设施建设、战略性新兴产业培育和重大科技项目投资。同时完善创新信用保险服务，支持企业开拓国际市场。除此之外，还要鼓励保险公司开拓信用保险的业务，充分利用信用保险的风险管理、信用保障、促进销售和融资推动功能，鼓励区内保险公司、商业银行与科技型中小企业联合开展信用保险以及贸易融资等系列金融服务，支持企业开拓国内外市场。中关村可以考虑让金融机构与中国出口信用保险公司合作为科技型的出口企业开展出口信用保险这一项工作。

4. 提高诚信标准，完善首都科技信用体系建设

目前，北京市大多数科技类企业的融资需求主要依靠辖区内制定的各项科技金融政策来完成，缺乏常规化的能够随时满足企业各种融资需求的实体融资平台，导致企业的融资需求没有常规化的解决渠道。其中，一个主要因素是配套的信用体系建设相对落后。金融体系的正常运转需要相应的社会信用体系和金融信用信息数据库的支撑，北京虽然在科技金融创新方面走在了前列，但是受整体信用体系建设落后的影响，相应的金融信用信息数据库尚属空白，中央银行能提供的企业征信数据库只纳入了曾经在银行系统有过信贷行为的企业，对于大多数没有获得过银行贷款、没有进入该数据库的中小微企业，无法获得其基本的信用信息，导致很多金融产品和金融服务的创新因为缺乏信用根基而无法成行，大大抵消了科技金融的效率。

北京市应在已有的中小企业信用体系建设试点的基础上，大力完善构建科技信用体系。首先通过制定政策的形式规范征信数据的搜索、运用、公开、披露以及对国家及商业机密的保护等。其次明确信用信息的征集渠道、征集范围和公示程度，逐步形成公平共享、开发信用和使用信息的良好环境。最后对提供虚假企业信息的行为要严厉制裁。制定市场准入标准和中介机构管理办法，加大对违反信用行为的惩罚力度。建立中小企业信用档案数据库系统；开展信用对接，实施企业信用增级，开展征信调查和评级等措施，拓展中小企业融资渠道，体现企业"信用价值"，充分发挥中小企业信用信息助推企业发展的作用。在此基础上，对科技类企业实施信用分类监管，建立"守信得益、失信惩戒"的激励约束机制。加强地方财政对信用产品使用的支持服务，进一步发展和完善中小企业的信用担保体系。把信用建设作为道德建设的重要内容，在传统信用的基础上加快建立现代信用观念，普及信用文化与信用基本知识，增强人们懂信用、守信用、用信用的观念和意识，特别是要强化企业经营者的信用意识，提升信用管理水平。培育和提高中小企业内部高级管理人员阶层的整体素质，将信用理念渗透到企业文化建设中，强化企业信用理念。

第四章
首都金融市场体系的形成与发展

第一节 首都区域资本市场建设

"十四五"规划要求,"积极培育公开透明、健康发展的资本市场,提高金融服务实体经济效率和支持经济转型的能力"。当前在宏观经济仍面临较大下行压力的背景下,北京经济增速偏低、困难较多,经济增长的驱动机制较弱,亟待为经济注入新的动力。经济发展,资金先行,资本市场的作用越来越重要,厘清新三板、北京四板市场、报价系统等资本市场发展与北京市经济增长之间的关系,对于进一步完善首都多层次资本市场体系、促进北京市经济的快速增长都有较强的现实意义。

一、国内外关于资本市场与经济增长关系的理论综述

关于资本市场与经济增长之间的关系,国内外众多学者对此做了

大量的理论和实证研究工作。国外比较有代表性的理论"金融结构论""金融抑制论""金融深化论""供给主导论"和"需求跟随论",基本都认为金融发展与经济增长之间存在着正相关关系。其中美国经济学家罗纳德·麦金农和爱德华·肖的金融深化理论以及帕加罗模型,对资本市场作用于经济增长的机理进行了深入剖析,激发了人们的研究热情,为后来学者研究资本市场发展对经济增长的作用提供了理论依据。国内学者的研究成果主要体现在资本市场发展对经济增长的作用及其内在机理,按研究的角度和侧重点的不同,主要可以分为三类:一是单一研究股票市场发展对经济增长的作用;二是同时研究股票市场和债券市场发展对经济增长的作用;三是同时研究股票市场、债券市场和中长期信贷市场发展对经济增长的作用。最终研究成果都认为股票市场对经济增长有积极影响,但要弱于银行信贷。

虽然资本市场作为一个无形的市场在很大程度上可以不受地域的限制,但由于我国地域广阔,不同地区的经济发展水平和资本市场发展程度有相当差别,全国性市场并不是一个匀质的市场,全国性的研究所得出的结论对于特定的地域并不一定具有普适意义。北京的区域性资本市场,因北京证券交易所成立的一波三折以及新三板市场引领的多级场外市场发展,呈现出与沪深二地截然不同的首都多层次资本市场特色。

二、资本市场促进区域经济增长的路径分析

经过多年的发展,资本市场在经济发展中发挥的作用愈发重要。其本质是通过有关价格信号引导资源的合理优化配置。具体而言,资本市场对区域经济增长的促进作用主要体现在五个方面。

1. 筹集资金

在现代市场经济中,资本市场是筹资和投资的主要场所,筹集资

金是资本市场的本质,这是其他重要功能得以存在的基础。资本市场为资金供给者和资金需求者提供了交易的场所,实现了社会闲散资金直接或间接地向筹集企业集中。资本市场可以凭借其强大的筹资功能,突破地域、所有制、行业的限制,通过发行股票、债券和其他有价证券、设立投资基金等多种方式筹集资本。

2. 提供流动性支持

提供流动性是资本市场的基本功能之一。在一个国家的经济发展过程中,许多较高的收益项目都需要长期资金的支持,但同时也蕴含着较高的风险。正是因为资本市场提供了流动性,才使得投资者在遇到好的投资项目时进行投资成为可能,即使在项目投资期间也可以撤资选择更好的投资机会。资本市场流动性越强,越能促进投资者投资,从而促使收益较高的长期项目获得更多的资金,进一步促进经济的增长。

3. 实现风险分散

资本市场主要通过两个途径来实现风险分散。

一方面,由于资本市场具有特殊的风险定价功能,可以把相对狭小的投资项目所遇到的多数风险集中起来,使这些风险间相互作用,消除非系统风险,然后对系统风险进行定价,再将这些风险分散到众多投资者手中,这样,这些风险便通过资本市场变为由多数人分担,较大地降低了单个投资者由于不确定性造成的风险,从而使原先那些由于不确定性、风险过于集中而暂时搁浅的投资项目变成有吸引力的投资项目,进而促进分工的发展。

另一方面,资本市场通过分离虚拟资本与真实资本减少不确定性,以便于低流动性项目的融资。由于投资具有期限结构制约和资产专用性限制,如果不能通过资本市场将真实资本与虚拟资本分离,真实资本就不能克服投资的不确定性风险，就会导致人们不愿意投资那些流动性低、投资大、周期长、见效慢的项目，但是这些项目往往又是一些国民经济发展所必需的基础性项目，若不能有效实施，经济和社会发展将会受到影响，而资本市场的出现将真实资本转化为虚拟资本形式，改变了真实资本的收益期限和结构，从而提高了资产的流动性。

4. 减少信息不对称

在金融市场中，如果存在信息不对称，就很容易产生逆向选择和道德风险问题，进而对资源的有效配置产生严重影响。也正是由于不同程度的信息不对称问题存在，推动了各类金融中介的发展。银行等金融中介机构通过专业技术收集各类信息，一方面节省投资者搜寻信息的成本，另一方面促进了资金和资源的分配效率。

具体来说，通过有效的二级市场，资本市场有助于投资者获取有效的投资机会信息，并且能帮助投资者区分投资机会的好坏，在很大程度上降低其资本配置的交易成本，明显提高资金配置效率。在流动性很强的资本市场，投资者可以根据证券的历史信息获取公司的基本信息而实现获利。

5. 提高企业效率

不同的企业融资结构对应的企业治理结构也不相同，完善的资本市场能够优化企业融资结构，提高企业股权融资份额，进而约束经理人员的行为，改善公司治理结构。从发达国家的经验来看，尽管发达国家没有100%的股票融资，但股票市场相对发达的国家，其经济效益和经济的稳定性要比银行债务占主导地位的国家相对高一些。这些国家从金融稳定的角度看，存在一个有效的社会资本结构和公司治理结构。公司治理结构的完善依赖于资本市场的发展，而健全完善的资本市场会对企业经理人员有很强的约束和要求，从而使得这些经理人员首先能够考虑股东的利益而非自己的利益，并能以股东利益最大化为最终目标来经营企业，使公司的治理结构不断优化，企业的效率不断提高。

三、首都多层次资本市场发展的特征分析

近几年来，北京市多层次资本市场体系建设加快。北京证券交易所正式成立，新三板、四板市场加速发展，机构间私募产品报价与服务系统快速增长。北京市积极支持多层次资本市场建设发展，对北京证券交易所、上海证券交易所、深圳证券交易所、全国股转公司、机构间私募产品报价与服务系统等全国性市场积极做好各项服务工作，对市属的北京股权交易中心大力做好扶持发展工作，有力推动了多层次资本市场的发展。

北京地区的上市公司数量位居全国前列。2023年全年，北京各类企业利用多层次的资本市场实现了直接融资23.83万亿元，占全国直接融资规模的15%，居全国首位。截至2023年12月底，北京地区在上海证券交易所、深圳证券交易所、北京证券交易所三大证券交易所上市公司的总市值达到165028.98亿元人民币，占据全国市场的21.31%。

北京市除了可以利用上海证券交易所、深圳证券交易所、北京证券交易所的资本市场融资服务，还拥有自己的区域性股权交易市场——北京四板市场，并且"两所两系统"中的两系统——全国中小企业股份转让系统和机构间私募产品报价与服务系统也在北京属地经营，同全国其他地区相比，区域资本市场资源相对丰富。总体来说，虽然北京证券交易所、新三板市场、北京四板市场、报价系统成立的时间都比较晚，北京证券交易所成立于2021年9月，新三板市场于2013年12月

正式运营，北京四板市场成立于 2014 年 1 月，报价系统于 2015 年 1 月正式成立，同上海证券交易所和深圳证券交易所两大交易所近 30 年的经营历史相比，这几个市场运作的时间都不长，但是都在很大程度上发挥出了首都多层次资本市场的作用，并且形成了自己的业务特色。

第二节 北京证券交易所的"前世今生"

一、北京证券交易所从何而来

1. 北京证券交易所的深厚历史基础

北京证券交易所并非横空出世，而是有其历史渊源和市场运行基础的。早在 1918 年，北京就出现了中国人自己创办的第一家证券交易所"北平证券交易所"，当时北洋政府为弥补财政亏空，不惜以高利借取内外债，从 1918 年至 1939 年，北平证交所买卖兴隆，公债投机盛行，由此刺激了北京金融业的发展。抗日战争期间，北平沦陷，北平证券交易所被迫停业。新中国成立后，为了加强对金融的管理，疏导游资、繁荣经济，1950 年 2 月"北京证券交易所"正式开业。开业之初，业务非常活跃，后来由于经纪人的一些违规交易行为，同时随着整个国家对资本主义商业的社会主义改造的不断深入，特别是"三反""五反"运动的开展，1952 年北京证券交易所关闭。改革开放后，北京一直缺乏全国性证券交易所。1988 年，设立"北京证券交易所"的建议提出，但由于党中央决定把证券交易所设在沪深两地，该提议一直没有得到批复。之后，1990 年"全国证券交易自动报价系统"（STAQ）在京成立，初期以交易国库券为主，后来法人股交易规模壮大。1993 年，"中国证券电子交易系统"（NET）成立，也主要交易法人股。这两家证券交易系统后于 1999 年关闭，它们运行的经验为北京创设全国性证券交易场所奠定了实践基础。

2. 从三板市场到新三板市场的演变

2001 年 6 月，代办股份转让系统成立，该市场并没有实体交易所，主要通过电子交易系统进行全国主板市场的退市股票买卖和原 STAQ、NET 系统的股份转让，俗称为"三板市场"。2006 年，为了鼓励科技创新型企业的发展，解决其融资难题，科技部和证监会合作引导中关村的高新技术企业进入三板市场，在北京中关村科技园区建立了新的"代办股份转让试点"，在此系统上进行科技创新企业的股权融资试点。为区分于原有的三板市场，"中关村代办股份转让试点"称为"新三板市场"。

2013 年，以中关村新三板市场为基础的全国中小企业股份转让系统正式成立，而"新三板"这一称号因其广泛接受性继续被沿用。此时的新三板市场是国务院批准的第三家全国性质的证券交易场所，主要是为畅通创新型、创业型和成长型企业的融资渠道而设立。最初，新三板的定位为全国性的非上市股份有限公司股权交易平台，主要针对的是中小微型企业。为更好地发挥金融对经济结构调整和转型升级的支持作用，进一步拓展民间投资渠道，充分发挥全国中小企业股份转让系统的功能，缓解中小微企业融资难问题，新三板在制度设计上进行了很多创新性的尝试。具体包含四个方面：一是服务对象新，即主要为创新性、创业型和成长型的中小微企业服务。二是审查机制新，新三板对此做了很多大胆的创新与尝试，包括：股东人数未超过 200 人的申请挂牌，证监会豁免核准；发行后证券持有人累计不超过 200 人的，证监会豁免核准；发行不设发审委，行政程序较少，在很多方面大大地提高了效率等。三是投资者新，新三板实行严格的投资者适当性管理，2019 年 10 月之前，新三板的合格投资者的标准非常严格，证券资产需要达到 500 万元，不包括金融资产，目标是引入更多的机构投资者，逐步建成以机构投资者为主体的证券交易场所。四是市场制度比较新，比如上市标准主板要求持续盈利能力，而新三板要求持续经营能力；新三板实行多元化的交易制度，包括协议转让和做市商制度，后期引入了竞价制度。

2015 年 9 月 1 日起正式实施的《场外证券业务备案管理办法》，打破了新三板"非上市股份有限公司股权交易平台"的历史定位，在此挂牌（上市）的公司均为公众公司，其股票等证券进行公开转让（交易），意味着新三板挂牌企业等同于沪、深两市的上市企业。新三板作为全国性证券交易所的地位得到巩固，弥补了北京缺乏全国性证券交易所的短板。但是，由于名称的多变复杂性和金融市场的专业性，当时企业民众和广大投资者并没有意识到这一点。因此，2019 年修订后的《中华人民共和国证券法》将新三板市场列为国务院批准的其他全国性证券交易场所，以此与上交所和深交所的层次作区分。

3. 从新三板全面深化改革到北交所的蜕变

随着 2013 年底新三板市场在全国范围的正式营业，挂牌企业数量近乎呈指数增长，2013 年底挂牌企业家数量为 363 家，2014 年为 1209 家，2015 年挂牌企业家数量达 3920 家，已经超过了沪深 A 股数量，2016 年底共有 10163 家挂牌公司，2017 年接近 12000 家……新三板挂牌企业数量增长迅猛，远超沪深两市的增长速度，但是短时间内受人员和产地规模限制，新三板的配套服务无法快速与之匹配，存在生长性疼痛。同时，新三板上市公司质量参差不齐，这为监管带来挑战，同时也影响投资者的信心。在这种形势下，为打造规范化、法治化的市场环境，新三板着力建立常态化、市场化的退市机制，于 2018 年开始实施严格的强制退市制度，推进企业良性成长和市场长期健康发展，为进一步深化改革铺平了道路。

2019年10月，应金融供给侧结构性改革要求，证监会正式启动全面深化新三板改革，以提高首都多层次资本市场服务民营创新企业的能力。这是在总结近7年市场运行经验的基础上，为满足企业差异化需求而实施的全面性、系统性改革。改革坚持服务中小企业发展的初心和市场化、法治化方向，坚持畅通多层次资本市场有机联系，促进市场功能有效发挥；坚持完善市场基础制度，为挂牌企业提供差异化精准服务，提高信息披露质量，严厉查处违法违规行为，促进企业规范发展。

2021年9月3日，脱胎于新三板精选层的北京证券交易所正式设立，这标志着中国资本市场中，上海证券交易所、深圳证券交易所、北京证券交易所三足鼎立的格局正式奠定，标志着中国的资本市场进入市场化竞争的时代。

事实上，随着我国证券市场规模的不断扩大和企业上市需求的不断增加，打破证券交易市场的原有分工格局已不可避免。实践证明，随着上市企业不同发展阶段和量身定制产业板块双重标准的出现，减少行政干预将会有效加快证券交易机构去行政化改革，进一步提升直接融资市场的效率。三大交易所鼎立的局面会令未来证券市场的竞争更加市场化，三大交易所的错位发展和业务有序分工，有助于深化资本市场的监管服务功能，促使企业在上市时有更大的自主选择权，为证券投资提供便利和更优质服务。这对于中国的资本市场和广大中小微企业来说都是一大利好因素。

二、北交所设立的意义

1. 提升北京在全国资本市场的战略地位

立足新三板精选层的北京证券交易所，不仅弥补了首都金融体系的要素市场空白，并且在承继沪深交易所历史发展经验的基础上，发挥其新生市场的优势，承载着我国证券市场增量改革试验的使命。北交所总体平移新三板精选层各项基础制度，维持新三板基础层、创新层与北京证券交易所"层层递进"的市场结构，这种制度安排让新三板在全国的资本市场构成中具有与上海证券交易所和深圳证券交易所同等重要的地位。

北京证券交易所成立后，市场资金积极入市，精选层成交环比上升超200%，投资者在证券公司咨询和开通新三板交易权限人数明显增加。北京证券交易所的设立为完善首都多层次资本市场对中小企业的金融支持体系指明了方向。北交所的成立不是取代原有新三板市场的功能，而是成为有益补充。目前的新三板已经成为证券交易所和全国证券交易场所的集合，是服务创新型中小企业的主阵地，将更好地发挥资本市场功能作用、促进科技与资本融合、支持中小企业创新发展。北京市应抓住机遇，推进北京证券交易所的发展壮大，提高资本市场服务中小微民营企业能力，畅通首都多层次资本市场有机联系，提升北京市在全国资本市场的战略地位和金融竞争力。

从全国企业在北京证券所的上市情况来看，2023年1—12月，全国北交所处于辅导期企业共计376家，辅导验收通过520家，其中已受理488家，已核准/注册239家（其中北交所上市234家）。其中北京市在2023年共有86家企业进入了北交所辅导阶段，占据全国9.6%的比例；其中辅导验收通过企业53家，占全国10.2%的比例；已受理企业50家，占全国10.2%的比例；已批准/注册企业22家，占全国9.2%的比例，各项指标均位居前列（如表4—1所示）。

表 4—1 北交所全国上市情况分布表（不含港澳台）

序号	省级行政区	在辅导数量	辅导验收通过数量	已受理数量	已批准/注册数量
1	北京市	33	53	50	22
2	江苏省	39	84	73	42
3	广东省	31	67	63	28
4	浙江省	45	65	65	22
5	山东省	33	34	35	18
6	上海市	20	27	20	9
7	安徽省	33	20	23	8
8	河南省	18	25	22	13
9	福建省	16	8	8	2
10	四川省	8	20	18	9
11	河北省	24	10	12	9
12	湖北省	10	19	19	10
13	辽宁省	2	13	10	7
14	湖南省	8	9	9	5
15	陕西省	3	10	10	6
16	吉林省	5	3	3	2
17	江西省	10	7	5	5
18	重庆市	2	8	10	5
19	甘肃省	1	0	0	0
20	山西省	12	6	6	3
21	云南省	2	3	3	2
22	广西	0	4	3	4
23	海南省	1	2	3	0
24	黑龙江	4	4	2	0
25	内蒙古	5	2	2	2
26	宁夏	2	4	4	3
27	天津市	1	8	7	2
28	贵州省	3	3	1	1
29	新疆	5	2	2	0
	合计	376	520	488	239

数据来源：全国股转公司、北交所官网、北京证监局官网，数据统计日期截至 2023 年 12 月。

2. 推进北京市产业结构升级和经济发展

始于2019年的新三板市场的深化改革旨在通过融资支持北京市地方经济的发展，规范企业经营，便于政府监督管理，增加北京市地方税收。北京证券交易所的设立则提供了一个良好的契机，其与新三板市场改革的配合有助于为企业的价值投资提供平台，降低股权投资的风险和成本，成为机构投资者退出的新渠道并推动产品创新。从新三板运营近10年的平均数据看，北京市新三板挂牌的企业里中小微企业占比达到94%，高新技术企业占比达60%以上，战略性新兴产业占比约25%。同时，北京市新三板挂牌的创新层企业规模不断扩大增强。挂牌公司普遍重视研发，近两年平均研发投入强度达到6%左右，其中战略性新兴产业类挂牌公司研发强度更高达6.84%，对创新驱动的拉动作用日益明显。

北交所成立之后，北京市的产业结构进一步优化升级，总体来看，进入北交所辅导备案的企业中超过80%为高新技术企业。从表4—2可以看出，自北交所成立至2023年底，北京市曾经进入辅导阶段的企业中有近一半来自海淀区的高新技术企业，其他来自西城区、东城区、朝阳区、丰台区、昌平区、经开区的企业也基本为高新技术企业或者为具备专业化、特色化的制造类企业。

表4—2 北京市北交所辅导备案企业情况表

所属区县	进入辅导企业数量
西城区	2
东城区	3
海淀区	48
朝阳区	9
丰台区	8

续表

所属区县	进入辅导企业数量
昌平区	10
经开区	4
大兴区	4
通州区	2
门头沟区	1
顺义区	2
房山区	1
平谷区	2
石景山区	1
怀柔区	1

数据来源：全国股转公司、北交所官网，数据统计日期截至2023年12月。

随着新三板改革和北京证券交易所功能的逐步完善，其对于推动北京地区产业结构升级、形成创新驱动的经济体系和发展模式、增强城市综合竞争力将发挥出更大的作用。

3. 改善北京市中小微企业融资环境

北京证券交易所的设立和新三板的分层改革为北京市的广大中小微企业提供了良好的资本市场融资生态。新三板的基础层、创新层会根据企业的不同发展阶段提供相应的分层服务，包括改制辅导和持续督导，帮助企业提高规范治理水平；通过定向发行高效便捷地进行股权和债券融资；帮助企业实施股权激励，汇集优秀人才；帮助企业逐步借助资本市场发展壮大。北京证券交易所则将新三板的功能从做加法放大到做乘法，极大地提高了企业股权交易的流动性，提升了企业规范度和透明度。这将整体提升市属企业在全国资本市场的形象和知名度，非常有利于北京市中小微企业的市场拓展。

新成立的北交所旨在打造服务中小企业创新发展的专业化平台，

进一步破除新三板建设的政策障碍，围绕"专精特新"中小企业发展需求，完善政策支持体系，形成科技、创新和资本的聚集效应。北交所的成立，促使北京市的创新型中小企业获得更多的直接融资渠道，以满足自身的资金需求，有助于更进一步解决长期以来困扰企业发展的融资难题。

第三节 新三板市场：首都多层次资本市场的中坚力量

一、新三板市场的特点

1. 根植首都的全国性公开市场

为更好地发挥金融对经济结构调整和转型升级的支持作用，进一步拓展民间投资渠道，充分发挥资本市场功能，有效缓解中小微企业融资难、融资贵问题，2012年9月国务院批准设立全国中小企业股份转让系统（新三板），次年发布《关于全国中小企业股份转让系统有关问题的决定》，明确了全国股份转让系统是依据证券法设立的全国性证券交易场所，主要为创新型、创业型、成长型中小微企业发展服务。至此，我国多层次资本市场形成了主板（中小板）、创业板、新三板以及区域性股权市场功能定位差异化发展的格局，资本市场服务实体经济的广度、深度不断提高，为中国经济转型升级夯基赋能。

2. 新三板的制度设计创新

新三板是全国性证券交易场所，在承继沪深交易所历史发展经验的基础上，发挥其新生市场的优势承载我国证券市场增量改革试验的使命。一般意义上，新三板以中小微企业为其服务对象，深层次上，新三板担负着资本市场服务创新创业的探索任务。自2013年正式运营以来，新三板的市场规模快速增长。无论从挂牌公司数量、总股本还是总市值来看，增长速度都远远超过两交所的历史积累速度。

通过多年的实践，新三板已初步探索形成自身特色。一是区别于首次公开发行并公开上市的传统方式，实行股份挂牌并公开转让的准入机制，该机制符合创新创业企业财务指标独特、股份存量交易、控制权稳定的发展需求；二是建立市场化的按需持续融资机制，将融资份额、价格、时点的主导权交还给市场，契合了创新创业企业对融资灵活性、时效性要求高的特点；三是建立以主办券商为依托的市场遴选机制，配合严格的投资者适当性制度，由此探索出一套针对创新创业企业特征，有效进行风险管理的自律监管和市场服务模式；四是探索实施市场内部的差异化层级管理体系，配置差异化制度、层次间互联互通，有效降低了投资人信息收集成本，提高了市场精细化管理和服务水平。

3. 新三板市场的深化改革

2019年10月末，证监会正式启动全面深化新三板改革。改革的总体思路：一是坚持服务中小企业发展的初心和市场化、法治化方向；二是坚持畅通多层次资本市场有机联系，促进市场功能有效发挥；三是坚持完善市场基础制度，为挂牌企业提供差异化精准服务，提高信息披露质量，严厉查处违法违规行为，促进企业规范发展。

深化新三板改革是为满足企业差异化需求而实施的全面性、系统性改革，主要推出精选层并配套公开发行制度、优化定向发行制度、实施连续竞价交易、实施差异化投资者适当性制度、引入公募基金、落实转板上市、实施差异化监管等改革措施。一是发行融资方面，允许符合条件的创新层企业向不特定合格投资者公开发行股票；优化定向发行机制，取消定向发行单次新增股东35人的限制，推出挂牌同时发行和面向内部人的自办发行。二是交易方面，精选层实施连续竞价交易，创新层集合竞价撮合频次由每天 5 次提高至 25 次，基础层相应地由每天 1 次提高至 5 次，同时保留做市商制度。三是投资者准入方面，对各层次挂牌公司实施差异化投资者适当性安排，精选层、创新层、基础层投资者准入门槛分别为 100 万元、150 万元、200 万元，并引入公募基金等长期资金入市。四是落实转板上市，精选层公司挂牌满一年，且符合上市条件的企业，可直接申请科创板、创业板上市。五是监管方面，对精选层公司的公司治理和信息披露对标上市公司从严监管，简化基础层公司信息披露内容和频次要求，调整公司治理要求，形成差异化监管安排并严格实施摘牌制度。

二、新三板市场发展遇到的问题

1. 市场内生需求与制度供给的矛盾显现

经市场培育，已有相当数量的企业步入高速成长期，市场需求结构与设立之初相比发生了深刻变化。千余家公司挂牌后实现规模升级，由中、小、微型企业成长为更高阶型企业；截至 2023 年底，新三板市场创新层和基础层的挂牌企业，包括技术创新型和商业模式创新型在内的新经济公司占比已接近 50%。但目前新三板缺乏更高效的发行融资制度以及相应的股票价格发现能力和流动性水平，难以满足成长后企业的融资和流动性需求，面临企业流失，对市场发展规模造成一定影响。2017 年以来，新三板挂牌公司数量进入负增长阶段，融资额出现大幅下降，投资者参与数量和结构也有所退化。

2. 流动性不足影响市场功能发挥

市场流动性持续低迷，无法满足挂牌公司股份定价和投资人退出需求。新三板不以追求流动性为目的，但流动性严重不足影响投资者退出预期和一级市场股票定价发行效率，市场无法正常实现价格发现和风险管理功能。从板块交易量来看，新三板交易金额在所有板块中最低，上证A股、科创板、深证A股、中小板和创业板的交易金额远超新三板交易金额；新三板的换手率不到A股的50%，且换手率逐年降低，大部分股票都处于没有交易的"僵尸股"状态，这是新三板整体缺乏流动性的主要特征。而流动性不足可能导致产品到期兑付困难，制约了融资等功能发挥，严重影响了投资者参与一级市场的积极性。

3. "三类股东"问题阻碍多层次市场有机联系

目前，对拟IPO企业中包含三类股东的，监管部门要求中介机构对控股股东、实际控制人、董监高及其亲属、本次发行的中介机构及其签字人员是否直接或间接在三类股东中持有权益进行穿透核查。但这在实践中存在较大的障碍。大部分三类股东穿透后实际出资人人数众多，个别产品穿透后实际出资人超过1万，要求众多投资人全部配合核查较为困难；而且部分投资者配合意愿较弱，导致核查难度较大。因此，有些挂牌公司对参与新三板的态度较为消极，这对市场的发展产生很大的负面影响。

4. 对办公场所与相关政策资源支持需求迫切

新三板市场规模积累速度和监管服务需求超出市场初建时的预期，相应的办公用房和人才引进等需求也快速扩大。希望北京市在相关政策资源配置方面进一步加大对新三板的倾斜与支持力度，结合首都发展规划协助解决新三板的长期办公用房等问题。

三、新三板市场的发展方向

新三板将以完善分层标准为切入点，统筹推进发行、交易、机构投资者准入和监管等各个方面的改革，为众多挂牌企业提供差异化的制度供给；稳步推进对外开放，以开放促改革；进一步增强市场监管和风险控制能力，全面提升市场价格发现、资源配置和风险管理等核心功能。

1. 继续统筹推进制度改革，完备市场功能

2017年12月，新三板出台了分层、交易、信息披露等改革制度，深化改革迈出关键一步。新三板在做好改革措施落地和评估的基础上，进一步优化挂牌公司分层制度，丰富差异化的监管服务安排，增强市场直接融资功能。积极适应新经济、新产业、新业态的特点和需求，探索设置新的市场层次，在接纳并服务特殊股权架构与差异化表决权安排的公司方面率先取得突破，发挥好新三板市场包容性优势。完善各层次市场间的有机联系，健全摘牌机制，维护投资者权益。探索差异化的发行制度和投资者准入制度，在较高层级引入更高效率的发行制度。丰富投资者类型，制定公募基金投资新三板挂牌股票指引，落实QFII、RQFII投资新三板的政策，推动社保基金、企业年金将新三板挂牌股票纳入投资范围。持续优化交易机制，调整完善做市制度。推动明确新三板市场相关税收、国有股权交易、外资管理等政策。

2. 稳步推进对外开放，提升市场竞争力

新三板具有以机构投资者和高净值自然人为主体的投资者结构，投资者有较强的风险承受能力和风险识别能力，市场具备作为资本市场新一轮扩大对外开放新平台的条件。在我国资本市场双向开放的总体布局下，稳步推进新三板市场双向开放，将其打造成具有国际竞争力的新型现代化证券交易场所。深化新三板与港交所、纳斯达克的交流合作，建立长效合作机制，推动企业在新三板和港交所两地同时挂牌；支持新三板挂牌公司积极参与"一带一路"建设，研究"一带一路"共建国家企业在新三板挂牌的可行性和实现方式；积极研究VIE

结构公司在新三板挂牌问题，为优质境外上市公司回归境内资本市场提供更加多元的选择。同时，支持全国股转公司加入影响力较强、规模较大的国际组织，扩大国际交流合作范围。

3. 强化一线监管，提高风险防控能力

风险防控是市场改革的信心保障，通过强化监管，实现主动防范化解风险。一是健全风险监测预警和早期干预机制，改进市场运行监测指数，针对各类隐患及时采取市场引导和风险管控措施。二是持续推进依法全面从严监管，强化交易一线监管，深化挂牌公司一线监管，加强对证券经营机构的监管，持续完善监管机制。三是强化风险防控和一线监管的保障，加强一线监管和风险防范的人员配备和培养，加快技术系统建设，运用技术手段提升监管风控能力，改善一线监管的司法环境，推进市场纠纷的多元化解决机制建设。

第四节 首都四板市场发展：北京股权交易中心

四板市场是由各省级人民政府批准成立的私募型区域股权交易市场。目前全国已经有33个省、自治区、直辖市设立了自己的区域股权交易市场，数十万家企业在这些市场挂牌上市融资。

一、北京四板市场的特点

1. 多层次资本市场的塔基定位

北京四板市场在全国四板市场中成立较晚，到目前为止全国的四板市场有40个，北京四板市场是第30个正式运营的。北京市的企业特别是小微企业数量比较多，到2013年底在新三板挂牌的北京市属企业还不到1000家，这同北京中小企业以百万计的数量级别相比差距较大，实践证明在北京成立四板很有必要，因此 2013 年 12 月 28 日，北京区域性股权市场（俗称"北京四板市场"）正式启动。

从市场定位上看，北京四板市场是主要服务于注册地在北京市的中小微企业的私募股权市场，是多层次资本市场的重要组成部分，是地方人民政府扶持中小微企业政策措施的综合运用平台。与新三板、创业板等更高层次资本市场不同，北京四板市场服务对象是更早期的企业，服务的金融产品主要以私募股权、可转换为股票的公司债券等为主，是多层次资本市场的塔基、"孵化器"和"加速器"。

2. 独特的撬动式服务

北京四板市场的股权交易中心正式员工人数不多，但素质比较高。服务方式主要是通过撬动推荐机构，推荐企业来挂牌、为企业做持续的服务。四板市场主要做监督和引领性的服务，而更高层次的市场主要做监督、督导。四板市场要同时兼顾两个功能：第一个是监管；第二个是融资以及配套服务，因为对于小微企业来说最重要的是能存续多长时间，其次才是能不能提高融资能力、能不能转板，这个服务是由四板市场和推荐企业过来挂牌的推荐机构共同承担的，推荐机构负责具体执行服务，四板市场进行监管和引领性的服务。

3. 规范发展、合规性强

不同于全国四板市场经营的产品主要是私募债券，北京四板市场主要包括三大核心业务，即：挂牌交易类业务、登记托管类业务、固定收益类业务。北京四板市场自成立以来一直坚持规范经营，从未涉足房地产公司发债或者服务地方政府增加发债，主要是为中小微高新企业特别是中小高新企业发债。因此，尽管北京挂牌企业数量在全国并非第一位，但是在规范发展方面紧跟四板定位，即"四个没有"的定位：没有跨区域、没有非法集资、没有金融产品违约、没有收费。

基础服务都是免费的,企业不承担多余的成本。

北京四板市场的服务范围和服务对象跟新三板并不相同,四板和新三板市场有一个差异化定位,它只服务于北京市的中小微企业,特别是微型企业,而新三板服务于全国的创新创业型中小企业。北京四板市场服务的企业规模较小,大都处于发展早期阶段,其中74%的企业注册资本在1000万元以下,18%的企业注册资本为100万元。北京四板市场对企业挂牌没有财务指标要求,着重关注企业的持续经营能力和规范运作情况。考虑到中小企业资金紧张的境况,北京四板市场对挂牌企业的基础服务不收费,增值服务酌情收取一定费用。北京四板市场的重点工作在于全力培育企业规范发展,帮助企业进行股权质押、私募股权、私募债权等多种方式的融资,对接沪深交易所和新三板,切实完善多层次资本市场体系。

二、北京四板市场对经济发展的贡献

北京四板市场对北京市的最大贡献在于服务并促进科技型和创新型中小微企业的发展壮大。

经过近几年的发展,北京四板市场已经初步搭建了标准板、科技创新板、文化创意板、可转债板、大学生创业板和孵化板六个板块,分别服务于具备一定规模的股份制公司、科技创新企业、文化创意企业、发行可转债的企业、大学生创业企业以及北京市其他中小微企业。

自2014年底运营以来,北京四板服务的小微企业越来越多,挂牌企业数量已从最初的300多家,增长到如今的4000多家,呈逐年增长的趋势。根据企业所处的发展阶段、具体需求,北京四板市场为企业提供针对性的服务,服务的内容囊括了展示宣传、信息披露、规范发展、能力培养、股债融资以及转板到更高层次资本市场等；规范中小微企业公司治理，提升企业管理水平，帮助中小微企业实现融资。

1. 免费为小微企业提供基础的资本市场服务

北京四板市场坚持"四个没有"的定位：一是严格防范、持续监控，没有出现一例非法集资；二是严格落实监管要求，没有接受一家跨区域企业挂牌；三是严格风控、强化信披，没有出现一例产品违约；四是严格实施基础服务全免费政策，没有给中小微企业发展增加额外负担。在此基础上，北京四板市场对于企业的资本服务是完备的。北京四板的股权交易中心一共分三个部门：市场部，负责市场推广，对政府、各个园区孵化器汇集资源，实行"八爪鱼策略"，即通过各个渠道汇集企业资源，同时负责会员管理，目前会员有200多家，市场部主要就是吸引企业来挂牌；合规部，主要负责审核工作，审核企业挂牌、审核会员入会、审核私募债券等；创新部，主要负责企业服务、信息披露、督导服务监管。三个部门形成一个流程，挂牌是第一步，审核通过是第二步，第三步是持续的服务和管理。通过这种流程设计让被其他市场拒之门外的小微企业也能获得基本的资本市场服务。

2. 帮助小微企业规范发展，提高创新性企业的经营效率

企业进入北京四板市场，需要通过北京股权交易中心认可的中介机构尽职调查并进行推荐。进入市场之后，后续对企业的服务，主要由北股交与中介机构一起提供。与其他更高层次资本市场不同的是，北京四板市场服务的企业以中小微规模为主，企业规模小、付费能力差、融资发展困难，券商、银行缺乏服务意愿。为解决这一问题，北京四板市场推荐企业挂牌以及后续为企业服务的机构（以下简称"推荐机构"），除少量银行、券商外，主要包括各类担保公司、管理咨询公司、投资管理公司和孵化器，它们有一定中小微企业资源，具备服务中小微企业的能力，且有意愿服务小微企业。此外，还有一批会计师事务所、律师事务所、税务师事务所作为专业服务机构为企业提供增值服务。

此外，北京四板市场还借助登记结算平台，以登记结算业务为基础，多方汇聚资源，创新服务体系，延伸服务链条，引导中小微企业规范发展、做优做强，打造形成了一条分层有序、功能完整的中小微企业服务链条。

北京四板目前为企业提供的交易、背书等功能虽然没有新三板足，但是很多企业愿意在四板挂牌，原因在于挂牌新三板必须进行股份制改造，且需要把前些年的税补上，有时候税的额度比券商费用还大，成本高，而四板市场允许有限责任公司挂牌，可以不进行股份制改造。四板市场的定位为资本市场的加速器和孵化器，帮助企业规范以后的发展路径，而非要求企业自己做好规划，所以挂牌四板的企业没有必要股改；而且相比新三板，北京四板更倾向于私募市场，企业信息只向投资人披露，不向公众披露。

3. 致力于科技中小微企业融资能力培养

北京四板主要服务于科技型中小微企业。企业分布排名前三的行业分别是：信息传输、软件和信息技术服务行业，1187家，占比31%；科学研究和技术服务行业，384家，占比10%；文化、体育和娱乐业，364家，占比9%。综合统计，科技创新类企业约占66%，文化创意类企业约占16%。

通过长期服务中小微企业，北京四板意识到中小微企业融资难、融资贵的问题在于其缺乏融资能力。因此，培养中小微企业的融资能力是企业服务的主要任务。北京四板仿照国内外其他资本市场，为进入北京四板市场企业举办登陆资本市场的仪式。通过挂牌仪式，北京四板市场为企业提供了宣传展示的平台。借鉴美国粉单市场过去 100 多年的发展经验，北京股权交易中心推出"北京四板市场粉单计划"。通过对北京四板市场服务的企业进行分类筛选，把一部分成长潜力较大的企业纳入"粉单计划"，在对这些精选企业进行深度研究分析的基础上，面向合格投资者形成简明扼要的企业研究报告进行宣传推广。

北京四板市场充分发挥市场平台集中议价优势，整合各类资本市场中介服务机构资源，为企业提供批量化、低成本和高效率的资本市场服务，促进企业规范治理，尽快形成有效融资能力。目前北京四板联合投资基金、会计师事务所、律师事务所等专业的中介服务机构，通过企业商业模式梳理、四板市场企业规范治理要求讲解、企业需求征询、免费税务健康检查活动等环节对企业进行一对一的深度辅导。

4. 融资转板，加速企业走向更高资本市场

一是开展多层次资本市场系列培训课程，邀请知名投资人、企业家、中介机构、税务师、律师以及北京四板市场管理人员等就培训会专题内容进行讲解，旨在帮助企业规范治理、促进企业加快发展、加深企业对多层次资本市场的认识、提高企业借力资本市场的能力。

二是为企业提供政策咨询、政策对接等服务。北京四板市场为企业提供股权和债权财务顾问服务，以处在创业初期和扩张发展期两个阶段的企业为主要客户群体，利用北京四板市场在企业金融方面的丰富经验以及庞大的投资人网络，帮助客户找到最适合的投资人，并通过制造投资人竞争确保客户获得合理的估值和商业条款。此外，北京四板还根据企业的需求，对接各区政策、中关村管委会、市经信委、市科委等的政策。目前，中关村管委会的企业改制、并购、上市等补贴受理工作由北京四板承接，切实地服务了中小微企业。

三是开展"走进交易所"服务。北京四板市场联合深交所为挂牌

企业举办"科技四板"路演,由北京四板筛选合适的路演企业,由深交所相关平台进行审核,由双方进行辅导。辅导后,参加线上线下的路演平台路演,进行融资展示。路演后北京四板及推荐机构将持续跟踪企业融资进展,动态帮助企业获得融资。在深交所支持下,北京四板市场走进深交所活动,每期定向邀请10~15家拟上市的科创类企业前往深圳,与深交所专家面对面交流,提前建立与交易所的对接机制。

四是开展"三板通"转板服务。依托新三板专业服务机构以及具有新三板审核经验的北京四板市场员工,尝试向北京四板挂牌企业提供新三板转板诊断咨询、预审核、协调工商和政府补贴等服务,帮助企业顺畅快捷转板新三板。具体包括:诊断咨询与方案设计、推荐主办券商等中介机构、配套规范和融资服务、尽职调查和挂牌材料准备服务、材料递交与审核辅导、挂牌后的持续服务等。

三、北京四板市场存在的问题

1. 交易不活跃

北京四板市场尽管挂牌企业数量迅猛增长,但是有一个问题是交易不活跃,原因有两方面:一是受制于挂牌企业性质。在四板挂牌的大多是北京地区科技企业,且基本属于投资者所追捧的发展潜力较大的热门产业。但这些小微级别的科技企业存在明显劣势,如科技企业管理者素质偏低,企业管理水平不高,企业机制和治理结构不合理,企业缺乏自主知识产权的技术产品,企业资产质量较差。四板挂牌企业的平均股东数不超过5个人,且主要是家庭性质的,股东少,分散度不够,所以目前市场几乎没有交易。二是受制于交易机制。目前我国主板的上市公司A股主要是实行竞价交易机制,三板主要是协议转让和做市商交易,但四板只允许协议转让,而且是T+5的协议转让制度，极大地限制了交易的活跃度。但是实际上，根据挂牌企业的现状，即使是交易制度放开，能不能活跃市场也是存疑的。

2. 投资者规模有待于进一步扩大

北京四板市场是真正意义上的属于北京市的区域资本市场，但是即使四板市场做了许多宣传工作，仍有大量的市辖资企业不知道、不了解这个市场，失去了一条利用资本市场的渠道，导致四板的投融资功能没有最大程度发挥出来。另外，无论机构投资者还是个人投资者对该市场都知之甚少，导致投资者规模不大。造成这种现象的原因，一是企业中相关专业人才极为缺乏，成为限制企业利用资本市场的瓶颈。二是四板市场缺乏中介机构，成为利用资本市场的重要障碍。大部分资本市场的中介机构都将其主要业务放在主板市场上，尚未进入多层次中的场外市场领域，并且券商内部普遍对于资本市场中介的前期工作缺少鼓励政策，导致券商的工作人员很少参与高科技企业融资前期中介工作。

3. 缺乏对挂牌企业的资金补贴

北京市对于四板市场挂牌企业的资金补贴同国内其他地区相比力度甚微。例如河北省一家企业在其四板市场上市可以获得补贴50万至80万元，河南省也能补贴10万至20万元。而北京市政府对于四板市场以前没有资金补贴，直到近两年某些区才陆续出台一些补贴政策，例如海淀区补贴最高不超过50万元，且这个补贴跟税收挂钩，根据纳税的贡献情况进行税收返还。很多中小企业尚未有税收贡献，补贴实际上很难落实到位。中关村管委会的相关政策规定，挂牌一家北京四板的中关村高新企业，能获得中关村的补贴5万元。同北京市企业上市主板、新三板相比，这些补贴政策明显没有发挥出鼓励小微企业挂牌北京四板市场的积极作用。

四、北京四板市场发展前景

1. 市场定位符合首都发展战略

在深刻理解、准确把握习近平总书记提出的首都"四个中心"的战略定位和加快完善我国多层次资本市场体系的基础上，通过全面科学分析区域性股权交易市场发展所面临的内外部环境和比较优势，北京四板市场在"十四五"时期的定位设为："聚焦中关村，辐射京津冀，打造全国最有影响力的区域性股权市场。"

2. 服务分层，主要集中于基础服务

随着在北京四板挂牌企业数量的增多，未来北京四板对企业的服务分类也要实现分层。不同于其他区域股权市场的单纯融资功能，北京四板要为企业提供规范公司治理、提高融资能力、转板上市咨询三个层面的服务。第一个层面的服务是帮助四板的小微企业理顺股权结构、规范公司治理机制、提高公司管理水平，属于基础服务；第二个层面的服务是提高挂牌企业的融资能力，帮助企业挖掘发扬自身的优势，弥补短板，熟悉资本市场融资方式和途径，为下一步的融资实战做好准备。第三个层面的服务是为挂牌企业提供深度咨询服务，对于想转板新三板或者创业板、主板市场进行IPO的企业，提供相关咨询服务，帮助企业了解更高层次的资本市场运作规则，提高企业转板和IPO的效率，并鼓励这些企业进入更高层次市场之后能反过来通过投资或者并购、产业整合等方式帮助四板的企业融资发展。

受人员数量限制，短期内四板的主要精力还是要放在为企业提供基础性服务上。

3. 建立新三板与四板的对接机制

目前北京的多层次资本市场是一个金字塔，但塔层和塔层之间缺少联系。从 2015 年起，北京四板市场开始打造"三板通"服务，帮助企业顺畅快捷转板新三板。但是目前来看从北京四板转三板还是得通过摘牌、出融资材料、再转板。两者之间并没有形成一个快捷的转板通道，未来北京四板可设立一个企业板块与新三板对接，新三板的投资人资源、上市公司资源对四板的企业开放，形成市场联动，进而实现多层次资本市场之间的联系。

4. 依托北京金融优势，加快四板市场与券商合作

北京地区法人金融机构数量居全国首位。北京与深圳的金融环境优势相似，因此，北京股权交易中心可借鉴深圳的"前海模式"，以券商合作为主导，与券商建立紧密的合作提高证券公司的专业化能力和规范性水平，推动市场规范发展，吸引投资人参与。

第五节　多层次资本市场的第五板块：中证报价系统

一、中证报价系统的特点

1. 定位于全国的私募市场

中证报价系统全称为机构间私募产品报价与服务系统，2015 年 1 月开始筹建，中证报价系统以私募业务为基础，以机构为直接参与者，以跨市场互联互通为实现路径，依托互联网（移动互联网）技术，发挥行业基础金融设施功能，致力于成为多层次资本市场的有机组成部分。中证报价系统以提供私募产品发行转让、互联互通、登记结算、信息服务等为核心功能，且各项功能可以自由组合，能够为相关业务主体提供全流程的多种业务支持。

简而言之，中证报价系统这一私募股权市场定位于服务全国的中小微企业、战略性新兴产业及创新创业企业。与新三板市场相比，中证报价系统虽然同样定位于全国市场，但是不是公募市场，是私募市场；与北京四板相比，中证报价系统虽然同为私募，但是业务范围遍及全国，可以打破地域限制。

2. 为不同的私募业务搭建不同的应用场景

中证报价系统与其他大型私募股权市场的最大区别在于：不设企业类型，覆盖企业发展全阶段，对企业规模没有限制。信息披露要求很严格，在信息披露的基础上服务更多更早期的企业。除了具有私募产品报价、发行、转让及互联互通、登记结算、信息服务等核心功能外，中证报价系统根据不同的业务需求搭建了不同的应用场景，具体包括为青年创新创业提供的中国青年创新创业金融综合服务平台，针对医药产业和医药流通搭建的医创平台，提供私募基金的发行与份额转让交易的私募基金专区，与其他区域股权中心（例如广州、武汉、甘肃、青海）实现信息共享、期票互认的联盟市场以及通过金融手段为扶贫区进行县域和产业扶贫项目展示的中国金融扶贫综合服务平台等特色板块功能，为服务中小微企业、初创企业、行业扶贫提供有效的金融服务。

3. 市场本身承担监管职能

中证报价系统在市场上有两大核心职责，一是管理中证报价系统的所有交易平台，二是承担着场外市场的监测监控职能。场外市场的概念很大，除了每个省的股权交易市场，还包括每个证券公司的柜台市场。在中国只要有场外市场，都会接受中证报价系统监控监测。场外证券业务（《场外证券业务备案管理办法》规定了14项，再加上收益凭证、衍生品、非公债、柜台市场，共18项），与场外市场相关的信息、交易情况都汇总到中证报价系统，所以中证报价系统不仅是一个交易平台，还对中国整个的场外市场进行监测。中证报价系统每月要提交两大核心报告，一个是中证报价系统的运行情况月报，另一个是对整个场外市场的监测情况月报。2021年12月3日，中证报价系统被金融稳定理事会（FSB）认证为正式交易报告库（TR）成为我国境内第二家获得FSB认证的正式交易报告库。

4. 综合性资本交易的全国最大场外市场

中证报价系统已经成为很多金融机构投资的综合性平台，与新三板、北京四板相比，报价系统的业务很全面，包括私募债券、私募股权、场外衍生品、普惠金融"四大市场"建设。其中私募债券市场发行的产品类型不断丰富，已涵盖收益凭证、资产管理计划、非公开发行公司债券、资产支持证券、私募股权投资基金、私募证券投资基金、信托产品等多元化品种。挂牌企业主要分布于信息技术、文体娱乐、智能制造、互联网、大数据、环保节能等行业，服务新兴战略产业，服务直接融资和实体经济发展特征明显。场外衍生品市场的主要交易是互换期权，该市场可以向参与人提供询价与报价、在线签约、交易报告、估值与清算、交易辅助系统等服务。除此之外，中证报价系统还拥有独立的登记结算体系，根据业务需要，中证报价系统不断梳理登记结算业务系统需求，持续优化相关系统功能，逐步形成一套以场外数据清算中心、中证TA、资金结算系统、中证金通平台、衍生品清算系统为核心，既相互独立又有效衔接的登记结算业务系统，为运营管理提供必要的技术支撑。

二、中证报价系统对北京市的经济贡献

1. 直接拉动就业效用显著

与北京四板市场相似，中证报价系统目前为企业提供的各项服务

也均未收取费用；但是凭借资本金每年可以获取一定的收入，平均每年向北京市财政上缴的税收 5000 万元左右。中证报价系统员工数量较多，有 300 多人，且处于人员规模快速扩张的过程中，是三个场外市场中就业贡献度最大的。

2. 优化北京市融资环境，帮助企业多渠道融资

为解决北京市中小微企业在发展过程中长期存在的融资难、融资贵等难题，促进投融资双方对接，提高直接融资比重，中证报价系统股权市场以展示、报价、估值、发行、转让、质押、登记等市场功能为基础，积极与北京市政府及中关村科技园区合作，充分发挥政府和中证报价系统各自优势，提高社会资本参与的积极性，便利企业融资，缔结合作伙伴城市，成立相关机构联盟，开展形式多样的宣传，为中小微企业持续提供增值服务，优化中小微企业融资生态环境。

为助力市属国有企业深层次改革，盘活国有资产，中证报价系统大力发展资产证券化业务，包括应收账款、基础设施收费权、类 RE-ITs、CMBS、租赁债权等 10 余种类型，基本实现了基础资产类型的全覆盖。通过一批有特色产品在中证报价系统落地，提升了服务市属国有企业改革的能力。

3. 专业平台助推北京市的创新驱动发展

在私募股权市场的核心功能基础上，中证报价系统还开设了科技创新的专业平台，帮助北京市的企业创新创业，提升科技创新对于北京市经济的贡献度。

一是提供双创综合金融服务，支持青年创新创业。为支持青年创新创业，中国证券业协会与共青团中央合作，依托中证报价系统搭建中国青年创新创业金融综合服务平台（简称"双创平台"），通过区域中心、合作伙伴城市建设不断提升双创服务的覆盖面，通过青创训练营、路演等活动提升双创服务质量，使得平台活力日益激发，为青年创新创业提供发展舞台。为多层次资本市场解决青年初创小微企业融资问题提供了有益探索和有效补充。除了中关村，双创平台还引进了60个区域中心，例如陕西、四川等，加大了北京市科技创新对全国的辐射作用。

二是打造丰富业务场景，支持战略性新兴产业发展。为响应国家号召，依托中证报价系统基础功能，结合政策要求，股权市场尝试搭建相关业务平台和专区，丰富业务场景，有所针对和侧重地为相关战略性新兴产业和企业提供资本市场服务，落实国家战略要求，促进经济结构升级转型。例如为落实"绿水青山就是金山银山"指示精神，支持国家绿色产业发展，搭建绿色金融平台，为绿色小微企业发展及传统工业企业绿色升级提供私募市场融资服务。再比如为落实"健康中国"战略，解决医药企业在研发、生产前端遇到的融资、估值等难题，股权市场搭建医药创新平台，组织开展医药创新投资讲座、医疗健康产业论坛暨企业路演等活动，为医疗健康投资机构、企业、私募基金提供交流对接平台，极大推动了中关村生物医药行业的发展。又如与科技部合作建立科创平台，聚焦于科技型企业，把科技成果转化为生产力。

4. 助推北京区域金融市场在全国范围内的业务开展

以前由于信息不对称，资本市场上的某一机构发行的产品另外一个机构是不能购买的，而报价系统的互联互通功能令问题在一定程度上得到解决。为加强金融基础设施的统筹监管和互联互通，自2017年7月开始，中证报价系统启动了将产品账户纳入中国证券登记结算有限公司一码通账户体系的工作，这也为区域性市场联通打下了良好的基础。截至2023年12月底，中证报价系统的互联互通业务已经基本覆盖 3000 多家机构参与者，这些机构发行的产品其他的机构都可以购买，打通了机构系统之间的隔阂。在互联互通的转让市场上，报价系统支持证券公司资管计划、私募基金、非公开发行公司债券、收益凭证、私募股权等私募产品转让，提供协议转让、做市转让、拍卖竞价和标购竞价等多元化转让方式，转让规模呈现逐年上涨的趋势。

在区域股权交易法方面，我国制度不允许企业到外地挂牌，但跨区域买产品是不受限制的。现在全国有 40 家区域性市场，区域性市场之间由于时空限制很难互买产品，报价系统把这些区域性市场进行了互联，打破了地域界限，打破了时间、空间、系统、技术上的障碍，形成了全国性的场外交易市场，可以帮助北京四板市场实现跟其他私募市场的互联互通，助推北京区域金融市场在全国范围内开展业务。

三、报价系统发展过程中遇到的困难

报价系统成立时间较短，因为是初创企业，在发展过程中会遇到很多困难，尤其是脱离了证监会的会管单位之后，在经营过程遇到的许多实际问题，本身无力解决，需要地方政府的协调和支持。

1. 在企业中知名度范围不够广

报价系统与北京四板市场一样也面临知名度范围不够广的问题，但与四板市场不同的是，报价系统并不缺乏券商这一类资本市场的中介机构。报价系统实行机构代理人制度，该系统开放包容，各类机构都可以注册成为参与人，所以层次、类型比较丰富，包括银行、证券公司、私募基金、保险等。四板市场是机构间市场，只有机构才能注册成为参与人，并且系统为机构设置了五类权限，包括投资、创设、推荐、代理与展示，不同权限对应不同的标准门槛。目前证券公司、四大行、邮储银行、股份制商业银行以及城商行、农商行、村镇银行、

私募基金企业等基本上都是中证机构间报价系统的参与人。

尽管服务的中介机构很多，但是由于报价系统以及大多数参与机构的服务对象都是面向全国，专门针对北京地区企业的宣传推广力度不够，因此北京市很多企业也并不了解报价系统，更谈不上利用报价系统进行企业的展示、报价、估值、发行、转让、质押、登记。尤其是私募股权市场服务中小微企业、战略性新兴产业及创新创业企业的功能在北京市没有得到充分发挥。

2. 人才引进问题

报价系统在经营中遇到的一个主要困难是对人才的安排，在引进人才，尤其是高端人才时，安排人才落户受到制约。另外，目前就职员工的平均年龄在30岁左右，正处于生育高峰和子女入学高峰，员工子女入托、入学方面困难较大，一定程度上影响了工作的稳定和效率，造成人才的流失。

3. 办公环境的改善问题

随着业务的扩张，报价系统近几年频频引入人才，以保障对各个子市场的服务。目前在金融街的办公场所狭小，已经远不能满足员工数量增长的需求，急需扩增办公面积。报价系统计划在丰台区建设新办公楼——中国证券大厦，但在办公地点的选择、办公大楼的建设方面遇到许多阻力，急需在竞拍土地及项目开工建设的整个流程当中，得到北京市相关部门的多方支持。同时急需市政府层面安排一定规模的住宅配套建设用地，或匹配适量人才公寓、公租房等政策性保障住房，以解决公司高级管理人员、技术骨干的住房保障问题。

4. 税收协调问题

为了鼓励企业积极参与，报价系统目前对于企业的基础服务都是免费的，但是交易环节企业要按照法律缴纳相关税收，此部分费用由报价系统代为征收。这给很多企业造成误解，以为是报价系统征收的费用，很大程度上降低了企业的参与度。

5. 缺乏政策资金支持

与北京四板市场相似，报价系统一方面不以业务盈利，另一方面缺乏各级政府的政策支持和资金支持，这不符合商业可持续性原则。

四、报价系统未来业务发展的设想

1. 加强投资者适当性管理

继续完善报价系统投资者适当性管理相关规则；建设投资者适当性数据集中系统，推动投资者适当性数据整合与数据分析工作，通过多维度对投资者情况进行分类和分析，为报价系统投资者适当性工作的开展与改进完善提供数据支持；加强对参与人的日常管理，积极督促、引导报价系统参与人履行适当性义务。加大引导力度、培育私募市场中介服务机构，为北京市区域资本市场的流动性和活力作出应有的贡献。

2. 增强服务地方实体经济的能力

大力发展股权、债券、股债结合产品等直接融资工具，推动不同政策应用场景在报价系统落地。一是以"服务实体经济、服务国家战略"为导向，不断丰富现有产品的内涵和外延，针对北京市场积极创设不同品种、不同类型的产品。二是搭建信息展示的平台，借助报价系统已经具备的比较完善的交易功能，为私募基金提供流动性。三是以"规范发展"为目的，对现有固定收益类产品进行评估，推动产品规范、可持续发展。四是依托共青团中央、国务院扶贫办公室等相关部门，推动双创平台、扶贫平台等私募股权平台建设，结合创新创业企业、战略性新兴企业及贫困地区差异化的金融需求，创新金融服务。

3. 建立与区域性股权市场的合作机制

根据证监会《区域性股权市场监督管理试行办法》，加强与区域性股权市场业务合作。依托报价系统技术规范标准，为区域性股权市场提供信息技术服务，提高技术服务收入；依托报价系统"场外一户通"，将区域性股权市场证券账户纳入资本市场统一证券账户体系，并通过多元灵活的登记结算，为区域性股权市场提供登记结算服务，实现登记结算业务增值；推动建立区域性股权市场备案机制，进一步完善报价系统私募股权信息披露制度，发挥示范作用，建立健全区域股权市场信息披露制度，建立统一的场外信息披露机制；为区域性股权市场挂牌企业提供信息展示、估值报价等服务。通过与北京四板市场等区域性股权市场合作，不断丰富报价系统私募股权业务类型和覆盖面。

4. 加强风控体系建设，增强防范与化解风险能力

围绕全方位的立体风控建设目标，完善与细化风控管理制度体系，提升制度体系的完整性、有效性与可操作性；开展操作风险与合规风险排查，识别关键风险隐患，健全报价系统业务风控体系；实现对报价系统收益凭证、资产证券化产品以及私募债券的累积风险指标监测。

5. 提升场外证券业务监测服务能力

根据证监会及中国证券业协会的要求，完善场外证券业务报告系统建设，提升场外证券业务监测服务能力。加快场外证券业务报告系统建设，持续优化场外衍生品业务、非公开发行公司债券等重点业务领域报告功能。加强场外证券业务报告系统的数据管理、应用，为监管机构与自律组织在场外证券领域监测监控提供数据服务。

第五章
首都特色金融功能区的协同发展

第一节　首都金融功能区的发展现状

多年来，北京市金融业得到了长足的发展，金融产业已经成为带动北京市经济增长、构建"高精尖"经济结构的第一支柱产业。与此同时，构建的"一主一副三新四后台"金融功能区总体布局颇见成效，金融街、CBD、中关村科技金融创新中心以及其他各区的金融产业功能区，在聚集高端要素、引领产业发展等方面发挥了重要作用，为北京金融业的发展作出了巨大贡献。

一、北京各金融功能区的发展现状

2008 年 5 月北京市委、市政府正式下发《关于促进首都金融业发展的意见》，提出要将北京建设成为"具有国际影响力的金融中心城市"，并规划了"一主一副三新四后台"的总体布局，这是最早的关于北京市金融功能区的定位和规划。近年来，北京金融业整体运行稳定，多层次资本市场建设明显加快，16个行政区和经济技术开发区各自建立了自己的金融功能区，目前各金融功能区稳步推进，呈现稳步梯次发展态势，产业聚集日益明显，重大项目稳步推进，对北京市金融业发展提供了有力支撑。

当前，北京市16个行政区和经济技术开发区按发展的优势产业类型大致可分为四类。

第一类是以金融业与批发零售业等第三产业为主导的"服务型功能区"，包括西城区、东城区、朝阳区、海淀区和通州区。其中，西城区凭借金融街，聚集了国家级金融机构的总部，集中了全国的金融监管机构"一委一行一总局一会一局①"，以及国内大型金融、证券、保险机构的总部。东城区依托悠久的历史文化古迹，承担发展总部经济以及金融、商务服务、信息服务、低碳服务等高端服务业的功能。朝阳区是中关村各园区中涉外资源最为集中的区域，随着CBD自身发展以及配套产业的建设，金融、文化创意等重点产业增势明显。海淀区作为传统科技强区，是中关村创新创业文化的发源地，通过实现高科技产业集聚，带动了金融以及房地产的发展。金融业是城市副中心（通州）重点发展产业，根据城市副中心承担的世界城市新功能的核心承载区的功能和滨水低碳宜居新典范的功能，通州区近年来重点发展国际金融业和绿色金融业，旨在将城市副中心建设成为具有国际竞争

---

① 即2023年金融机构改革之后的金融监管新架构的简称，一委一行一总局一会一局具体指：中央金融委员会、中国人民银行、国家金融监督管理总局、中国证券监督管理委员会、国家外汇管理局。

力和区域辐射力的绿色金融创新中心。

第二类是以现代化农业和旅游业为优势的"生态涵养功能区"，该类农业占 GDP 的比重达 10% 以上，传统工业产值占比在 30% 以上，但在构建生态涵养区的过程中贯彻绿色发展理念，工业产值逐步下降，主要开发利用新型观光农业、绿色生态环境、传统农耕风情、红色文化脉络等资源，开发农业多种功能、挖掘乡村多元价值的乡村振兴路线。房山区、门头沟区、密云区、平谷区与延庆区属于此类功能区。

第三类属于工业产值与服务业产值基本持平的"过渡性功能区"，包括石景山区和丰台区。石景山区为首钢集团而建，是首都的老工业基地，随着首钢的外迁，石景山区近年来通过实施城市更新和产业转型"两大战略"，逐步由工业功能区向服务业功能区转型。丰台区近年来在疏解非首都核心功能的工程中，结合对工业的疏解整治、拆除腾退，借助城市更新和产业焕新互促发展，逐步过渡到金融、科技、商务和高精尖产业协同创新发展。

第四类是以工业为主的"发展型功能区"。北京经济技术开发区是全市高精尖制造业的集聚地，工业总产值在 2022 年底突破 6000 亿元，占全市工业产值比重超过 22%，体量稳居全市第一。产值高速增长的背后，是以新一代信息技术、高端汽车和新能源智能汽车、生物技术和大健康、机器人和智能制造等四大产业集群为代表的高精尖产业，对工业总产值的贡献率超过 97%。除此之外，传统行政区中的昌平区、大兴区、顺义区、怀柔区也属于此类发展型功能区，该类功能区的经济结构虽然正从第二产业向发展第三产业过渡，但工业产值仍然占 40% 以上。

16 个行政区和经济技术开发区各自针对自身的功能特点，建立了支持本区产业发展的独具特色的金融功能区。

二、北京市各金融功能区发展各有千秋

已经形成的金融产业格局中，西城区金融街、朝阳区商务中心区（CBD）以及海淀中关村西区已具备金融集聚形态，丰台丽泽商务区与石景山区也已显现出集聚的潜力。从各区县的金融业发展历程、发展现状及特点层面归纳，北京金融业功能区的格局既有历史选择因素的积累，也有北京市"一主一副三新四后台"规划的引导，还有市场配置资源的发挥，是多方面共同作用的结果。

1. 历史选择型

西城区和朝阳区是历史选择型的典型代表。西城区金融街，从新中国成立开始就是金融管理部门的所在地，聚集着国家级金融机构的总部，汇聚了中国金融业一半以上的金融资产。这里有全球金融企业上市市值排名前三位的工商银行、中国银行、建设银行等金融企业，同时毗邻国家中央机构和各大部委，集中了国家金融监管机构"一行三会"，集中了国内大型金融、证券、保险机构的总部。在历史的选择下，金融街的总部地位不可撼动。北京商务中心区（CBD）坐落的朝阳区已经成为北京国际金融机构聚集度最高、外资金融机构最齐全的区域。其中，CBD中心区、核心区、东扩区分别被打造成"国际金融机构聚集区""金融控股集团聚集区"以及"新型金融机构聚集区"。本质上，朝阳区是北京市涉外资源最为集中的区域，国际化程度高。除俄罗斯、卢森堡两国外，其他各国驻华使馆都坐落在朝阳区。60%的国外驻华商社、96%以上的国外驻京新闻机构总部云集于此。朝阳区是北京与世界沟通的前沿地带和重要窗口。与金融街类似，北京商务中心区（CBD）能发展成为外资金融资源集聚地，是历史的选择。

2. 辐射接受型

丰台丽泽金融商务区的发展路径为典型的辐射接受型。丽泽商务区作为距离金融街最近的整体规划商务区，瞄准了已在京或期望驻京的总部机构群体。且便利的交通条件，丰富的土地资源，使其具备最优越的承接条件。作为中心城区功能疏解的重要承接地，城市副中心通州也承接了北京大量的传统金融业资源，既包括传统金融业态，也包括新兴金融业态。通州充分利用这一资源优势，将传统金融业与金融科技等新生业态相结合，多渠道为其他高端服务业提供融资支持，并鼓励金融机构借助先进信息技术拓展金融增值服务，推进智能投顾、智能投研平台的规范发展，将城市副中心建设成为现代化的财富管理中心。

3. 产业带动型

海淀区和石景山区是产业带动型的典型代表。

海淀区作为传统科技强区，是中关村创新创业文化的发源地和重要承载地。自2009年国务院批复北京市建设中关村国家自主创新示范区以来，海淀区作为中关村国家自主创新示范区核心区，积极推动高新技术产业发展，区域科技产业与金融服务的对接机制不断完善和优化。2012年8月，北京市政府与国家九部委联合发布了《关于中关村国家自主创新示范区建设国家科技金融创新中心的意见》（以下简称《意见》），明确了国家科技金融创新中心建设的主要目标、发展路径、重点任务，提出了"以中关村核心区为基础，建设国家科技金融功能区，加快聚集科技金融机构和中介服务组织，形成聚集效应"工作要求。海淀区是通过实现高科技产业集聚，实现金融集聚的典型，也是北京区县中通过产业带动金融集聚较为成熟的模式。

石景山区位于长安街西延线北侧、南侧的国家保险产业园和互联网金融产业园,正是"长安金轴"的两个"羽翼"。石景山区抓住这一地理优势,围绕长安街西延线"打造长安金轴,实现一轴两翼"的发展思路,以"银河商务区"为起点,以长安街沿线的现代金融产业基地、新首钢高端产业综合服务区等为依托,吸引并集聚金融业为主的高端服务业。针对西部产业结构转型升级,着力发展文化创意、高新技术、商务服务、现代金融、旅游休闲相融合的五大高端产业,其高涨的融资需求牵引金融产业快速发展。

三、北京市金融功能区的发展成效

1. 各金融功能区定位初步明确

北京各区县十分重视金融业的发展,都基于自身优势和特点对本区金融业发展进行了定位,主要包括以下两种方式。

一种是产业融合互促发展。把金融产业作为功能区内实体经济和特色产业发展的现代服务业给予重点关注和支持,如海淀区和东城区。海淀区依托区内中关村国家自主创新示范区和科技企业高度集聚的产业优势,将金融产业发展定位在科技金融上,建设完善的科技金融服务体系。东城园区的金融业定位是发展"低碳、绿色、文化金融",目前发展重点是依托区内丰厚的文化底蕴和文化产业优势发展文化金融。

另一种是金融业态集聚发展,将金融产业本身作为带动区内经济发展的主导产业或重点产业进行大力扶持,如西城区、朝阳区、丰台区和石景山区。西城区作为首都金融主功能区,其金融产业定位是打造国家金融管理中心、总部中心。朝阳区的金融功能定位是首都国际金融机构的主集聚区,目前其国际金融机构集聚特征显著,构成了"一区两园三中心"的金融产业格局,CBD已经成为金融机构数量最多、种类最全的区域。丰台区金融发展的核心区域是丽泽金融商务区,其发展定位是"以新兴金融产业为龙头,发展金融信息、金融文化、金融服务"。石景山区自身的金融发展定位为"现代金融""改革创新的增量",主要以吸引互联网金融企业为主,目前区内金融业发展主要依托保险产业园和互联网金融产业基地。

2. 各金融功能区产业规模逐年增长

总体来看,多数功能区的金融收入规模都呈现增长趋势。金融业增加值方面,西城区、东城区、海淀区和朝阳区四大城区均达到千亿级的规模,丰台区、石景山区、顺义区、昌平区和大兴区五个功能区均在百亿级的规模,而其他功能区的金融业增加值均在十亿级的规模。从表5—1可看出,金融业在城六区均占据支柱产业或主导产业地位,其他功能区也纷纷将金融业作为重点产业进行发展和扶持,但尚未能成为该功能区所在区的支柱产业。其中,西城区金融业对经济增长贡献率最高,金融业占全区GDP的54.2%;东城区金融业占全地区的生产总值接近30%;朝阳区、石景山区、丰台区、海淀区、城市副中心通州区、顺义区、大兴区的金融业占全地区的生产总值均在10%及以上;除此之外,其他区该比例都低于10%。

表5—1 北京各功能区金融业产值及占GDP比重(2022年)

功能区	区级GDP（亿元人民币）	金融产业增加值（亿元人民币）	金融占GDP比重（%）
西城区	5700.1	3088.7	54.2
东城区	3437.1	1002.8	29.2
朝阳区	7911.2	1544.5	19.5
丰台区	2061.8	326.2	15.8
石景山区	1000.0	195.5	19.5
海淀区	10206.9	1048.6	10.3
门头沟区	272.2	23.9	8.8

续表

功能区	区级 GDP（亿元人民币）	金融产业增加值（亿元人民币）	金融占 GDP 比重（％）
房山区	860.9	62	7.2
通州区	1253.4	133	10.6
顺义区	2073.2	333.8	16.1
昌平区	1340.8	101.3	7.6
大兴区	1091.9	109.7	10
怀柔区	451.5	26.4	5.8
平谷区	408.6	18.4	4.5
密云区	361.9	24.2	6.7
延庆区	210.3	16.1	7.7
经济技术开发区	2456.4	76.1	3.1

数据来源：《北京统计年鉴 2023》《北京区域统计年鉴 2023》《西城区 2023 年统计年鉴》《北京市东城区统计年鉴 2023》《北京市朝阳区统计年鉴 2023》《丰台统计年鉴 2023》《北京石景山统计年鉴 2023》《2023 北京海淀统计年鉴》《北京市门头沟区统计年鉴 2023》《北京市房山区统计年鉴 2023》《通州统计年鉴（2023）》《北京顺义年鉴（2023）》《北京市昌平区统计年鉴—2023》《北京市大兴区统计年鉴 2023》。

从布局来看，城六区的金融机构分布集中，远郊区金融发展基础相对薄弱。其中，西城功能区金融机构资产和规模均位列第一，金融街拥有的金融资产近百万亿元，占全国金融机构资产规模的比例近40％；北京市 65％的外资金融机构均集中于朝阳功能区；科技金融类机构则 90％以上集聚在海淀区的金融功能区；远郊区金融机构规模小、数量少且布局分散，金融机构类型涵盖银行、保险、证券、基金、资产管理、小额贷款、融资担保、财务管理等多种业态，以银行及其分支机构为主。

第二节　首都金融功能区发展面临的问题

由于部分金融功能区产业发展定位与实体经济发展存在差异，以及金融功能区发展的出发点和侧重点不同，各功能区在追求自身金融业发展的过程中暴露出一些问题，不利于北京市金融产业的整体发展。

一、各功能区之间发展的差异化不足

过去的几年，北京市各金融功能区发展势头良好，但是从功能布局、招商政策等各项措施来看，还存在一定的同质化特征，发展模式上差异化并不突出，金融机构在财政补贴、税收优惠和办公资源等方面竞争比较激烈，这可能会导致未来金融发展出现盲目性和无序性，彼此形成内耗，降低发展效率，削弱应对外部金融竞争的能力，使金融资源配置出现分散化。比如优惠政策的过度竞争，造成资金的重复投入，政府成本的提高，从而阻碍市场对金融资源的配置作用。另外，各个功能区之间缺乏整体联动机制，规划实施统筹力度有待加大。各功能区虽然能够积极吸引各自金融机构、新型金融企业入驻，产生了较好的集聚效应，但是在发展过程中还未能将各自定位完全落实到位，使得区域之间缺乏整体联动，没有形成功能区之间更大的金融集聚效能。有的功能区产业发展规划过粗，缺乏统筹落实的手段和机制，往往只停留在文件层面，对金融产业发展的指导性和约束性不强，有的功能区甚至存在根据招商项目确定产业定位的现象。

1. 各区金融业的激励机制和鼓励政策趋同

在实际操作中，各金融功能区之间在政策指引上存在一定的重复性和相似性，并且有相互争夺资源的现象发生，未来的隐患比较大。

一方面，各金融功能区依据市级同一政策提出落实细则，难免重复相似。从实践来看，各区在制定自身的促进金融业发展的实施办法时，均依据市级层面的激励政策来制定，鼓励的模块基本相同，均涵盖了购租房补贴、高管退税、子女入学、一次性补贴等方面，因此在落实细则上难免重复。区县的激励政策在制定时缺乏创新性，没有主动探索新激励机制的意愿，比如：城六区大部分都依据北京市在《意见》中的优惠政策类型来制定自己的优惠政策，导致优惠项目重复，没有区县自有的特点；且只从优惠政策的力度大小来吸引金融机构入驻，并没有考虑到形式的相似性所导致的区县间的恶性竞争。各区县的细化政策均存在这样的问题。

另一方面，各功能区在自主政策的制定层面，缺乏差异化和特色化，造成政策实施效率的低下。例如，海淀区和朝阳区均针对股权投资企业的入驻提出了相关优惠政策，吸引企业入驻。同时在吸引上市企业方面，海淀区与东城区也存在着较为明显的竞争关系。这样的竞争不利于北京市各区县之间的协同可持续发展，更加不利于北京市金融产业的发展。而针对不同种类的企业，各金融功能区的优惠政策又缺乏针对性。不难发现，目前各功能区出台的众多鼓励优惠政策的落脚点主要表现为一次性补贴、税收减免、购租房补贴等措施，缺乏创新性。企业种类不同，所需要的资金支持类型和补贴政策也是不相同的，不能够以偏概全，一种鼓励政策不可能适用于一切企业。

2. 各区品牌建设水平不一

从品牌建设的视角来看，北京市目前各区县的金融品牌建设程度存在较大差异且总体水平显著不足。发展较好的金融功能区品牌有西城区金融街总部金融、朝阳区CBD国际金融、海淀区中关村科技金融和东城区的绿色和文化金融，除此之外，其他区县金融功能区的品牌建设情况不一，且差距较大。这导致有的区域想挤不进去，有的区域无人想去，从而造成土地资源与政府政策资源的极大浪费。

西城区是较早关注金融品牌建设的区县。作为北京市第一个大规模整体定向开发的金融产业功能区，西城区总部金融已经发展为该区县的金融品牌。它所带来的品牌效应是，入驻金融街本身已经成为提升企业形象的强有力手段。企业形象提升加之金融服务提高使得入驻企业更加容易吸引投资，对企业来说这是比税收优惠更容易实现长远发展的优先考虑因素，因此金融街已经成为国内外大型企业争相入驻的宝地。朝阳区以北京商务中心（CBD）为着力点建成了国际金融品牌，在吸引国内外金融企业在京扩大聚集规模方面具有极大的吸引力，对于朝阳区乃至北京市打造国际金融中心都起到极大的促进作用。海淀区则全力打造以中关村科技园为依托的科技金融。在金融服务对高新技术产业针对性支持下，经过多年的发展和积累，中关村科技园区产生和集聚了一大批高科技、高成长企业，是全国高新区中创业板企业资源最丰富的区域，吸引了大量科技企业入驻，因天然具有的行业集群性，已形成的科技企业资源又会对新的企业产生吸引力。东城区以"绿色"和"文化"为品牌的特色金融也在稳健有序地发展，并在进一步提升在北京金融业发展格局中的地位。发展绿色金融、文化金融，可以说是东城区在寻求自身发展模式上和与其他区县有效协同发展上的成功创新。

其他区县的品牌建设尚存在很大的提升空间。一些区县开始形成建设金融品牌的理念。例如，顺义区按照差异化发展的原则，立足天竺综合保税区自身功能平台优势、区位优势和交通优势着力发展离岸金融；大兴区利用被批准成为全国农村金融综合改革试验区的契机，初步构建了现代农村金融体系，进一步增强了金融支持"三农"的力度，基本形成了农业金融的金融功能区品牌。但是由于处于品牌建设初期，相对于成熟的金融品牌来说，还有一定差距。另一些区县的品牌建设基本处于空白。

3. 金融科技等新生业态的同质化竞争

当前，北京市在不同区域形成了多个不同金融业态的金融集聚中心，包括传统的西城金融街、新兴的丰台丽泽金融商务区、以 CBD 为核心的外资金融区域、位于海淀区与西城区交界处的金融科技示范区、雄安新区金融科技集聚区等。但同时也有多个城区因主观客观的多种原因形成了在同一领域金融业态的重复性布局，尤其是在吸引金融科技等新生业态机构方面形成了一定程度的同质化竞争。一方面，从定位上看，今后城市副中心发展金融科技的国际交流中心虽然主要侧重于国际交流，但是如果不注意规划上的错位发展，很容易在业务开展和机构吸引力方面与雄安新区金融科技集聚区和金融科技示范区形成金融科技的同质化竞争；同时，城市副中心金融科技国际交流中心应成为国家金融服务业对外开放的重要枢纽，但当前其与北京 CBD 外资金融区域的国际交流作用如何实现错位发展与定位区分也是一大问题。另一方面，作为北京传统金融业资源的承载地，城市副中心在金融机构的类型和金融中心的建设方面不可避免地会与传统的北京西城金融街、新兴的丰台丽泽金融商务区有所重合，也会形成不同程度的同质化竞争。

另外，城市副中心尚受当前部分金融开放政策限制，无法充分履行金融科技的国际交流中心职能。例如，目前，移动支付跨境业务开展存在三大困境。第一，跨境业务范围受限；第二，国际支付技术标准的限制；第三，支付币种和额度的限制。移动支付跨境业务涉及外币兑换的问题，若没有对方当地政府部门的支持，移动支付跨境业务难以开展。这一切有赖于我国和北京市金融开放和国际化解决方案。今后，城市副中心跨境电子交易、跨境清算服务、跨境财务核算、跨境资产交易等国际金融科技业务的发展还需要北京市通过自由贸易试验区深入推进金融业进一步开放以及扩大服务业开放试点。

二、区域内外协同化不足

1. 金融机构入驻功能区的成本较高

经过几年的发展，各功能区公共服务配套能力虽有所提高，但土地成本、资金压力逐步加大。多数功能区基础设施建设逐渐改善，除了水、电、气等基础设施外，区内的路网建设、通信信息服务、数字电视系统和特殊用电量等需求获得了保障。但有一些功能区进入拆迁、建设、招商和配套设施建设同步的交错发展阶段。由于土地开发成本大幅度提升，各功能区或多或少面临建设资金压力。而且，各功能区服务实体经济意识较为薄弱。部分功能区的金融业发展脱离产业基础，未结合所在区县产业基础发展金融，仅依靠优惠政策吸引金融机构入驻，致使注册地和办公地位居两区的现象出现。

2. 金融业对各区的就业贡献不足

各功能区对吸纳当地就业贡献不足，人口、资源、环境约束日益突出。目前，大部分功能区都十分重视解决当地有劳动意愿的人的就业问题，形成了金融产业发展、当地人口就业、区域经济增长的良性循环。但也有部分入驻机构在用人方面以外地人为主，对吸纳当地有劳动意愿的人就业的贡献不足。

3. 金融机构前后台区域割裂

金融机构前后台区域分离现象是目前金融机构的一种发展趋势，将金融后台服务向外围转移甚至外包至国外是解决土地成本上升、商务用地紧张问题的一种途径。但是金融后台服务机构是非法人的独立机构，在金融机构前后台区域分离实施过程中，由于税收分配不均发展受到一定程度的制约。例如：中国人寿研发中心稻香湖金融后台服务区位于海淀区，但是中国人寿的注册地址是西城园区金融街，实际上并未给海淀园区创造税收实惠。这类现象并不是少数，一定程度上影响了金融后台服务区的积极性。在实地调研中发现，北京市规划的"一主一副三新四后台"中的四个后台，即海淀稻香湖金融服务区、朝阳金盏金融服务区、通州新城金融服务区和西城德胜金融服务区中，只有通州新城金融服务区这个后台所在的通州区没有相应的前台，因此其发展速度较为缓慢。与此同时，海淀稻香湖金融服务区出现了后台园区吸引前台企业的现象。后台园区的特点是"高耗水、高耗电、高耗地、低税收"，区县之间的税收水平在很大程度上决定了其区内金融后台园区的发展。区内若存在相应的前台，该区内的金融后台园区的发展将会平稳顺利。若只有后台建设的规划，没有前台的支撑，任何一个区政府都不会对后台进行全力建设。税收的多少与效益的可观性严重影响了金融后台的发展。

第三节　首都金融功能区差异化协同发展的思路

一、统筹规划，提升北京金融发展功能布局的科学性

由于短时间内，在共同的发展背景下，各金融功能区局限于一个框架、一个构想进行同质化竞争；再加上地理位置和交通便利程度等导致各区县竞相发展金融带来的资源竞争，最终导致各功能区金融的发展产生无序竞争并产生趋同性，各功能区的金融发展不能实现有效协同。因此，下一步必须反思如何结合各功能区的优势特色实现金融业的差异化定位，进而实现金融业协同发展，统筹各功能区金融资源，提升北京金融发展功能布局的科学性和合理性。

世界区域经济体的发展实践表明，次区域相近的地缘优势和资源

禀赋结构为次区域之间的产业分工合作提供了必要条件,但不会顺利实现。这是因为,同质竞争是行政区划下的次区域地方利益使然,对次区域而言可以理解为一种占优策略,次区域之间无法通过寻找共同的利益空间突破这种竞争关系。简单来说,产业同质化问题在很大程度上是相关政府制度体系运行的结果,实现次区域的产业分工合作,必须突破一系列制度障碍。因此,理论界强调,区域产业分工不仅仅是单纯的经济现象,而且是一定社会经济制度在生产领域的集中反映,需要政府创新制度,用制度引导、约束区域产业分工。从这一角度出发,促进区县金融功能区差异化发展,对现行制度提出了更高的要求。未来,北京市金融发展应进一步明确和落实功能定位,合理规划,优化布局,创新生态金融环境,不断增强金融资源的集聚辐射能力和整合优化能力,全面提升各个园区金融业发展能级和水平。

二、金融功能区各自差异化,确保总体协同发展

1. 制定"差异化"的金融产业规划

结合北京市"十四五"金融发展规划的内容,各功能区在加强研究的基础上,应明确金融发展定位,坚持"差异化"和"特色化"并重。在此过程当中,各金融功能区应贯彻落实中央金融工作会议精神,从做好科技金融、绿色金融、普惠金融、养老金融、数字金融这五篇大文章入手,选择适合本区域资源禀赋特点和区位发展优势的金融领域入手,制定具备本区特色的金融重点产业。北京市相关金融主管部门应发挥指导作用,引领各区逐步改变目前产业规划过粗过于原则的情况,要制定的产业规划,必须在细分产业领域的选择上做好文章。从北京市层面来看,要完善各功能区金融产业差异化发展的考核评价机制,建立与各功能区、产业园区所在区功能定位相适应的差异化

考核评价指标体系，注重对产业规划的落实情况进行考核，将考核指标引入市政府绩效管理考核体系当中去，强化金融产业区产业整体布局的有序性。北京市应统筹建立完善金融产业项目落地统筹审批和统筹调整机制。对于各金融功能区拟引进的产业项目，应进行可行性评价，实施技术审核，实现统一受理、集中研究，功能区所在政府与北京市业务主管部门联合审批，对于不符合功能区产业规划的项目，经市与区层面审核后，可以调整到其他功能区落地。

2. 减少功能区之间内耗，协同发展

各金融功能区应坚持以"协同"为出发点，对内减少内耗，对外形成合力。针对企业注册地与生产经营地不在同一个园区的情况，对市与区之间如何分配税收，企业税种及区县税收如何缴纳等进行专题研究，制定市区两级、功能区之间应采取的分税制度措施。为了解决金融后台园区"高耗水、高耗电、高耗地、低税收"的现状，应给予后台园区的企业一定的税收优惠政策，同时进行分税制改革，将前台的税收与后台的税收分开上缴，在增加税收的同时促进金融后台的长足健康发展。积极打造金融发展品牌。西城区金融街类似于美国的纽约华尔街，应发挥其总部金融辐射带动效应；中关村作为海淀区核心区，类似于美国的硅谷，要以国家科技金融创新中心建设为龙头，利用这个"国"字头的战略，重点打造科技金融品牌，不要局限于海淀区这一个区域（昌平科技金融岛建设等），鼓励其做大做强；朝阳区的CBD适合发展为国际金融，鼓励朝阳区积极应对上海自贸试验区和深圳前海新区的外部冲击，针对上海和深圳前海两地在外汇方面的前沿政策优势，采取应对措施；作为世界城市新功能的核心承载区，城市副中心以完善北京世界城市功能为目标，积极吸引国际性组织、跨国公司总部、国际会展等国际高端要素集聚，承接首都发展空间拓展、国际资源要素配置、国际活动承载等新增功能，不断提升国际化水平。因此，坚持"国际化"发展，打造金融对外开放的战略前沿是城市副中心发展金融业的方向之一。

在各功能区以金融科技为代表的数字金融发展布局方面，西城区、海淀区、城市副中心应根据自身优势和特点，合作发展，实现共赢。金融开放是对外开放的重要内容，是建设国际交往中心的重要组成部分。可以在通州城市副中心建设北京金融科技国际产业园，构建先进信息技术产业和高效金融资本流动相辅相成的金融科技生态圈。城市副中心的金融科技发展主要侧重国际交流，要加强北京与国际金融科技领先地区的产业合作、技术合作、监管合作、服务合作，吸引国际知名金融科技投资机构、专业服务投资机构在城市副中心设立中国中心或孵化器，带动金融科技创新企业进入中国市场。西城区和海淀区在合作共建北京金融科技示范区的基础上，也应把握"两区"建设中首都金融业开放的机遇，积极引进全球领先金融科技企业，支持符合条件的外资金融科技企业参股中资金融机构。借助中国国际服务贸易交易会、中关村论坛、金融街论坛这三大平台支持成立国际金融科技合作平台，举办国际金融科技创业比赛，定期发布金融科技行业发展报告，积极创制金融科技领域国际标准和行业规范。同时，鼓励金融科技业双向开放，支持符合条件的金融科技企业更多地"走出去"，并尝试通过海外并购获得进入境外市场开展竞争的机会。

三、培育北京市新型金融业态的增长点

围绕北京市构建"高精尖"产业结构的发展战略，着眼于促进新型金融业发展，在加快现有金融功能区建设的基础上，积极打造一批新型金融机构重要集聚区。

一是加快吸引各类新型金融机构总部或功能性机构，促进各类股权投资机构，融资租赁公司、融资担保公司、消费金融公司、汽车金融公司、大型企业财务公司、金融服务外包公司、跨国公司资金管理中心等总部型或功能性机构在中关村各园区内集聚发展。二是围绕国家科技金融创新中心建设，抓住科技园区创新发展机遇，积极推进金融与科技结合试点。加快各类股权投资机构集聚发展，吸引各类天使投资、创业投资、风险投资、产业基金、并购基金落户，鼓励区县完善吸引股权投资机构落户发展的配套政策和服务机制。三是提升 CBD 国际金融影响力，推动国家金融监管部门就外汇管理、人民币资本项目可兑换、利率市场化、人民币跨境使用等在朝阳国际贸易商务中心先行先试，发挥金融政策和区位优势，吸引国外金融机构总部、外资金融服务企业、知名金融中介服务机构入驻，巩固业已形成的发展优势，打造国际金融和国际商贸服务中心。四是发挥中关村金融资源与 IT 集聚优势，加快发展金融服务外包机构。充分利用远郊区县要素成本低、发展空间大、基础配套好等优势，大力支持银行、证券、保险等金融机构在稻香湖金融服务区、金盏金融服务区、通州商务园等建立金融服务后台，设立资金结算、数据处理、产品研发以及银行卡、教育培训和灾备中心，大力发展金融数据处理、金融软件开发等服务外包，努力打造若干金融后台服务基地。五是着眼于促进小微企业发展和服务"三农"加快发展各类新型地方金融组织。立足北京农村金融改革试验区等区域经济发展需要，鼓励现有村镇银行、小额贷款公司、融资担保公司、典当行等扩大业务、创新发展。鼓励民间资本参与设立小额贷款公司，推进小额贷款公司规模化、规范化、多元化发展。加快发展融资担保公司、融资租赁公司等新型金融机构，规范发展农村资金互助社等新型金融机构。六是积极应对京津冀一体化发展，着眼于增强金融集聚辐射能力，服务京津冀协同创新共同体建设。发挥中关村集聚辐射力强的高地优势，积极推动有实力的金融企业"走出去"，强化与津冀金融的交流合作，加强对京津冀周边地区的金融服务。

第六章
首都金融科技新兴业态的创新发展

第一节　金融拥抱科技：科技金融还是金融科技

自2008年以来，北京市在科技金融领域取得了突破性发展。目前，科技金融体系框架初步形成，科技金融特色日趋显现，科技金融发展环境得到显著改善，金融业对其他产业发展的带动能力进一步增强。核心区相继获得了"中关村国家自主创新示范区核心区""首都科技金融综合改革试验区""中关村科技金融创新中心"称号。新型金融机构逐步成型，多元化金融格局初步形成。科技金融业基本形成了以股权投资、财务公司、证券、信贷、保险机构为特色，包括担保、典当、科技型中小企业专营机构、小额贷款公司、金融后台机构等多种业态，传统型和新型金融机构并肩发展的多元化金融业格局。

一、北京科技金融的主要内容

作为国家科技金融创新中心,北京中关村科技金融主要包含九方面的任务[①]。

一是完善科技企业信用体系,建设信用首善之区。要整合工商、税务、海关等部门的基础信息,建立科技企业信用信息数据库,推动统一、完备、全覆盖和一体化的征信平台建设。同时,加强信用制度建设和体制机制创新,实现以信用促融资、以融资促发展。

二是完善知识产权投融资体系,促进科技成果市场转化。即创新知识产权投融资方式。在符合现行规定的条件下,鼓励银行、保险等金融机构设立知识产权融资服务专营机构。鼓励发展知识产权融资集合资金信托计划等直接融资产品。鼓励发展知识产权投资和经营公司。支持保险机构开发与知识产权相关的保险业务。引导创业投资、担保、银行、保险等机构为知识产权的孵化、经营、转让、许可等提供组合式的创新金融服务。同时,深化建设知识产权与技术交易市场,支持中国技术交易所发展成为具有国际影响力的技术交易市场;完善知识产权投融资配套服务,引导知识产权中介服务机构与创业投资、金融机构开展战略合作,组建知识产权投融资服务联盟。

三是完善创业投资体系,促进科技创新创业。要大力培育天使投资人,引导鼓励境内外个人开展天使投资业务。大力支持创业投资集聚地发展。《关于中关村国家自主创新示范区建设国家科技金融创新中心的意见》明确表示,要采取阶段参股、跟进投资、风险补偿等多种

[①] 2012年8月,国家发展改革委、科技部、财政部、人民银行、税务总局、证监会、银监会、保监会、外汇管理局与北京市人民政府联合发布《关于中关村国家自主创新示范区建设国家科技金融创新中心的意见》,确定了中关村科技金融建设的九方面任务。

方式，鼓励创业投资企业投向战略性新兴产业领域的初创期科技企业。同时，在鼓励民间资本参与设立科技企业孵化器方面，可在资金、土地、人才引进等方面给予政策支持，以降低其运营成本。

四是完善多层次资本市场，支持科技企业做强做大。包括积极参与建设全国各地积极推进的区域性股权交易市场①，支持符合条件的优秀科技企业发行上市，支持科技企业利用资本市场进行兼并重组，不断完善中小科技企业债务融资市场、推动股权投资基金发展、完善非上市科技企业股权交易市场，开展战略性新兴产业孵化器信托投资基金试点等。对科技型中小企业发行债务融资工具开辟绿色通道，简化审批手续，完善信用增进服务。

五是创新金融产品和服务，强化科技信贷支持。鼓励银行在中关村建立为科技企业服务的科技金融事业部、特色支行等机构，增强对科技企业的服务功能。深化小额贷款公司试点工作，鼓励以科技企业贷款为主要业务的小额贷款服务机构在中关村设立和发展，支持其在中关村范围内开展业务。深化开展信用贷款、知识产权质押贷款、信用保险和贸易融资、股权质押贷款、产业链融资等各类科技信用创新试点。

六是创新风险管理机制，培育发展科技保险市场。鼓励保险公司在中关村设立为科技企业服务的科技保险专营机构。支持保险资金参与战略性新兴产业培育和国家重大科技项目建设。完善创新信用保险服务，鼓励保险公司、商业银行与中关村企业联合开展信用保险及贸易融资等系列金融创新。

---

① 区域性股权交易市场是为特定区域范围内的企业提供股权、债券及其他金融产品的融资和转让服务的私募市场。区域性股权交易市场一般以省级为单位，由省级人民政府监管，是我国多层次资本市场的重要组成部分。

七是创新科技项目管理机制,引导社会投资积极参与。以培育战略性新兴产业为重点,鼓励以需求为导向、企业为主体、产学研用有机结合,强化科技资源开放共享,提高科研院所和高等学校服务经济社会发展能力。对市场潜力大、产业化前景好的科技项目,加强对市场的信息公开和投资开放,吸引社会资本提前介入、共同参与。发挥科技型中小企业创业投资引导基金、国家科技成果转化引导基金等财政资金的杠杆作用,增强政府在科技发展中对产业资本、金融资本的引导功能。强化税收政策的激励引导作用,落实好企业研发费用加计扣除等政策,增强企业创新主体地位。

八是完善配套服务体系,优化科技金融发展环境。增强中关村的科技金融服务功能,配套建设面向科技金融服务机构的公共服务设施,为科技金融服务机构提供高效优质的办公环境。全面落实中关村建设人才特区的政策措施,健全完善科技金融创新人才吸引、培养、使用、流动和激励机制,培养一批科技金融领军人才,打造多元化的科技金融创新人才队伍。加强科技金融创新文化建设。营造鼓励创新、共担风险、讲求信用的投融资文化环境,建立科技金融创新奖励机制。

九是深化金融支撑作用,激发科技创新活力。探索通过股权投资、人才引进及产业化载体相结合的模式,推动国际领先的重大技术成果转化和产业化。完善金融对高技术企业市场拓展的综合服务。采取政府、金融机构、企业多方合作的方式,进一步聚集金融服务资源,建立涵盖供给方和采购方、企业和金融机构的金融综合服务机制,构建包括担保、银行、小额贷款、保险、发行直接融资产品、融资租赁、改制上市等在内的科技金融政策支持体系,帮助企业拓展市场。开展支持科技企业创新创业的外汇管理政策试点。进一步完善外商投资股权投资结汇、中关村企业员工直接持有境外关联公司股权及其通过境外企业返程投资所涉外汇管理政策。加快推动科技企业参与跨境人民币结算业务，拓展跨境人民币结算网络，改进金融服务，降低结算成本。发展符合科技企业特点的跨境人民币金融产品。稳妥推进人民币境外直接投资和外商直接投资跨境人民币业务。

二、北京科技金融的发展进程及主要经验

1. 打造全国创新资本中心

多年来，北京市一直致力于多层次资本市场的建设工作，在探索引入股权投资机构为企业的自主创新融资和推动创新型企业上市获得资金方面一直走在前列。在巩固以往优势的基础上，集中精力打造全国创新资本中心，取得了突出成绩。目前，北京已经成为全国首批首家获得"中国创业投资示范基地"称号的地区并被确立为"全球 PE 北京论坛"的永久举办地。北京市紧紧围绕科技创新，以引导基金为撬动点，实现财政资金通过市场化方式引导社会资本投资初创期科技企业，打造一批具有行业影响的天使投资基金和产业投资基金，并在全国范围内开创了政府引导基金参股设立天使基金、科技成果转化基金及母基金的先例。在新三板市场瓜熟蒂落之后，北京又将注意力投向了新的市场：最终实现了四板市场——北京股权交易中心运营主体落户中关村，并于 2015 年更名为中关村股权交易服务平台，在北京区域股权交易市场打上中关村科技创新的烙印；同时与中国证券业协会加强沟通，在 2014 年设立五板市场——私募产品报价与服务系统。

2. 以创新手段解决科技企业融资难题

北京聚集的高新技术企业居全国之首，企业的融资难题也相对突出。为此，北京探索建立了由地方政府、科技园区、中介机构和金融机构合作的中小微企业融资对接机制，引导和吸引新型金融机构服务

科技型中小微企业融资。北京市持续完善首贷中心、续贷中心、确权融资中心，建设知识产权质押融资服务中心，建立健全银企对接长效机制。建立全市统一的供应链金融公共服务平台，推动北京市供应链平台、金融机构和企业与供应链票据平台对接，鼓励辖区内银行提供供应链票据贴现等融资服务。鼓励社会资本探索设立企业续贷转贷基金。通过政府相关部门推动设立知识产权融资担保、京东百度、互联网小贷等新兴金融机构，引导各类新型金融机构开展中小微企业融资。中关村鼓励和支持金融机构开展中小微企业融资产品创新试点。在北京出台的各项优惠和鼓励政策的引导下，各金融机构陆续推出了信用贷款、租金贷、股权信用贷、履约保证保险等系列针对科技创新型小微企业的创新产品。

3. 加大科技金融政策创新力度

在政策方面，北京市通过科技金融创新发展政策的引导和落实，达到了促进金融机构发展、促进股权投资机构发展、促进中小微企业融资、促进企业上市的目标。近年来，北京市大力进行科技金融政策创新，密集出台并落实了一系列鼓励科技金融发展的政策措施，从财政支持、人力资源服务等方面支持金融机构发展，极大调动了金融机构为科技型中小企业提供投融资服务的积极性，吸引一大批金融机构入驻。各区级政府也积极配合，例如海淀区制定发布的《海淀区关于加快中关村科技金融创新中心的实施意见》，明确了建设中关村科技金融创新中心的目标与任务，并以此作为未来5—10年开展科技金融创新的指导性文件。积极探索开展政策先行先试，争取中关村鼓励科技创新和产业化的"1＋6"系列政策、科技金融创新人才政策、外汇管理政策和QFLP、股权投资行业税收改革政策等一系列政策率先试点落实。2023年5月，中国人民银行、发展改革委、科技部、工业和信息化部、财政部、银保监会、证监会、外汇局、知识产权局联合印发《北京市中关村国家自主创新示范区建设科创金融改革试验区总体方案》，明确了 7 方面 27 条主要任务，提出加快完善科创金融产品和服务方式。

三、北京科技金融面临的主要挑战及问题

1. 缺乏针对初创期科技企业的金融产品

虽然北京已经大力鼓励和支持各类金融机构开展中小微企业融资产品创新试点，但是总体来说，这些产品创新都是针对发展期和成长期的企业的，针对初创期的科技型企业的金融产品和金融服务还是微乎其微，远远不能满足初创期的企业融资需求，虽然核心区为此已经大力发展天使投资，但是覆盖面很小，企业融资难的问题在初创期这一层面仍然表现比较突出。在多层次资本市场的建立过程中，投融资并未形成良好的对接渠道，区域数量众多的中小企业仍然存在融资难的问题。另外，城乡金融发展不平衡的局面没有完全解决。

2. 常规化的企业实体融资平台没有形成

北京各区大多数企业的融资需求主要依靠区内制定的各项科技金融政策完成，但是各区缺乏一个常规化的能够随时满足企业各种融资需求的实体融资平台，虽然在规划中曾经设想建立这样一个平台，但是在实际操作中由于各种原因迟迟没有建立，导致企业的融资需求没有常规化的解决渠道。

3. 配套的信用体系建设相对落后

金融体系的正常运转需要相应的社会信用体系和金融信用信息数据库的支撑。北京市虽然在科技金融创新方面走在了前列，但是受整体信用体系建设落后的影响，相应的金融信用信息数据库尚属空白，

中央银行能提供的企业征信数据库只纳入了曾经在银行系统有过信贷行为的企业，对于大多数没有获得过银行贷款、没有进入该数据库的中小微企业，地方政府无法获得其基本的信用信息，导致很多金融产品和金融服务的创新因为缺乏信用根基而无法成行，大大抵消了科技金融的效率。

4. 金融优惠政策的宣传与落实力度不够

应该说，北京市以及中关村关于科技金融的配套政策体系已经十分完善，按照政策执行可以极大地缓解企业的融资难题，但是在调研中发现，有许多企业根本不了解本区内还有专门针对它们的各项融资优惠政策，从而错失良机。这说明核心区在这方面的宣传力度还不够，导致好的政策企业不了解，从而无法落实。

5. 金融产业结构不合理

北京各类金融机构之间发展不平衡。银行业发展相对成熟，存在银行独大的问题，担保和保险、券商（投行）次之，其他相对较弱；市场中介组织发育不够健全，行业协会等自律组织和高端中介服务组织服务能力有待进一步提升。现行驻区金融机构因行业管理体制原因并未全部在海淀区纳税，法人机构相对较少，对区财政的贡献与驻区机构数量不成正比，另有一些金融后台属于能耗大户，其对经济的贡献相对于消耗的资源来说不成正比。

北京中关村要开创国内科技金融的先河，必然需要推出一系列相关的科技金融产品，完善科技创新体系，在制度、体制、机制方面进行改革创新，同时还要注重创造有利于科技创新思想产生的环境和条件，注重创新文化的建设和发展，科技金融相关产品的开发与完善必然要经历一个相对长期的过程。相应地，科技金融服务体系服务于技术创新的特性，表现为技术需求产生金融产品供给，从而使得金融服务体系的完善总是滞后于科技创新体系，两者步伐并不协调一致，需要时间和经验磨合。因此，如何推动两方体系共同的成熟与完善是发展科技金融的一个难题。

四、不断完善北京科技金融建设的思考

1. 成立"中关村科技金融特区"，争取政策的先行先试

目前各地积极申请的自贸区是国内某一领域政策或体制改革先行先试的试验区，而中关村本身已经具备了多重国家级试验区的身份。中关村是我国第一个国家级高新区，是我国科教智力资源最密集的地区和我国战略性新兴产业的策源地。党中央、国务院和北京市委、市政府始终高度重视中关村在提升自主创新能力、建设创新型国家中的示范引领和辐射带动作用。2009年，国务院做出建设中关村国家自主创新示范区的批复，提出要把中关村建设成为具有全球影响力的科技创新中心。2011年1月，国务院批复的《中关村国家自主创新示范区发展规划纲要（2011—2020年）》，提出将中关村建设成为国家科技金融创新中心。2012年7月6日至7日，全国科技创新大会在北京举行，胡锦涛和温家宝在讲话中明确强调，要促进科技和金融的结合，鼓励金融创新，拓展金融为企业科技创新服务的方式和途径，特别要加强对科技型中小企业的金融支持。在这种背景下，2012年8月，国家发展改革委、科技部、财政部、人民银行、税务总局、证监会、银监会、保监会、外汇管理局与北京市人民政府联合发布《关于中关村国家自主创新示范区建设国家科技金融创新中心的意见》。这是国家层面第一个关于科技金融的指导性文件，以金融为出发点，落脚于科技创新，旨在引导建立符合科技创新需求的科技金融体系。这标志着中关村作为国家科技金融创新中心的战略地位的确立，标志着中关村示范引领和

辐射带动全国科技金融创新体系的形成。

投资、贸易和金融的三大创新是上海自贸试验区的核心内容，而利率市场化、汇率自由兑换、金融业对外开放和离岸金融中心等被认为是上海自由贸易区先行先试的重中之重。从这一方面看，北京市的自贸区在金融体制改革和开放的力度和政策优惠上稍逊于上海，中关村在充分利用自贸区已有金融开放政策的基础上，应切实利用好已有的试验区优势，申请更名为"中关村科技金融特区"。成为特区之后，中关村可以争取科技金融创新方面的政策先行先试。

2. 推进国家科技金融功能区建设

建设具有全球影响力的科技金融创新中心将是中关村相当长时间内的核心任务之一，也是中关村地区金融体系建设的基本目标。为此，中关村已经启动了国家科技金融功能区、集团金融和互联网金融等课题研究工作，借助中国人民银行研究局、中国电子控股公司的研究力量，调动市区各级资源，完成了《关于加快建设国家科技金融功能区的实施意见》，明确了中关村在国家科技金融功能区建设的核心地位。当务之急要开展两项工作：一是开展国家科技金融功能区空间布局规划，成立功能区规划工作组，协调中关村的属地涉及的北京市、海淀区这两级部门推动功能区建设。二是开展政策先行先试研究，可以结合重点地区科技金融创新政策，考虑与中国人民银行研究局开展合作，形成科技金融创新政策体系，为下一步国家科技金融综合配套改革试验区创新政策在中关村先行先试打下基础。

3. 推进科技金融服务平台建设

积极落实中关村鼓励科技创新和产业化的"1+6"系列先行先试改革政策，进一步整合金融机构、高等院校、科研院所、中央企业、高科技企业等创新资源，推动首都创新资源平台建设；建立全口径的科技金融综合统计分析平台，完善科技金融动态监测和评价机制；加强银政企之间的交流合作，促进投融资对接；充分发挥科技金融中介机构的作用，为区域科技金融发展提供专业化服务；大力推进科技金融政策创新，积极争取国家监管部门的支持，探索运用信贷、保险等多种手段解决北部地区开发、城乡一体化建设所需资金，推动在股权投资、外资审批、外汇管理等方面的新政策、新做法在核心区先行先试。

今后，北京市将进一步放开在外资审批、工商注册、消防、人才服务等方面的行政权限，并将创新中心内商业银行科技型中小企业金融服务专营机构和小额贷款公司缴纳的营业税、股权投资机构缴纳的个人所得税的市级留成部分及转移支付的方式返还区级政府，用于鼓励科技金融创新。应把握这个契机，在"瞪羚计划"贷款管理平台、中关村创业金融服务平台、中关村多媒体创意产业金融服务平台等现有平台的基础上，着力打造全新科技金融公共服务平台。综合税务、工商、统计、财政、监管部门和金融机构的数据，建立集企业融资信息、股权投资信息、企业上市服务和金融机构数据等一系列内容数据为一体的海淀区科技金融综合统计分析平台，形成科技金融动态检测机制，更加合理地配置各类金融资源；完善科技金融网的各项功能，将其作为科技金融改革创新的门户网站，实现与市级金融主管、监管部门的对接和区属各相关部门的互通，打造科技金融媒体联盟，适时发布科技金融动态；建立科技金融人才数据库和人才服务中心，通过各种手段加强对关键岗位、业务骨干等重点科技金融人才的激励；科学规划科技金融空间服务平台，利用PE大厦、台资企业资本中心等重要载体，吸引更多科技金融机构入驻，为探索建立股权投资综合服务体系，为中关村股权投资和科技创新相结合打造良好环境。

第二节　金融科技在首都北京的演进与发展

当前科技与金融的深度融合，已成为金融产业发展的大趋势，未来金融业的核心竞争力是金融科技，这是北京金融业新动能的重要来源，也是未来金融产业实现高质量发展的方向性选择。因此，北京未来金融支撑高端服务业发展的路径重点应放在发展新兴金融产业——金融科技上。金融科技是首都高端服务业的支柱产业，同时，其催生的新技术、新产品、新业态、新模式也是金融服务其他高端服务业的不竭源泉。

北京要想在金融科技的发展中崛起，必须率先占领金融科技革命的制高点。要借助打造金融科技示范区建设，借助区块链、金融云、互联网信用风险控制、生物识别、数字货币建设等最新金融科技手段的创新支撑北京经济的快速增长，实现各类金融机构深度合作和资源共享，共同推动数字金融发展，将北京打造为具有全球影响力的金融科技综合示范区。

一、大力发展金融科技创新产业

要打造金融科技综合示范区，首先要吸引大批金融科技[①]创新产业入驻发展。吸引金融科技机构入驻这项工作可以通过建设金融科技创新中心的方式来实现。第一步，围绕区块链、金融云、信用、生物识别、数字货币等几大领域分别建设实验室，助力首都北京建设覆盖数

---

① 金融科技，指金融和信息技术的融合型产业。和"互联网金融"相比，金融科技是范围更大的概念，应用的技术不仅仅是互联网/移动互联网，大数据、智能数据分析、人工智能、区块链的前沿技术均是金融科技的应用基础。

字金融产业各个发展阶段的金融科技服务链，促进信息对接，建立信任机制，实现产融合作。第二步，本着开放共享建设创新中心的理念，由金融监管机构、金融科技企业、政府联合创新，共同探索首都金融科技可持续发展的新生态。通过金融科技创新中心建设和发展、监管机构及创新创业的合作伙伴联合进行技术研究、业务创新、人才引入和培养，使金融科技成为首都打造全球数字经济标杆城市、实现数字金融产业转型升级的核心驱动力，助力北京成为全国创新标杆、引领国际标准的新型城市。

二、打造数字信用体系建设标杆城市

同商业银行等传统的金融机构信用评价体系相比，金融科技行业利用大数据、区块链和云计算等互联网技术开发的互联网信用风险评价模型更加准确，对于风险的防范抵御也更加安全。因此，在金融科技综合示范区的建设中，要充分发挥金融科技在信用体系、风控体系、个人及企业信用等方面的经验及优势，打造全球诚信标杆城市。

选择若干家金融科技领域的代表性机构，在北京的试点科技园区打造数字信用园区，主要落地场景包括未来酒店、信用无人超市、信用图书馆等。具体而言，可以借助金融科技的信用评价模式，以房屋租赁系统为牵引，打造身份信息为基础、信用信息为补充、生物识别为手段的居民个人数据账户及诚信体系雏形；同时，以金融科技手段开发建设绿色生活诚信评分体系。在此试点基础上，地方政府可以与金融科技企业深度合作实现诚信场景规模化落地并共建诚信平台及个人诚信积分体系。长远来看，还可以考虑建立市民诚信体系与金融科技企业在全国的其他信用体系的互认机制，为市民提供全国乃至全球化的诚信服务，建立有感知的诚信流动机制及惠民机制。

三、鼓励发展区块链金融产业

区块链是分布式数据存储、点对点传输、共识机制、加密算法等信息技术的新型应用模式。狭义来讲，区块链是一种按照时间先后将数据区块以顺序相连的方式组合成的一种链式数据结构，并以密码技术保证不可篡改和不可伪造的分布式账本。广义来讲，区块链技术是利用块链式数据结构来验证与存储数据、利用分布式节点共识算法来生成和更新数据、利用密码技术保证数据传输和访问的安全、利用由自动化脚本代码组成的智能合约来编程和操作数据的一种全新的分布式基础架构与计算方式。区块链作为一项创新性技术，如今正在引领全球新一轮技术变革和产业变革，有望成为全球技术创新和模式创新的"原动力"，推动"信息互联网"向"价值互联网"转变。

当前，我国区块链技术持续创新，区块链产业方兴未艾。由于区块链技术具备分布式、防篡改、高透明和可追溯的特性，符合金融系统业务需求，因此目前已在支付清算、信贷融资、金融交易、证券、保险、租赁等细分领域落地应用。北京发展区块链金融产业应重点关注以下几方面：

第一，创新区块链金融征信管理。无论是自然人或是法人，要较为完整、客观和公正地记录其信用情况需要信息提供者的多方参与，这些信息可以包括基本信息、品德信息、法务信息、金融信息、社交信息、消费信息、资产信息、学历信息、职业信息等多个维度，这些信息被不同的主体记录和保存，类似区块链一样被分布式地存储在不同的服务器上，越是聚合越能发挥其作用，越能准确地反映这个自然人或是法人的信用情况。区块链技术能安全、可信、公平和可计量地支撑这样的信息聚合，为征信服务提供技术支撑。

第二，借助区块链金融改进国际贸易结算。传统的国际贸易结算工具，例如信用证从开立、通知、交单、承兑报文到付款报文，环节多，效率待优化。利用区块链技术改造之后的信用证信息传输系统，就可以改变银行传统信用证业务模式，在区块链技术的支撑下优化业务环节，缩短信用证及单据传输的时间，报文传输时间可达秒级，大幅提高了信用证业务处理效率，同时利用区块链的防篡改特性可以提高信用证业务的安全性。区块链金融下一步还可以考虑改造升级所有国际贸易结算工具的效率和安全性。

第三，将区块链金融应用于跨境支付。跨境支付是金融支付领域中对安全性要求最高的业务。传统的跨境银行间交易要经过开户行、清算组织、境外银行等一系列的中介机构，记账过程是交易双方独立进行的，每笔交易在各自的机构记录，同时要与交易对手进行清算和对账等，整个清算链条较长，导致整个支付清算的时间较为漫长。跨境支付时，一般需要耗时 2 天左右才能到账，降低了在途资金的利用率。而通过区块链系统，所有的交易结算记录都在双方共享、共信、可查证的"分布式账本"上，以此来实现实时的交易清算。同时，结合智能合约，实现交易结算的自动执行，可以很好地降低人员成本并且提高正确率。跨境支付的双方可以通过点到点的方式完成，实现全天候支付、实时到账，从而加快清算、结算的速度，进而提高银行处理业务的效率。在这方面，微众银行已经成功通过基于区块链的机构间对账平台把对账时间从 T＋1 日缩短至 T＋0，实现了日准实时对账。通过发展区块链金融，金融支付可以实现高起点、高效率。

第四，以区块链支撑供应链金融产业发展。在产业链的运转过程中，需要金融的呵护和支撑。如何有效判断产业链上每一个环节的真实资金需求、担保融资关系和抵押物价值是一个难题。在区块链技术的支撑下，可以更为准确可信地记录产业链运行过程，记录供应链中不同主体的担保融资关系，记录每一个供应链环节的资源流转情况，记录供应链上下游的真实需求和供给信息，为金融机构研判供应链环节中真实资源流动和担保融资关系并进行授信评估打下坚实的数据基础。未来金融科技示范区入驻的各大产业可以充分利用区块链技术发挥供应链金融的作用，服务于整个产业链条。

四、数字金融助力惠民政务示范城市建设

1. 大力发展数字金融

大力发展数字金融，充分利用云计算、大数据、区块链等金融技术，建设政务服务一张网，助力打造成为"以人为本、数治理政、协同治理、多元普惠"的全球数字金融治理标杆城市。同时，借助物联网、移动支付、生物识别等创新科技，可以提供差异化的政务服务、公共服务及民生服务解决方案，实现智能抄表、无感停车、双离线乘车缴费、医疗服务先享后付等，充分利用数字金融技术更好普惠民生。

2. 借助数字技术推广普惠金融

要充分发挥数字金融的普惠特性，为小微企业及个人提供新型企业融资和消费金融，服务实体经济。当前小微企业以年均8%的速度增长，但信贷覆盖率却不如人意，市场未开发空间超过95%。小微企业体量大，伴随的是融资难、融资贵的痼疾，供应链条上的小微企业都面临着自有资金缺乏、融资渠道狭窄的痛点，核心企业也苦于账期压力大、供应商链条管理难。小微企业融资难、融资贵，最大的原因在于信用。小微企业主体信用不够，导致银行不敢放款，金融机构则缺少抓手，难以服务客户、支撑实体经济的发展。而数字金融的各项技术恰恰在解决信用问题方面长袖善舞，通过数字金融技术打造平台以

赋能小微企业，致力于链接企业资金端来降低成本，打造普惠金融。因此，可以利用数字金融、信用方面的经验和优势，为在京中小微企业和消费者提供更加完善的数字金融服务，使更多的小微企业及消费者获得便利快捷的在线融资服务，促进消费和创新创业，助力首都实体经济发展。

第三节　北京金融科技发展的障碍分析

一、现有监管框架对金融科技产业的发展制约

金融科技产业在前几年多被冠以互联网金融的称呼，2014年以来，在"互联网＋"和"大众创业、万众创新"等国家政策的加持下，互联网金融行业"监管宽松"，行业发展突飞猛进。主管部门鼓励增长、简政放权、实行"适度监管"，刺激了整个互联网金融行业的创新。然而，监管的真空也令一部分非法集资、地下钱庄、高利贷组织等不合法的民间金融机构披着互联网金融创新的外衣开始大肆行骗，随后发生的e租宝跑路、P2P暴雷等群体性事件几乎给整个行业带来灭顶之灾。从2017年下半年起，国家政策重点转变，监管环境趋严，更重视社会影响和风险控制，以法规、文件、窗口指导等方式加强管理。可以说，互联网金融行业进入"监管趋严"时期。

在这种情况下，部分依靠大数据、云计算、区块链、移动支付、生物智能等高科技踏入金融之门的企业将自身从事的行业更名为金融科技，以表示与组织低级庞氏骗局的非法金融机构的本质区别。科技出身的金融科技产业都严格遵守"一行两会"和各地金融办等金融监管机构的规则条例，其发展依靠的是技术创新，而非简单的资金链游

戏。但是，在目前的形势下，前有互联网金融欺诈的不良名声，后有监管机构日渐趋严的密集紧急监管，一定程度上限制了首都地区大力发展金融高科技产业的规模和速度。

二、信息数据开放的限制

数字金融建设首先需要解决的是数据开放和共享问题。无论是信用体系的建设还是新型惠民智慧城市的建设都离不开大数据的采集，离不开社会各部门信息的开放和共享。大数据已经成为信息经济的重要生产要素，新型智慧城市的互联互通需要解决数据的部门化、利益化，克服"信息孤岛"和"数据烟囱"等问题，让各部门的数据源可以开放、能够开放、敢于开放。

但是，一直以来，北京的社会信用体系建设存在较为严重的信用信息瓶颈，具体表现为：公共信用信息分散与垄断并存、信息数据的开放缺乏法律依据、信用信息的安全缺乏制度保障。造成信用信息共享难的主要原因在于信用体系建设组织机构不明确、相关法律法规不完善、行业技术标准不统一。目前，社会各部门系统之间虽然也针对自己部门实际制定了相应的守信激励和失信惩戒措施，但由于信用体系建设的主体不明确，尚缺乏实质性的操作和工作安排，部门之间各自为政，许多人在观念上还误认为信用体系建设只是金融部门的事，一些部门甚至把公用信用信息看成是本部门的保密资料，拒绝公开共享或者要收取高昂费用。从信息数据本身来看，公共信用信息处于分散、零乱状态，未经挖掘和整理，更严重的是，分散与垄断并存；从信息分布状况看，信息孤岛现象严重。长期以来，信用信息在社会管理中的价值和作用并没有引起足够重视，信用信息对所在部门的价值也不为公众所认可。一方面，社会公众把信用信息看作公共产品，迫切要求管理部门无偿开放所拥有的信用信息；另一方面，管理部门出于自身利益考虑，根本不愿开放，特别是许多信息是花了巨大的成本收集而来的，更是把它视为私有资源。由此造成了管理部门与社会公众不能客观地认同信用信息对于各方的价值。

三、区块链金融业发展面临诸多争议和质疑

区块链在金融领域应用前景广阔。金融作为全球经济发展的动力，也是中心化程度最高的领域之一。市场交易双方的信息不对称导致无法建立有效的信用机制，产业链条存在大量中心化的信用中介和信息中介，降低了系统运转效率，增加了资金往来成本。区块链技术公开、不可篡改的属性，具备改变金融基础架构的潜力，为去中心化的信任机制提供了可能。但是，区块链新技术也将在旧有的法律、社会和金融机构中重新分配权力，这有可能意味着对传统金融行业的颠覆。

在中国，金融业门槛一直很高，既有资源门槛，也有意识门槛。正如互联网金融风靡促进传统金融进化一般，区块链的出现在改变结算效率，解决陌生人交易信任等问题的同时，一样会促进制度变迁。技术影响金融的路径，是从"人与人"的金融，到"人机协作金融"，再到"机器之间的金融"。区块链以"信任"为基础的技术如果能继续推动该路径进化，就能重新塑造利益格局，更大程度上降低金融业"人与人"的资源门槛。这种对金融行业和利益格局的大变革会受到来自传统行业和监管层面的诸多质疑和争议，一定程度上限制区块链金融的发展空间。

另外，从实践的过程看，区块链金融产业也面临一些实际问题。其一是技术问题。一方面区块链系统由于区块容量和共识机制的限制，交易频率较低，远低于当前主流支付工具的交易频率，且对计算资源

和存储资源的需求，都还不能满足现在的交易需求；另一方面，由于区块链技术的产品开发和推广门槛较高，时间、资金以及技术成本都限制了区块链技术的应用。此外，由于软件本身实现的漏洞和分布式系统缺乏有效的调整机制，导致安全问题无法避免。其二是政策监管问题。区块链去中心化的特性导致系统内部没有一个明确的主体，因此难以确认监管对象，而且监管政策不明朗。区块链技术具备跨境交易的属性，而国家之间对区块链的监管难以达成统一意见，此处监管处于真空地带。尤其对于区块链技术衍生的数字货币问题更为敏感。当前，世界各国态度对数字货币态度不一，主要分为支持、抵制和谨慎支持三种态度。各国监管当局对数字虚拟货币交易的政策，影响到市场持有数字货币的意愿。日本、德国、加拿大等国支持数字货币，推行各种政策推动发展；以美国、英国、俄罗斯和法国为首的一些国家则持较为谨慎的态度；韩国对去中心化的非法定数字货币持抵制态度。中国数字货币也存在非理性炒作，还与非法集资、非法金融活动联系在一起，要严厉禁止。这些都对区块链金融产业的发展造成了负面影响。

第四节　北京金融科技产业发展的未来展望

北京金融科技示范区的发展重点应侧重于吸引高科技的市场化金融要素，大力打造债券市场、企业票据市场、区域股权交易市场等多层次资本市场体系，鼓励各项金融创新和金融科技新业态的入驻发展；同时预测其高起点高定位的优势会吸引大批金融机构入驻，形成金融产业集群。应注意规避金融集群出现盲目扩大规模、单纯增加机构数量的缺陷；要注意完善金融信用环境建设、完善金融人才制度，优化金融软环境，加强对新兴金融科技业态的监管，化解金融风险，使区域金融市场规范、有序、高效运行，充分发挥出金融对首都经济社会发展的核心支撑作用。

一、出台主动引导金融科技发展的政策体系

1. 注重对新业态创新和监管的平衡

推动北京金融科技示范区的发展，首先要出台系列主动引导金融科技发展的政策，以促进金融科技发展，寻找创新和风险的平衡点。搭建创新监管平台，加强与金融科技企业的沟通。可以考虑征求中国人民银行、国家金融监督管理总局的许可，由其派出机构在京设立金融科技行为监督办公室，并搭建金融科技的监管平台，加强与金融科技的创新企业的沟通合作，帮助不了解金融监管政策的技术创新企业更好地适应监管，合规经营，降低创新成本。具体而言，可以建设数字金融共享云服务平台，基于金融科技产业在云、大数据、区块链等技术领先优势，通过提高金融云、金融智能、风控安全、可信身份、隐私保护、信用、开放链接、监管科技等服务能力，建设首都金融科技基础设施平台，服务金融企业及监管机构。

2. 探索信息数据的开放互联

金融科技产业的发展离不开大数据这一信息根基。在信息数据的开放和互联互通方面，上海市率先迈出了重要一步，上海市政务数据服务网对社会开放了涵盖经济建设、资源环境、教育科技、交通安全、食品安全等11个重点领域的数据，累计开放数据资源逾830项。下一步，北京可以在打造全球数字经济标杆城市的过程中，借助金融科技逐步实现数据开放共享，借鉴上海市的做法，在数据开放和互联互通方面迈出实质性的步伐。例如，可利用大数据建设信用房屋租赁服务

平台。房屋租赁管理平台模式主要由三大子平台构成,包括住房租赁管理平台、诚信积分系统、区块链统一平台。其中,保证房屋租赁数据的真实性、可信性、透明化是数字化治理的关键及核心,可在北京的保障住房实施体系中引入区块链技术作为底层技术保障,并在区块链平台集成可信身份、可信合同、数据安全及个人信息保护等技术能力,进一步解决租房场景最核心的"真人、真房、真住"的问题。借助大数据建立首都市民中心信用园区,通过信用借还图书、信用租借充电宝、信用租借雨伞、信用住酒店等生活信用场景,打造首都诚信社会。

二、加强监管,正确引导区块链技术发展

1. 政府引导鼓励应用

市区两级地方政府出台相关的扶持政策,鼓励区块链技术探索应用。区块链技术使得互联网具备了价值信息的传递功能,极大地扩大了网络交易的应用范围,显著增强了网络交易的安全性。当然,去中心化与当前的社会经济交易管理模式存在一定的冲突。若能很好地利用区块链的去中心化技术,可以有效推动管理变革。此外,去中心化也非区块链技术的唯一应用,其他相关区块链技术也可以在很多商业场景得到广泛应用,并造福于人类社会。北京要投入必要的人力、资金到区块链技术的安全研究,特别是隐私保护、加密技术、密钥存储等。

2. 探索推出区块链技术标准

当前,全球范围内区块链技术仍处在早期阶段,缺乏统一的国际标准,主要依靠区块链社区自治来探索技术的突破方向。但全球都高度关注区块链技术与互联网的结合与应用,未来发展前景非常广阔。从互联网诞生到蓬勃发展,已经深刻地改变了人类行为和交易模式。

假以时日，建立在区块链技术基础之上的价值互联网也有可能会给社会行为产生巨大影响。北京可考虑在金融科技示范区试点，在发展产业的同时加快探索推出区块链技术国家标准，引导我国区块链技术研究应用，逐步建立安全标准，牢牢把握区块链技术国际竞争先机。激励国内重点高校、科研机构以及大型企业间的合作，加强对分布式存储、共识机制、智能合约、数字签名等关键技术的开发，打造具有中国特色的区块链平台，探索更多区块链应用的场景落地。

3. 加强国际交流合作

鼓励北京内企业学习国外区块链服务社区的先进做法，加强与国际企业的交流合作，同时放宽市场准入限制、制定行业标准、推动事中事后监管。例如，金融监管部门和金融机构可以通过区块链构建包括交易数据、交易记录、信用文件的管理链，来简化实时对账、数据共享流程，一旦发现违反内部合规性和外部监管要求的行为，建立在区块链基础之上的智能合约就会发送警告，大大提升金融管理的效率。

三、大力发展大数据金融产业

1. 编制发布大数据交易产业发展行动方案

国家层面要尽快将大数据产业列入发展规划中，而这一过程需要时间。国际大数据产业商业化的进程不会给我们等待的时间，因此，建议北京市跟踪国内外大数据产业发展趋势，分析研判国家决策，梳理北京市尤其是中关村大数据产业发展现状及下一步发展思路，据此制定北京市的大数据交易产业发展行动方案，形成北京的大数据产业发展路线图，以北京市政府名义予以发布。

2. 实行"最短负面清单"制度，鼓励先行先试

大数据产业属于一项新事物，大数据交易涉及许多创新领域，为鼓励大数据产业的发展，建议对大数据交易在政策法规上实行"最短负面清单"制度，即在确保数据"不涉及个人隐私、不危害国家安全、不违反重大法律法规"，同时获得数据所有方授权的情况下，为数据所有者提供大数据变现的渠道，鼓励先行先试，鼓励交易方式方法的创新。

3. 以行业自治推动产业生态系统形成

大数据产业的专业性和技术性很强，适合以行业内建立协会或联盟等方式实现自治。建议北京市联合天津、河北成立"京津冀大数据交易产业创新联盟"，建立"京津冀大数据走廊"。联盟要负责规范大数据的交易规则，制定大数据交易的技术标准，建立大数据定价机制和价格指数；并充分发挥桥梁作用，积极与国家相关部门和全国性行业组织保持密切沟通，争取成为国家级大数据产业联盟，将自身的成功经验向全国推广，策划业界交流活动，推动建立大数据交易平台、应用平台、众筹平台三位一体的大数据产业生态系统。

4. 政府推动和市场主导相结合推广大数据交易

大数据产业发展应该以市场为主导，市场需求是大数据交易最好的推动力量。但政府也要积极推动，一方面政府要加大对大数据交易产业的宣传和教育工作，普及大数据交易的理念；另一方面，在大数据的交易应用上，政府应该从自身信息化和智能化建设出发，通过市场行为购买大数据产品与服务，拉动大数据在政府部门的应用，例如可以考虑在公立医院、大学、政府机关及事业单位推行大数据。另外，金融机构应该积极探索与大数据交易产业的融合发展，中国人民银行应该鼓励各商业银行与大数据交易平台合作，为其提供授信额度，利用该平台的数据和网络优势推广传统金融的线上业务，提高金融服务水平；证券机构也应该考虑借助大数据交易平台开展数据资产证券化等创新业务，借以分散风险。

四、尊重市场规律，推动金融科技产业创新发展

金融要素的长远发展主要依靠金融市场体系的内生力量即金融创新来驱动。因此，北京市金融科技产业的发展必须紧跟科技创新的方向和重点，着力解决制约区域经济社会发展的重大难题，并积极利用金融创新来推动金融机构和金融市场更高水平发展。

1. 大力鼓励金融科技产业的商业可持续发展

根据首都的定位和特点发展适合自身的金融科技产业或者基于金融科技底层技术的新兴金融产业，既顺应未来北京金融业发展的大趋势，找到地区经济发展的新增长极，又有助于借助金融科技的创新性、普惠性，在依法依规、风险可控的前提下，探索各类商业模式，推动以金融科技为核心的首都数字金融发展。同时，物联网技术、分布式账本、大数据分析等技术在普惠金融、绿色金融、养老金融、科技金融、财富管理等领域应用，能够更好地提升金融服务的效率和水平。北京市应该合理布局，依托全国科技创新中心和全球数字经济标杆城市的定位，鼓励发展新型金融业态，鼓励数字技术在金融领域的商业可持续性发展，推动符合市场需求的数字金融产品和模式创新。

2. 以科技推动金融服务创新

一是借助科技进步推动金融市场产品创新，在普惠金融等新兴金融平权理念的指引下，鼓励金融科技企业运用新思维、新方式和新技术，创造各种适合弱势群体的金融产品，在实现社会公平的过程中充分释放金融活力。二是推动数字金融自身的技术创新，提倡在金融领域广泛运用大数据、物联网、区块链和云计算等新兴电子信息技术，进一步提高金融市场体系的运行效率。三是推动金融市场服务创新，

要根据首都区域经济发展的现实需求不断进行服务意识、服务环境、服务设施和服务方法等方面的创新，全方位、多层次地为企业提供各种优质高效的金融服务，持续引领金融市场提高自主创新能力。

3. 构建"小政府、大市场"的营商环境

金融科技产业的活跃发展需要良好的营商环境和灵活的监管机制。因此，对金融科技的发展，北京市政府不宜干预过多，应尊重其行业发展的客观规律。具体而言，可以采用"监管沙箱"模式。"监管沙箱"模式事实上是一种容错机制，曾经在英国、澳大利亚、新加坡和中国香港等国家和地区得到了实践验证，其为金融科技创新提供了很好的试点空间。优秀的金融科技企业可以在"监管沙箱"内突破现有监管规定，试点创新产品和服务；同时，监管部门也可以提前了解创新进展和情况，评估风险和收益，为政策制定和监管措施的实施提供前瞻性支持。下一步，北京在对于数字金融领域的地方监管实践中也应建立容错机制，大力推进金融科技政策创新，通过监管沙箱，在金融云、远程开户、跨境汇款等政策上实现突破，打造全球数字金融产业发展制高点。此外，可以考虑在工商注册、经营许可、税收等方面出台相关优惠政策，扶持鼓励各类金融科技企业的发展。例如对于小微型金融科技企业，在创业初期可以享受免征增值税、暂免征收企业所得税，以及土地使用税、房产税、车船税、城市维护建设税、教育费附加等方面的减免政策。

第七章
持续推进首都金融改革与创新

第一节　大力发展普惠金融的实践

北京中小微规模的企业面临的最大难题之一是融资难和融资贵。它们的固定资产不多、信用积累缺乏、财务透明度低、抗风险能力差，因而其从资本市场、债券市场直接融资的能力弱，商业银行也没有动力对其发放贷款。当前为中小企业融资服务的机构缺乏，尤其是服务于企业不同成长阶段，金融机构提供的金融产品不多。新冠疫情之后，绝大多数中小微企业都存在业务流失、库存增加、收入下降、应收账款增加、产业链断裂等问题，导致企业现金流压力空前，资金短缺。从北京现有的金融纾困政策的实施情况来看，政策的有效性仍有提升空间。对于中小微型高端服务企业来说，除了大水漫灌式的普惠型金融政策,其融资难题的解决更多需要精准滴灌式的定向型金融政策,北京市可考虑从以下方面出台相关金融政策,更有针对性地缓解当前中小微企业的融资困境。

一、建立金融支持"白名单"制度

制约中小微企业融资的关键点是信息不对称,而为信用良好的中小微企业建立"白名单",从金融数据的灵敏度和准确性上看,有利于降低资金损失风险,提高融资效率。建议北京市借鉴浙江、河南、江西、山东等地针对民营企业实践的信贷"白名单"做法,为中小微型高端服务企业建立金融支持"白名单"制度,提高其融资纾困效率。

中小微企业金融支持"白名单"制度的入选指标,除了各项经营业绩、信用记录等常规指标外,还应重点考虑企业保留雇员数量、复工复产率以及数字化转型等因素,将"白名单"的金融支持力度与"保就业"相结合。建议新两翼由金融、财政部门牵头,联合税务、市场监管、不动产登记、海关、司法、环保、社会保障等涉企经营和监管等部门实现数据共享,从就业、产业、科技、纳税、环保等方面入手制定对高端服务业企业的量化考核目标,明确"白名单"入选标准。对于列入"白名单"的中小微企业,单列信贷计划,简化信贷流程,针对企业的贷款申请、债券发行、股权质押等不同融资需求定制综合金融服务方案,量化细化中小微企业发债需求清单、股权质押纾困帮扶清单、困难企业帮扶清单等,并实行贷款台账管理。

建议率先在北京市的"首贷中心"和"续贷中心"试行该"白名单"制度。一方面,"首贷中心"和"续贷中心"对于"白名单"内的企业可以简化信贷审批流程、增加授信额度,提高"首贷率"和"续贷率";另一方面,"首贷中心"和"续贷中心"在为中小微企业办理授信业务的同时也可以累积数据，帮助筛选甄别"白名单"企业，双向促进，提高中小微企业纾困效率。

二、政府设立高端服务业企业纾困基金

只有"保企业"，才能"保就业"。作为吸纳就业的主体，中小微型高端服务业企业需要政府在资金方面直接给予大力扶持。建议北京市政府相关部门牵头设立高端服务业企业纾困基金，为企业直接"输血"。

1. 建立市级纾困基金，为企业直接提供资金支持

建议在市级层面设立高端服务业企业纾困基金，以股权或债权的形式直接为困难企业提供现金流支持，促使企业快速恢复发展。可以先以"白名单"企业作为试点，在"白名单"企业提出资助申请后，纾困基金简化审核流程，实行快速资金到位。在具体政策落实上，建议由北京市委金融办（北京市地方金融管理局）、财政局牵头，吸收商业银行、担保公司、保险公司、小贷公司等金融机构共同参与，并加强宣传，鼓励中小微企业申请。

2. 对中小微型高端服务业企业的贷款实行政府担保

除了直接为中小微企业提供资金支持，基金的另一个作用是为企业的融资提供政府担保，即充分发挥地方政府的信用优势，为中小微企业的融资担保背书，从而吸引大量的金融机构为其提供贷款。正常情况下，政府基金不宜全额担保，而是要设置一定比例限制，一旦借款企业不能偿还贷款，则政府负担大头，金融机构也要分担小部分风险，这样可以避免其无节制地放款或出现利益寻租。但在新冠疫情期间，为维持企业生存发展，欧美许多国家都对中小微企业实施了100%政府担保的快速融资计划，企业经过标准、简捷的在线申请后，可以

迅速获得资金。建议北京市的纾困基金借鉴这一做法，在恢复经济的特殊时期实行全额担保，待经济平稳之后可设置70%～80%的比例担保。

3. 发挥政府基金的纽带作用，为企业提供产业链和生态圈支持

除了提供融资支持，纾困基金还可以充分发挥政府的纽带作用，为企业提供系列衍生服务，解决中小微企业的产业链断裂问题。例如，针对海外订单减少的外贸企业，基金可以通过政府牵线搭桥促进出口转内销，鼓励扩大本市国有企业向中小微企业的采购比例，以实现消化企业库存、增加企业收入，并在账期上灵活安排，改善中小微企业的现金流。对于出口订单履约有困难或因疫情遭受买方违约的企业，基金还可从信用保险（由保险公司为企业遭受的违约损失承担金额80%的赔付）等方面提供支持。另外，市政府还可以为中小微企业融入数字经济提供全方位支持，通过出台支持数字技术创新的奖励政策，强化资金支持；搭建企业信息化公共服务平台，为企业提供智能化改造的规划咨询和培训服务。

三、发挥金融科技优势，实现无接触精准服务

政府与互联网平台的合作，能够确保资金精准滴灌给中小微型高端服务业企业。新冠疫情期间，依托金融科技诞生的互联网银行通过大数据风控、线上触达渠道和人工智能授信等技术手段实现了对1000多万家中小微企业的无接触小额快速贷款。

北京市的金融科技发展在全国居领先地位，度小满、蚂蚁集团、腾讯、京东数科等金融科技企业均将总部或者重要分公司设在北京。北京市政府应鼓励这些大型金融科技公司依托自身的技术优势和平台规模为更多中小微企业提供金融服务，并针对企业的行业特点提供定

向服务和专属服务，探索利用大数据和区块链技术的特点实现对企业的滴灌式融资。另外，北京应着力推动金融科技示范区的发展壮大，吸引更多的优质金融技术企业入驻示范区发展；同时大力培育示范区内的潜力企业，挖掘更多的金融技术领域"独角兽"企业。通过这些举措，探索一条为中小微型企业提供无接触式精准金融服务的科技之路。

四、鼓励银行主动出击，个性定制

中关村科技创新领域巨大的小微企业存量，往往是银行等传统金融机构难以全面触达的长尾端客户，对此，北京市应鼓励传统银行充分发挥优势互补的协同效应，与互联网银行联合进行线上无接触放贷。另外，北京市政府应与北京银保监局合作，鼓励银行、保险公司等金融机构加强对大数据和金融技术的开发应用，不断优化针对中小微型高新技术企业的个性定制化金融服务。例如，可以鼓励辖区内银行走进中小微型高新技术企业，通过问卷调查、实地走访、线上座谈等对企业情况进行全面摸排，并以"白名单"制度为基础，运用大数据风控模型对企业进行更加客观的信用识别，从而为企业提供个性化定制的金融产品和服务。

北京市可以从以下两方面引导鼓励传统金融机构为中小微型企业提供融资。首先，引导金融机构扩大对于中小微型企业的授信覆盖范围，建议市政府相关部门与北京市银保监局合作，商讨研究在北京市试行考核商业银行"首贷率"的做法，提高中小微企业首次贷款获得率，让更多从来没有从银行获得贷款的企业能够从银行获得融资。对于提高"首贷率"效果明显的银行，监管部门在银行要求增设分支机构或收购兼并的申请时将此项指标作为重要参考项，同时北京市政府承诺给予其强有力的支持。其次，在引导鼓励金融机构为中小微型企业提供融资的同时，也要重视企业的反馈和建议。建议由市相关部门研究制定一套中小微企业对银行的反馈评价体系，企业可以对授信银行的各项服务进行反馈评价，在银行对企业提供贷款的事中和事后均将受信企业的反馈进行量化评分，并与市银保监局协商合作，将此评分计入对银行等金融机构的相关评级和当年的绩效考核当中，促使金融机构加大对中小微企业的支持力度，提高服务质量。建议此项机制可以率先在"首贷中心"和"续贷中心"进行试点，之后扩大推广。

五、加大力度支持金融中介普惠服务体系建设

1. 吸引金融中介机构，创造良好的普惠金融环境

北京应加快扶植证券公司、基金公司、股权投资机构等中介机构，降低准入壁垒，吸引全国性综合类证券公司的进入，强化竞争机制，提高运作效率。制定与完善金融生态环境建设的相关法律、会计准则、信息披露、司法执法、金融产权制度，建立规范风险投资运营机制的法律环境，强化风险管理机制，促进风险投资的发展。

2. 利用好股权投资机构的服务功能

北京应充分发挥自身资源禀赋，利用好股权投资机构的中介服务功能和其"有限合伙人"的庞大资金池。加快完善和落实便于股权投资基金发展的便利条件和激励措施，以吸引行业资历深厚的专业投资团队投资。吸引一批经验丰富的外资股权投资机构在北京设立资产管理公司，发起成立股权投资基金。加快境内与外资股权投资机构的合作，提升股权投资管理的国际化水平和国际竞争力。"北京股权投资发展基金"积极发挥导向作用，加快市场化股权投资机构在京发展的步伐，通过增加财政资金、国有资本预算、整合现有股权投资引导基金等途径，做大做强母基金，加快母基金投入节奏。促进成熟个人投资者、

境内外合格机构投资者、捐赠基金、信托资金、保险资金、社保基金等期限较长的资金，积极参加股权投资基金的募集。增加股权投资退出途径。加大力度推动场外交易市场建设，大力支持私募股权在北京金融资产交易所进行交易。同时，还应充分发展并购市场，让投资人能够更加便利地以转让股权的途径获得投资回报。

3. 鼓励支持普惠服务中介机构自身的发展

一是促进担保机构发展。鼓励融资性担保机构之间以分保、联保等途径提高行业承保能力、增强担保合作、分散担保风险。支持市场主体依法成立专门服务中小企业的特色担保公司。二是提升信用评级水平和能力。开展面向科技企业的，由会计师事务所、信用评级机构、投资机构、金融机构、政府有关部门等机构共同推动的综合信用评定。增加信用评级机构的公信力，使评级报告的适用范围得以扩大，评级报告质量得以提升。三是提高知识产权评估及处置等相关配套服务的水平。探索建设知识产权评估信息服务网络，研究形成知识产权质押登记属地管理制度，使得知识产权中介服务机构得以快速发展，知识产权质押贷款质权处置得以丰富，知识产权质押物流转市场体系得以培育。

第二节　发展与大国首都地位相匹配的绿色金融

发展绿色金融是实现绿色发展的重要举措，绿色金融改革是发展绿色金融的创新之举。"十四五"规划和 2035 年远景目标纲要明确提出，大力发展绿色金融。这是深入践行"绿水青山就是金山银山"理念、推动生态文明建设的内在要求，是实现金融供给侧结构性改革、推动高质量发展的必然要求。作为我国绿色金融发展的先行军，北京应充分利用首都丰富的金融资源优势，探索打造绿色发展的北京模式。构建起以改革开放为动力、以创新引领为特色、以低碳持续为导向、以保障安全为底线的绿色金融体系，支持首都经济绿色低碳发展，促进生态文明建设。2017年北京市金融局已发布《关于构建首都绿色金融体系的实施办法》，在其推动下北京在绿色金融、碳减排、碳金融方面的发展一直位列全国首位。截至2022年，北京市绿色信贷和绿色债券发行规模、节能减排上市公司数量占比、碳排放的交易单价等各项数值均位居全国第一。但目前在国内外绿色金融市场的影响力和话语权仍有待提高。

一、首都绿色金融发展在实践中面临的问题

1. 目前缺乏将环境外部性问题内部化的市场机制

就绿色金融本身的发展来说，其面临的首要的、最根本的问题是如何有效地将环境外部性问题内部化，这一问题在所有市场经济体制国家表现都十分突出。从趋势看，在政府零干预情况下，私人部门能够通过一定商业模式，实现绿色金融的可持续化经营，是经济效率最大化的理想状况。但在目前，对城市副中心而言，面临的最大挑战是如何确保制定的各项绿色金融相关政策能够有效地限制正外部性的绿色经济活动，并将此政策干预的成本控制在最低。自诞生之日起，商业银行强调的都是盈利性，股东利益最大化、利润最大化。而绿色金融具有一定程度的公共品属性，其所能带来的经济利润有限。中国绿色金融实践表明，商业银行在衡量利润与环境保护之间的重要性时，往往会更倾向于自身利益，间接阻碍绿色金融的良性发展。目前绿色金融的主要推行者为政府，政府通过出台政策与条令推动商业银行、证券公司、保险公司发展绿色信贷、绿色证券、绿色保险等绿色金融

类业务，银行、证券、保险公司再与企业和消费者展开业务往来。但是政府的目的是以金融调控为手段，实现环境保护。银行、证券、保险公司是为了盈利，通过绿色产品获得收益。企业和消费者则是为了遵守国家规定，做到节能减排，实现单位的利益，完成政策指标。绿色金融在推行后其效益不会立刻显现，所以商业银行、证券、保险公司在短时间内难以获得收益，随着时间的延长又会增加风险，这样银行等金融机构就不愿意提供绿色产品；企业和消费者为了遵守法令节能减排，在自身资金周转不开时就需要申请绿色贷款等绿色产品。所以，缺乏一种能协调这三者利益关系、实现绿色金融可持续化经营的市场机制。

2. 绿色金融的开展面临信息不对称带来的风险

无论是公共部门还是私人部门，在追求资源分配帕累托最优时必须以准确的信息为决策前提。信息不对称将使得绿色金融具有盲目性，降低行业效率，甚至可能引发风险，造成社会资源浪费。在绿色金融的实践中，信息沟通机制不畅导致银行业在开展绿色金融业务中反而产生了较高风险。商业银行开展绿色信贷业务，客观上要求有充分对称的信息沟通机制以降低贷款风险。从目前中国的实践情况看，中国人民银行企业征信系统所能提供的环保信息涉及的企业范围还很窄。同时，商业银行对大多数不属于国家监控范围的企业、项目的环保违规情况，很难获得相应信息。在信息极不对称的情况下，以商业银行为代表的金融机构开展绿色信贷必然存在较高的风险，导致客观上开展绿色金融业务成本高、收益低，大大挫伤了金融机构开展绿色金融的积极性。

3. 绿色金融的普惠化远未实现

从实践来看，绿色金融在城市副中心仍以政府和企业参与为主，对公众尚未触及。绿色金融发展是一项巨大的系统工程，其发展需要政府、金融机构、企业、个人方方面面形成共识，并采取具体措施开展行动。但就目前情况看，社会各界对绿色金融并没有形成共识，更难以谈到高度重视。银行是主要参与主体，但只有银行监管部门和部分商业银行意识到发展绿色金融是实现管理模式、业务模式转型的良好途径，在绿色金融发展方面进行了一些有益尝试。其他商业银行对其重要性仍认识不足或存在一些误区，进而影响其活动的开展。企业也是发展绿色金融的主体之一，但多数企业缺乏对绿色金融的了解，更谈不上积极发展绿色金融。一些地方政府在利益面前，甚至阻碍绿色金融的发展。事实上，在面临应对气候变化、环境污染等全球性问题时，公众不乏参与热情。同时伴随普惠金融发展，公众有更多机会接触金融服务，通过金融服务承载绿色消费理念。因此，在下一步的发展中，要重点考虑绿色金融如何走进公众视野，引导公众开展绿色行动，推动生态文明建设。

二、首都绿色金融发展的前景分析

1. 将城市副中心打造为绿色金融创新中心

城市副中心的发展定位之一是建设滨水低碳宜居新典范。坚持"人本、绿色、低碳、和谐"的发展理念，突出滨水特色，瞄准世界标准，强化基础设施建设，提升公共服务水平，统筹城乡发展，促进人口、资源、环境协调，建设成为全球低碳发展示范区、滨水宜居典范城市。打造低碳、绿色、环境友好的宜居城市是城市副中心建设的目标之一，其核心在于围绕科学发展观的城市创新工作机制，促进人与经济、人与社会、人与资源环境和谐发展。绿色发展是值得追求的发展模式，绿色消费是值得推崇的消费方式，低碳生活是令人向往的生活方式。而在城市副中心打造绿色金融创新中心，发展绿色金融，就是为了用金融工具解决经济发展的环境外部性问题，激励低碳环保的经济行为。绿色金融在商业上是可持续的，随着外部环境的改善和配套措施的跟进，绿色金融会在京津冀污染治理问题上发挥出更大的作用。

当前，城市副中心在建设绿色金融创新中心方面大有优势，北京地区绿色信贷规模、绿色债券数量和规模均位居全国前列，北京绿色发展基金积极筹备，开展环境污染责任保险试点、绿色新材料首批应用保险试点，绿色建筑保险持续推进。同时，绿色金融产品创新活跃，绿色基金、绿色保险、绿色租赁、绿色PPP、环境权益融资等产品和业态丰富多样，有力地推动了地区经济的可持续发展。

借助北京市绿色金融已有的实践基础和优势，城市副中心应该突出科技和绿色相结合的特点，利用数字绿色金融引导低碳、绿色的城区发展模式，引导金融资源向绿色环保的高端服务业态倾斜。由于经济发展体系中存在环境污染等负外部性问题，这种问题通常无法得到有效解决，而环境保护所带有的公共产品的性质，又决定了多数环境保护行为难以解决"搭便车"问题，从这个角度出发，用金融科技手段可以将环境外部性问题内部化，让具有正外部性的经济活动得到有效的资源分配，以激励社会各界低碳环保的经济行为，最终推动区域绿色经济发展。

2. 构建完善的绿色金融交易平台

绿色金融是一项优良资产，要促进绿色金融的可持续发展，建立产权交易平台。然而，目前中国的绿色金融体系的构建尚处于起步阶段，其建设相对滞后，因此可以充分借鉴发达国家绿色金融市场在制度设计以及交易平台建设等方面的先进经验，在城市副中心绿色金融创新中心的建设中，首先建立一个有效的绿色金融产权交易平台，然后，创新绿色金融产品。现在中国绿色金融产品较为单一，为了改变这一现状，城市副中心应在加强绿色信贷创新，推广绿色证券、绿色保险，着力于绿色金融衍生品的创新，逐步完善北京市绿色金融产品体系。具体而言，第一，要设立绿色发展基金。绿色投资不仅需要债权融资，也需要股权融资。要建立国家级的绿色发展基金，也要推动地方政府出资的绿色发展基金，同时要鼓励民间和外资基金。第二，要为绿色信贷创造更多的激励机制。未来要用贴息、担保、再贷款支持绿色信贷；出台专业的绿色金融再贷款政策，尝试将评级达标的绿色信贷资产纳入货币政策操作合格质押品范围。第三，要支持金融机构开展环境压力测试。环境压力测试是引导金融机构向绿色产业配置更多金融资源的有效方法，可以改变银行内部信贷政策，达到抑制污染性贷款，支持绿色贷款的效果。第四，试点建立强制性环境责任险制度。绿色保险可以将未来污染成本显性化，进行即时赔付，还可以起到第三方监督的作用。根据目前的国情市情，在市场化机制无法自主发挥作用的情况下，可以考虑推动强制性的环境责任保险。第五，要大力开发绿色指数与相关产品。这可以引导更多的资金投入绿色企业，以降低其融资成本。开发更多的绿色指数，可以推动机构投资者开展绿色指数的投资应用，鼓励资产管理机构开发多样化的绿色投资产品，包括公募基金、EFT、集合理财、专户理财等。

3. 要加大社会共识和信息披露力度

加快绿色金融的发展，不仅是实现城市副中心功能定位的客观要求，也是金融业本身发展的必然选择。一方面社会各界应充分意识到这一点。为此，城市副中心的宣传部门、新闻媒体应主动承担起宣传发展绿色金融的职责，开辟专栏对其发展的必要性、现实性和重要意义加以介绍，或通过专家访谈加强宣传。金融机构要加强对全体员工的绿色金融技术与业务的培训。理论界要定期召开学术研讨会，就理论问题进行研讨，不仅可以为发展绿色金融造势，还可以为绿色金融的发展，在政策制定、技术攻关等方面提供理论指导。另一方面，要推动企业对于环境信息的披露。环境信息披露是国际上的通行做法，有助于市场"用脚投票"，激励环境表现好的企业，惩罚环境表现差的企业。目前企业环境信息披露严重不足，主要是因为缺乏强制性。下一步可以考虑先从上市公司开始，借助北京多层次资本市场的改革，建立强制性上市公司环境信息的披露制度，从重点排放企业开始，逐步扩大到其他企业。

4. 借助数字技术推动绿色金融的普惠发展

近年来，移动互联、大数据、云计算等数字技术的发展，为推动绿色金融的普及化发展提供了可能。数字技术更有效地激励具有正外部性的金融活动、让绿色金融活动更可得和可量化、让公众也能积极参与到绿色金融的发展当中。例如，北京环境交易所与蚂蚁集团展开全面合作，为支付宝碳账户提供多样化技术支持；再如，北京市交通委与百度地图和高德地图合作的北京交通绿色出行一体化服务平台，市民采用公交、地铁、自行车、步行等绿色出行方式出行时，应用该平台进行路径规划及导航，出行结束后即可获得对应的碳能量或将碳能量转化为多样化奖励，由此全部反馈实践绿色出行的社会公众。这些创新碳普惠金融形态、鼓励个人和社会参与碳减排的行动，都是绿色金融普惠化的完美实践。

数字技术可以有效地推动绿色金融。一是数字技术有助于解决污染治理过程中的"搭便车"问题。目前，全球通常采取的治理污染的金融措施主要是从企业端发力，约束和惩罚企业污染和破坏环境的行为。这种方式的最大问题是治污企业所带来的环保好处可能被其他非治污企业所分享，从而导致真正治污企业丧失持续治污动力。然而借助数字技术推动绿色金融，则可避免这种"搭便车"问题，把保护环境的好处与每个人的公益和经济收益有效联系在一起。二是数字技术有助于解决防范污染过程中环境风险不可衡量的问题。目前绿色金融面临的一个挑战是金融机构难以评估气候风险，为其定价。绿色数字金融可以为每一笔环保交易的碳减排和环境风险提供计算，并极大地提升所有相关产品的衡量程度。

因此，数字技术具有"绿化"作用——让金融及其服务的行业真正低碳节能。"绿化"体现在获取用户的成本、甄别风险的成本、降低运营成本和资金成本。大企业是污染性经济的重要创造者，绿色金融有助其减少污染；但大量中小微型的服务业企业和消费者才是构成就业和消费的绝大部分，也是极重要的污染源。让千千万万的小微型服务企业不但能够获得金融服务，而且能够向绿色转型，是实现绿色经济的必由之路。普惠和普绿需要同时进行。数字技术能帮助绿色经济金融化，通过数字技术触达每个绿色生产要素和每次绿色行为，并将其精准量化，使其具有金融属性，形成"衡量→交易→配置"的市场机制。只有引导企业、个人都遵循绿色低碳的行为生活方式，才能实现真正的绿色可持续发展。

5. 深化绿色金融领域全产业链改革开放

绿色金融作为北京"两区"建设全产业链开放重点领域之一，在推动实现碳达峰、碳中和目标过程中发挥着重要作用。2022年原北京市地方金融监督管理局等印发了《"两区"建设绿色金融改革开放发展行动方案》，提出要充分发挥北京绿色产业集聚优势，对北京绿色金融发展重点领域如新能源汽车、绿色能源、节能环保、绿色建筑、绿色交通等产业领域适度倾斜，突出金融支持绿色产业发展。通过完善绿色金融市场功能、推动绿色金融产品创新、积极发挥金融机构作用等一系列举措撬动社会资本更好支持绿色转型发展。

未来北京应抓住"两区"建设契机，争做绿色金融国际合作的排头兵。目前北京已经和伦敦金融城签署战略合作协议，在京的全球系统重要性合作金融机构也是全国数量最多的。但相比拥有全球碳交易中心的伦敦、拥有全球ESG指数最大提供平台的法兰克福、拥有全球第一家自愿参与碳减排交易的气候交易所的芝加哥，以及拥有国际化绿色债券交易市场的卢森堡、瑞典、挪威、意大利等欧洲国家城市，北京在参与绿色金融国际事务、构建国际绿色金融中心方面还任重道远。依托北京国际交往中心功能，应加强与其他国际金融中心城市在绿色金融领域的交流，加强国际绿色金融研讨。鉴于城市副中心已成功举办过国际绿色金融论坛，建议推动将其升格为国家级论坛。加强与国外评级机构、指数公司等在绿色和可持续发展评价、ESG信息披露、绿色创新、净零排放和气候解决方案指数开发应用等领域的合作。下一步应发挥北京建设国家服务业扩大开放综合示范区和自由贸易试验区先行先试的优势，为绿色产业链企业提供资金跨境流动的更多便利性服务；支持争取世界银行、亚洲开发银行、亚洲基础设施投资银行、金砖国家新开发银行等为北京绿色项目提供投融资和技术服务。应抓住当前"两区"建设进入新阶段、营商环境持续提升的契机，加大对国际碳交易市场的参与力度，建议在北京绿色交易所碳排放交易的实践基础上，在城市副中心打造国际化的绿色交易平台，推动绿色金融产品和自愿碳减排的国际交易。

绿色标准是北京绿色金融与全国乃至世界对话的"共同语言"。北京应对照国际准则，探索完善绿色金融标准的制定。充分发挥绿色金融领域的已有优势，支持北京市各类各层次金融市场、金融交易所、金融机构积极参与国内和国际绿色金融标准以及碳达峰、碳中和标准体系的研究和制定。探索上市公司碳排放信息披露，探索强制性金融机构环境信息披露等试点。推动形成更具操作性的绿色项目评估和认定体系，建设和完善绿色项目库，更好促进绿色产融对接。支持优化金融机构绿色金融业绩评价标准，推进绿色标准在国内和国际的互相比对、认可、采用和转化，深度参与国际标准治理，以标准支撑绿色金融发展。北京应率先在金融服务绿色低碳转型领域开展先行先试，打造转型金融助力碳达峰实践的北京样板。例如充分发挥北京证券交易所功能，为产业绿色转型升级提供多样化融资支持，支持符合绿色发展理念的企业在新三板市场挂牌和北交所上市融资，加大市场对经济活动和资产项目向低碳转型的金融支持，从而为国内国际转型金融制度和标准体系的形成贡献北京经验。

北京要支持配合国家金融管理部门开展气候变化风险压力测试，加强对绿色和棕色资产风险权重调整等工具的研究分析，增强地方金融体系管理气候变化相关风险的能力。针对绿色市场上存在的信息不对称、数据碎片化等问题，建议北京市利用监管沙箱等机制，引领政府和企业绿色数据开放方面的试点和合作。探索建立绿色金融数据中心，利用现有的产业互联网、工业互联网、物联网数据进行碳统计核算，建立有约束力的绿色信息披露机制，及时准确研判风险隐患，实现对绿色金融风险的预警和监测。地方金融管理部门应加强对金融机构的相关监管，适时建立棕色资产（污染性和高碳资产）的风险暴露和处理机制，支持金融机构研究推出风险应对工具，做好风险防范化解工作，维护首都绿色转型的金融稳定，在防控地方绿色金融风险领域发挥引领示范作用。

第三节　伴随"两区"建设的首都金融扩大开放

一、"两区"建设中的金融担当

1. "两区""三平台"构成北京高水平开放的"主阵地"

"两区"建设，即建设国家服务业扩大开放综合示范区、中国（北京）自由贸易试验区，是中央批复支持北京的两项重大政策，是北京市"五子"（具体指国际科技创新中心建设、"两区""三平台"建设、全球数字经济标杆城市建设、以供给侧结构性改革创造新需求、京津冀协同发展）联动融入新发展格局的重要一子。北京市高标准推进"两区"建设，突出科技创新、服务业开放、数字经济特征，以首善标准搭建立体化开放体系，融入和服务全国新发展格局。"两区""三平台"事关国家战略发展需要，事关北京产业升级和转型需要，为新时代首都高质量发展增添了双翼。北京立足于服务业、智能制造、金融等优势产业，以首善标准、首创精神推进"两区""三平台"建设，旨在加大改革开放先行先试力度，发挥北京在中国服务业开放中的引领作用，构建京津冀协同发展的高水平开放平台，带动形成更高层次改革开放新格局。

国家服务业扩大开放综合示范区，覆盖北京全市域，以产业开放为主线，聚焦科技、金融、文旅、教育、商贸、数字经济、医疗健康、航空服务、专业服务等9大领域，纵向推动改革开放，促进经济结构优化、服务业高质量发展。其由服务业扩大开放综合试点升级而来。2015年，国务院批复《北京市服务业扩大开放综合试点总体方案》，同意在北京市开展为期3年的服务业扩大开放综合试点。北京成为全国首个服务业扩大开放综合试点城市。2017年,国务院批复《深化改革推进北京市服务业扩大开放综合试点工作方案》,同意北京市在试点期内进一步深化服务业改革开放探索。2019年,国务院批复《全面推进北京市服务业扩大开放综合试点工作方案》,同意北京市在更大范围更深层次推进试点工作。2020年,国务院批复《深化北京市新一轮服务业扩大开放综合试点建设国家服务业扩大开放综合示范区工作方案》,北京市服务业扩大开放试点正式升级为"示范区",这也是全国唯一的服务业扩大开放综合示范区。

中国(北京)自由贸易试验区,推进园区开放模式,在限定区域内开展先行先试,打造制度创新高地。2020年,国务院批复《中国(北京)自由贸易试验区总体方案》。北京自贸试验区以制度创新为核心,以可复制可推广为基本要求,全面落实中央关于深入实施创新驱动发展、推动京津冀协同发展战略等要求,助力建设具有全球影响力的科技创新中心、服务业扩大开放综合示范区、数字经济标杆城市、国际消费中心城市,着力构建京津冀协同发展的高水平对外开放平台。

北京自贸试验区涵盖科技创新片区、国际商务服务片区、高端产业片区三个片区,共119.68平方千米。科技创新片区31.85平方千米,涵盖海淀组团和昌平组团,包括中关村科学城21.59平方千米、北京生命科学园周边可利用产业空间10.26平方千米。其中,中关村科学城区域主要涵盖翠湖科技园、永丰基地及周边可利用产业空间。重点发展新一代信息技术、生命与健康、科技服务等产业,打造数字经济试验区、全球创业投资中心、科技体制改革先行示范区。国际商务服务片区涵盖顺义组团、朝阳组团和通州组团,包括首都国际机场周边可利用产业空间28.5平方千米,北京CBD 4.96平方千米、金盏国际合作服务区2.96平方千米,以及城市副中心运河商务区和张家湾设计小镇周边可利用产业空间10.87平方千米。重点发展数字贸易、文化贸易、商务会展、医疗健康、国际寄递物流、跨境金融等产业，打造临空经济创新引领示范区。高端产业片区涵盖大兴组团和亦庄组团，包括大兴国际机场西侧可利用产业空间10.36平方千米和北京经济技术开发区27.83平方千米。重点发展商务服务、国际金融、文化创意、生物技术和大健康等产业，建设科技成果转化承载地、战略性新兴产业集聚区和国际高端功能机构集聚区。

中国国际服务贸易交易会（简称"服贸会"）、中关村论坛和金融街论坛"三平台"是北京构建开放型经济体系的重要支撑，是北京对外开放的重要平台和专业品牌。其中，服贸会是全球服务贸易领域最大的综合性展会，与广交会、进博会共同构成我国对外开放三大展会平台；中关村是我国第一个国家自主创新示范区，中关村论坛是面向全球科技创新交流合作的国家级平台，服务实体经济；金融街论坛创立于2012年，在国内外金融界享有较高声誉，被誉为"中国金融改革发展风向标"之一。自2020年起，金融街论坛年会升格为国家级、国际性专业论坛，纳入北京市"两区""三平台"战略部署，成为北京市高质量发展和对外开放重要平台和专业品牌。

北京是国家金融管理中心，金融业是拉动经济增长的第一支柱产业。近年来，在深化金融供给侧结构性改革的进程中，首都金融体系不断完善，高端金融资源不断集聚，金融对外开放持续深化，首都肥沃的金融土壤为科技创新、服务业贸易、数字经济等重点领域提供强大的动力支持。同时，金融改革开放也是"两区"建设的重要内容，"两区"建设251项任务中，涉及金融领域政策占比高达40.6%，几乎涵盖了当前国家金融改革开放中各类金融业务领域，促使国内顶尖金融要素资源在北京聚集。在政策、机构、平台、试点、资质等方面先行先试,优化布局,培育金融发展新动能;聚焦科创金融、绿色金融、数字金融等重点领域,构建金融全方位稳健开放新模式;同时对标国际国内最新实践,在人才、法治、安全、服务方面提升金融营商环境。可以说,"两区"建设与首都金融业发展相互交融、相互促进,是缺一不可的有机整体。在北京市"两区"建设的推进过程中,金融街论坛的规格、内容、影响力不断创新高,陆续发布中国金融科技运行报告等一批研究成果,每年"一行两会一局"等金融监管部门在论坛上集中释放权威声音。金融业围绕"两区"建设的战略定位和发展目标,加强金融创新,更好地发挥金融促进经济发展的乘数效应和带动效应,为高质量跨越式发展提供更有力的金融支持。

2. 在"两区"金融开放中跑出北京"加速度"

金融业开放是构建双循环新发展格局的必然要求,也是北京"两区"建设的重要组成部分。北京是国家金融管理中心,金融资源丰富,金融机构云集,金融人才汇聚,金融要素完备。在"两区"深度扩大开放的建设中,金融系统进一步主动担当作为,打造国际一流跨境金融服务体系,推动更高水平的金融双向开放合作。

自2020年9月"两区"建设启动以来,北京立足金融资源禀赋,在双向开放中主动担当,跑出了北京"加速度"。为全力推动落实"两区"建设任务,北京出台了金融领域的102项改革开放政策,包括放宽外资金融机构市场准入,便利金融机构开展跨境金融服务,便利跨境投融资,支持国际创业投资发展,支持金融科技创新,开展数字货币试验等多项双向开放的重要内容。这些政策措施在推进北京市高水平对外开放、创造公平市场环境、保护在华外资机构合法权益等方面取得了积极成效。北京立足资源禀赋,坚持首善标准,把稳增长、调结构、推改革有机结合起来,进一步提升国家金融管理中心功能,更好融入新发展格局，推动了首都金融业高质量发展。推动数字货币、支付清算等金融基础设施在京落户，加快建设国际保险中心，支持国内外保险、再保险机构来京发展。积极推进"一带一路"资产交易平台建设。吸引更多新设金融机构落户北京。提高北京金融法院专业化水平，更好服务金融监管、安全和发展。

北京证券交易所的设立，为首都金融发展赋予了新使命。北京紧抓机遇，坚持首善标准，着力发展与大国首都地位相匹配的现代金融业，更好服务和融入新发展格局。持续扩大金融双向开放。抓好"两区"金融领域任务落地，对在京机构获得业务资质和牌照、跨境资金流动、金融服务贸易创新等方面加大支持力度。吸引各类金融机构继续扎根北京，拓展业务，共同办好金融街论坛，共享金融开放红利。在有计划、有步骤地推进资本项目开放的改革过程中，北京高度重视境外资金风险管控，利用大数据、人工智能等技术，完善跨境资本流动监测、预警和响应机制，维护首都金融稳定。要坚持关口前移，加强风险研判和监管，支持引导各类资本规范健康发展，守住不发生系统性金融风险底线。加大金融对实体经济支持力度，持续激发市场主体活力。做好北京证券交易所壮大经营的属地服务保障，支持更多创新型中小企业上市融资、发展壮大。为科技创新、中小微企业成长、重点行业发展提供精准金融服务，持续增强金融服务实体经济能力。

3. 金融支持"两区"建设彰显首都特色

在金融支持"两区"建设的过程中，首都充分发挥银行业等金融机构集中的优势，紧抓政策机遇，建立专项金融服务机制。多家银行将"两区"建设确立为重点研究课题，纳入"十四五"时期发展规划与2035年远景目标，统筹搭建"两区"建设金融服务体制机制。具体内容既包括加大信贷投放、完善渠道布局、充实专家智库、创设专属产品、让利实体经济等量化举措，亦包含金融科技赋能、京津冀地缘协同、跨境贸易结算及资本流动便利化、自贸区基础设施建设、高端人才配套服务等系统推动。在完善"两区"金融服务基础设施方面，各家银行不断优化网点布局，实现对"两区"建设重点区域的全面覆盖。例如，中国工商银行北京分行实现自贸区三大片区七大组团服务网点全覆盖，包括升级2家自贸区专属支行，布局8家支行、28家网点，形成了协同联动、多点支撑的立体化服务体系；中国建设银行北京分行在自贸区内布设24家网点，特别设立3家科技金融网点、1家5G智能绿色金融网点、6家养老金融特色网点。

围绕扩大开放，各类金融机构积极探索跨境金融服务创新。聚焦北京地区金融市场进一步扩大开放，满足境内外客户在外汇结算、融资、存款、兑换方面的需求，各家银行结合自身实际，开展了不同程度、不同角度的跨境金融服务和产品创新。例如，在贸易外汇收支便利化方面，通过优化单证审批、简化报关单核验等措施为试点企业提供便利化的贸易外汇收支结算服务，包括NRA账户通、"两区"跨境便利汇、"两区"资本业务便利办、本外币一体化资金池、跨境薪金宝、外币定期宝、"两区"兑换通、跨境融资通、科创外债通、跨境业务线上办等一揽子跨境金融产品体系，为跨境金融建设助推"两区"发展迈出新步伐。在跨境电商领域，各大银行推出北京自贸试验区跨境电商综合服务方案，为跨境电商企业提供包括跨境支付结算、企业及供应链融资、本外币、资产增值几大类服务，全方位提升跨境结算、跨境投融资、汇率风险管理、全球现金管理、离岸人民币等跨境人民币服务水平。

与此同时，首都各类金融机构将创新作为引领发展的第一动能，持续优化营商环境，推出多项创新举措。在跨境金融数字化转型、供应链票据贴现业务、电子口岸业务和金融业务的跨平台应用等方面进行了业务创新。各大银行前后推出了包括 NRA 账户通、"两区"跨境便利汇、"两区"资本便利办、"两区"兑换通、跨境融资通、跨境薪金宝等系列特色产品体系,为客户将跨境资金池项下的单一币种账户升级为本外币合一多币种账户,精准实现了创新政策与银行产品的结合,将跨境贸易通融资便利化政策落到实处。

二、在纵深推进"两区"建设中打造金融业双向开放新高地

当前,北京"两区""三平台"建设进入新阶段,在纵深推进金融领域"两区"建设的过程中,首都应在金融市场开放、资本跨境流动、投融资便利化等方面持续发力,先行先试探索政策突破,打造国家金融开放新高地。

1. 大力推进北京金融市场的高水平对外开放

要建立完善的金融市场体系,必须大力推进金融市场的高水平对外开放,为民营资本和外商资本创造更好的营商环境,激发各类市场主体活力,提升金融开放在区域经济社会发展中的引领作用。在这一方面,北京市可充分利用"两区建设"(国家服务业扩大开放综合示范区和自由贸易试验区)的政策优势,扩大金融领域开放,开展本外币合一跨境资金池试点。例如,在跨境贸易方面,支持北京自贸试验区跨境贸易外汇收支便利化。在直接投资方面,推进境内机构境外投资便利化。在外债方面,进一步升级中关村国家自主创新示范区外债便利化试点政策,创新企业外债管理方式。推进区块链技术在北京区域性股权市场登记结算领域的应用,建立数字经济试验区,允许区内银行为境外机构人民币银行结算账户发放境外人民币贷款,支持社会资本在京设立并主导运营人民币国际投贷基金。优先在北京市允许跨国

公司设立外商独资财险公司，鼓励符合条件的中资银行开展跨境金融服务，支持汽车金融公司在合法合规的前提下开展跨境融资等。

2. 支持金融机构跨境业务双向健康发展

近年来，北京支持外资金融机构扩大在京的业务规模。首家外商独资保险资管公司、首家外商独资的货币经纪公司等在京成立，北京成为外资金融机构进入中国的首选之地。未来，北京应支持外资金融机构不断拓展发展空间，在资产管理、投资管理、养老金管理、风险管理等方面积极引入先进国际经验，参与首都金融改革创新，丰富首都金融产品和服务。支持外资保险资产管理公司从事保险资金境外投资受托管理业务。支持外资机构开展股票、债券、外汇、基金、黄金市场和银行间市场交易。支持金融机构在自由贸易试验区开展跨境结算业务，支持跨国公司开展跨境资金集中运营管理。支持合格境外机构投资者（QFII）和人民币合格境外机构投资者（RQFII）开展境内证券投资业务，参与北京证券交易所交易。支持优质机构和企业申请成为合格境内机构投资者（QDII），开展境外证券投资业务。深入实施合格境外有限合伙人（QFLP）境内投资、合格境内有限合伙人（QDLP）境外投资试点，鼓励优质内外资资产管理机构申请业务资质。支持海内外平行基金在京发展，助力科创企业对外投资与国际合作。深入实施外债便利化试点和资本项目收入支付便利化试点。推动企业增信担保、企业集团担保和关税保证保险试点，降低外贸企业融资成本。

3. 积极开展跨境金融交流合作

借助"一带一路"金融合作，鼓励在京金融机构和大型企业集团"走出去"，依法合规参与国际金融市场活动，推进"一带一路"金融合作高质量发展。支持在京金融机构加大"一带一路"共建国家的机构与业务布局，提升跨境金融服务水平。支持保险公司在"一带一路"共建国家设立保险机构，为"一带一路"建设提供保险保障，为共建国家经济发展提供保险支持。加强"一带一路"金融合作领域人才培养，提升金融专业能力和跨文化沟通能力，扩大与共建国家金融人才交流与合作。支持国际金融组织、国际金融监管组织、国家金融管理部门在京举办具有国际影响力的会议论坛，持续提升国际金融论坛（IFF）、国际金融安全论坛、全球财富管理论坛、绿色金融国际论坛、数字金融论坛等一批国际性金融论坛交流活动的品牌效应。推动在京举办 Sibos（SWIFT 国际银行家运营研讨会）等一批国际金融和金融科技品牌交流活动，引领国际金融前沿，深度参与国际金融治理。持续加强与纽约、伦敦、中国香港、新加坡、东京等国际金融中心城市合作，全面加强京港、京澳、京台金融合作，充分加强首都金融国际传播力建设，加强国际推介和国际宣传，主动发出"北京声音"。

4. 稳步助推人民币国际化

北京应抓住"两区"建设契机，积极参与人民币国际化进程，进一步优化人民币跨境使用政策，实施更高水平的跨境人民币投融资便利化，加大人民币资产国际化配置力度，切实发挥跨境人民币业务在服务国际贸易、国际科技创新中心、全球数字经济标杆城市、国际消费中心城市建设中的作用。支持跨境电子商务等贸易新业态跨境人民币结算，促进对外贸易提质增效。积极推进对外承包工程、项目建设等重点领域跨境人民币业务便利化，提高跨境企业资金使用效率。便利个人经常项下人民币跨境收付，保障境内外个人真实跨境人民币结算需求。深入实施本外币合一银行结算账户体系，积极推进跨国公司本外币一体化资金池业务，以人民币结算进一步降低银行和涉外市场主体汇率风险和运营成本。发挥人民币国际投贷基金作用，开展人民币境外直接投资等业务，助力中国企业"走出去"和参与共建"一带一路"。鼓励辖内银行提升跨境金融服务水平，创新面向国际的人民币金融产品，服务资产配置国际化，增强市场主体开展跨境人民币业务的体验感与获得感。

5. 高水平举办金融街论坛

依托首都国际交往中心和国家金融管理中心的独特优势，高层次、高水平办好金融街论坛，持续提升金融街论坛国际影响力，打造中国参与全球金融治理发声平台、金融与实体经济良性互动平台、国家级金融政策宣传权威发布平台和金融业国际交流合作平台。常态化举办全球系统重要性金融机构会议，支持全球系统重要性金融机构对话交流，服务金融监管部门参与国际金融治理多边合作、金融监管双边合作。持续举办全球金融科技峰会，促进金融与科技融合发展，服务国家级金融科技示范区建设。支持全国性金融行业协会开展金融标准领域国际交流合作，搭建国家金融标准发布平台，服务国际国内金融标准制定和实施。强化论坛机制性锻造和成果外溢效应，依托金融街"四位一体"服务机制，秉承"共商共建共治共享"理念，持续发掘金融机构优势资源，完善"一主N分多沙龙"活动框架体系，举办资管行业峰会、上市交流大会、金融街与伦敦金融城对话活动、青年金融论坛等分论坛系列活动，不断完善金融街论坛长效机制。打造好"金融街发布"海外发布品牌，做好海外信息发布和形象推介。[①]

第四节　创新首都特色的金融顾问服务体系

金融顾问制度，是指由政府、金融监管机构和商会团体等牵头组

---

① 参见《北京市"十四五"时期金融业发展规划》。

织，选聘金融机构业务骨干和相关专业人士组建金融专业服务团队，通过发挥金融顾问在金融资源、人才资源、专业能力等方面优势，为企业提升经营管理水平、优化融资渠道和结构、防范流动性风险提供专业服务的工作机制。近年来，该制度在我国浙江省、山东省、江苏省都有不同范围和不同程度的试点推广，在解决当地中小微企业融资难、融资贵方面发挥了实质性的推进作用。金融顾问可以利用其拥有的资源加强地方财政和金融的联动，创新融资方式，既可减轻政府财政负担，也能缓解企业融资压力。金融顾问制度是解决金融精准化支持实体经济实践领域的重大创新，是提高金融资金使用效率的重要制度安排。

一、他山之石——浙江等省市推行金融顾问制度的举措

1. 按照先试点后推广的原则逐步开展

借鉴法律顾问、家庭医生的制度安排，浙江省地方金融监督管理局于 2018 年 11 月 14 日印发《建立企业金融顾问制度试点工作方案》，并指导浙商总会金融服务委员会牵头率先在萧山、余杭等 10 个县（市、区）开展金融顾问制度试点工作。由于试点工作取得了良好成绩，2019 年浙江省委书记、省长批示将金融顾问制度全面推广到全省各县（市、区），建立省、市两级金融顾问工作体系；2020 年 5 月浙江省将金融顾问制度写入了地方法规。

2015 年，山东省淄博市率先试点金融顾问团制度，人民银行淄博市中心支行牵头组织金融机构专家和相关部门业务骨干建立了金融专业服务团队，负责解决淄博市企业融资难融资贵问题、化解企业担保圈风险。2017 年，淄博市金融顾问做法在全省金融领域推广，并出台了《中国人民银行济南分行关于构建金融专家顾问工作机制支持全省

实体经济发展的意见》，山东省成为在全国首创"金融顾问团"机制的省份。在此基础上，2020年山东省政府建立配套的金融辅导员体系，从省市县三级金融机构中优选6336名金融辅导员，结对辅导28803家中小微企业，有效助力民营和小微企业破解融资难题。

2017年6月，江苏省常州市率先建立中小企业金融顾问制度，首批选聘100名金融顾问，以"一对一"的金融专业服务为主要形式，重点帮助促进银企合作互信，缓解中小企业融资难问题。2018年南通市举办"金融顾问百企行"活动；2019年11月，苏州市也推出金融服务顾问"百行千人进万企"活动。徐州、无锡等地也陆续推行相关制度，逐步在全省推广。

2. 筛选重点企业为服务对象

浙江省将金融顾问制度作为贯彻落实省委、省政府"融资畅通工程"和稳企业防风险决策部署以及做好金融服务实体经济工作的一项重要举措，主要将上市后备企业、龙头骨干企业、重点帮扶"三张清单"（即发债需求企业清单、上市公司股权质押风险纾解清单、资金链担保链风险管控企业清单）企业作为重点服务对象。企业名单主要由省金融监管局和各县（市、区）政府确定。在实践取得成效之后，2020年底开始逐步扩大服务范围，探索全面服务中小微民营企业。

山东省金融顾问制度以畅通银企双向沟通渠道、切实提升金融服务实体经济能力为出发点，加强对重点行业企业（例如工业高新技术企业）提供针对性服务。以人民银行监测企业为基础，山东省人民银行通过与山东省主要行业协会沟通，合作建立重点行业金融服务中心，分门别类地推动相应行业企业入驻中心，按照"选择一批、解决一批、层层推进、分类施策"的原则，为不同行业企业提供专业化、具有针对性的金融顾问服务。在此基础上，根据需要将服务对象拓展到其他中小微企业，满足新常态下各类经济主体对金融服务的多元化需求。

3. 为企业主体提供多元差异化金融服务

山东省金融顾问制度因企施策，帮助企业融资融智，即在为企业融资的同时也为破解企业生产经营难题融智。金融顾问团队细分为政策咨询、融资服务、行业监测、风险研判、国际业务、票据结算、征信服务等多个组别，实现金融顾问服务精细化。针对不同区域、行业、类别企业实际需求，金融顾问引导相关部门、协会、银行业金融机构以及证券、保险等机构开展"一企一策"式金融服务。

浙江省金融顾问制度帮助企业根据所处发展阶段和实际需要，合理制定投资和融资规划；针对企业发展过程中的各类融资、投资等金融需求，提供合理的金融工具运用建议和专项融资支持；指导帮助企业对接各级政府特别是省市政府以及金融机构的沟通联系；为企业提供金融知识培训、金融政策解读等，指导帮助企业规范公司治理结构、防控金融风险。

4. 重视对金融顾问的考核评价机制

浙江省由浙商总会金融服务委员会牵头负责从本土金融机构和中央在浙金融分支机构部门负责人级别以上人员中筛选出优秀金融人员，进行培训、考核、资格认证，而后报省地方金融监管局批准，确定最终的金融顾问人选，试点企业与金融顾问签署协议后开展对接帮扶工作。地方金融监管局每年对金融顾问进行考核评价，评价指标包含企业和地方政府总体满意度、具体项目落实情况、日常工作配合度三个方面。对于考核优秀的金融顾问给予表彰鼓励，对于考核不合格的顾问进行调整解聘。

山东省设立省、市两级金融专家顾问团队，由人民银行、有关政府部门、各金融机构的相关业务部门负责人、业务骨干、专家组成。

人民银行负责为金融顾问定期举办业务培训和讲座，邀请团队成员以及经济金融专家授课，提升专家顾问团队整体服务水平。人民银行分支行设立金融专家顾问团秘书处，加强对金融专家顾问团日常工作管理，包括联系、组织金融专家顾问各类活动、开展对省政府领导的工作汇报、通报展示专家顾问工作成果、开展年度综合评价等。

二、建立首都特色金融顾问体系，提高金融精准化支持效率

1. 政府牵头推广多层次金融顾问制度

从国内各省市推行金融顾问制度的实践来看，目前实施的金融顾问制度有政府牵头、人民银行牵头、企业商会牵头等不同组织方式。考虑到首都金融发展的特色，北京采用了由政府牵头试点并推广金融顾问制度的方式。具体由原北京市地方金融监督管理局负责出台相关试点方案，从驻京金融监管机构、商业银行、证券公司、私募基金、律师事务所、会计师事务所、高校等机构选拔金融专业人士作为金融顾问，率先在民营企业中开展试点工作。2021年6月，北京市启动小微金融服务顾问制度，采用先试点后推广的方式，建立小微企业名单库，首次采用百家银行、千名金融顾问服务万家小微企业的方式，为小微企业提供"金融医生"诊疗服务，实现"一次走访、定期服务、长期跟踪"。2022年，首都金融顾问制度向农村金融领域推广，并在平谷区试点了北京农村金融服务体系。2023年，金融顾问的精准化服务继续向农房改建的贷款业务推广，并在昌平区进行了试点。具备首都特色的精准化金融顾问服务体系逐步建立。

2. 为融资主体提供分层次精准化金融服务

从其他省市的经验来看，一家服务企业的金融顾问数量不宜超过10个，鉴于合格金融顾问的资源有限，只能为融资主体提供限量服务，

北京宜分层次为不同领域的经济主体提供金融顾问服务。

第一层次为量身定制服务，适合特定领域或者特定项目的融资主体（例如服务对象为某特定村或某些特定农户）。当服务对象为数量庞大的企业主体时，宜筛选重点企业作为主要服务对象，由金融顾问向其提供精准化金融服务。例如，可以从科技服务业、信息服务业、文体旅游业等行业筛选重点民营企业，或者由试点区政府提供企业名单作为金融顾问服务的第一层次企业。对于这一类民营企业，金融顾问要主动深入对接，了解企业金融需求，指导企业制定投融资规划，为企业提供伴随式定制化的金融服务，确保企业在发展过程中不会发生资金链条的断裂，同时也注意避免部分企业盲目地发展扩张。具体而言，金融顾问可以通过走访调研、平台培训、企业座谈会等多种形式了解行业内、辖区内中小微企业生产经营情况及融资困难，"一业一策""一企一策"提出差异化金融服务方案，并协调相关金融资源落实具体融资方案，帮助企业尽快以较低成本获得融资。

第二层次为批量式服务，主要借助人工智能和数字化平台将金融顾问服务推广至数量庞大的服务对象。当前北京市有90多万家活跃的民营企业，金融顾问无法一一走访为其提供量身定制的服务，且大部分小微企业还没有发展到有明确融资需求的阶段，只是对金融政策有咨询了解的诉求。为解决这一问题，建议北京市大力开发人工智能技术在金融咨询领域的应用，通过人工智能金融顾问在线为广大民营企业提供基础性、普惠性的金融咨询指导服务。具体可以在北京市现有的中小企业公共服务平台上开设金融顾问端口，向全市民营企业开放，对于企业提出的基础性的金融咨询需求可以连线人工智能顾问，为企业传授金融知识、解读政策；对于个性化的企业金融服务需求则转接至第一层次的金融顾问，由金融顾问视企业具体情况提供精准化的专业金融服务。

3. 充分发挥金融顾问的地方政府"智囊团"作用

推行金融顾问制度，既要全面提升金融服务民营企业效能，打通民营企业融资的"最后一公里"，又要让金融顾问成为地方政府的"金融智囊团"，辅助北京市政府加强金融管理，完善金融发展规划和政策措施，推进金融改革创新，防范和处置区域金融风险。一方面，金融顾问要加强与政府各有关部门、各行业协会之间的信息共享，相互通报经济发展状况与金融数据、交流工作心得，为提高政府金融政策制定的精准性提供决策参考。另一方面，市政府要搭建共享交流平台，邀请不同层次的专家、学者、企业家等，为金融顾问提供有价值的经济信息、行业信息以及形势判断与前瞻信息，组织金融顾问对北京市具有战略性、全局性的金融问题开展研究，为金融服务实体经济贡献市场智慧和力量。

4. 合理构建金融顾问的激励考核机制

要让金融顾问制度真正落地、落细，切实有效发挥作用，还需进一步提升金融顾问和金融机构的积极性。从浙江和山东的实践经验来看，由于其金融顾问制度定位为纯公益性质，全过程金融服务都是免费的，缺乏商业可持续性，严重影响了金融顾问专家和金融机构的积极性，不利于后期金融顾问制度的推广。因此，北京建立的金融顾问制度需要设立相应的激励机制，提高金融专家和金融机构的积极性。一方面，为保证金融顾问服务的商业可持续性，建议北京市在政策层面探索建立金融顾问事务所，实现金融顾问服务的市场化，同时将金融顾问事务所的服务列入政府采购白名单。另一方面，建议由市金融局牵头，联合北京市人民银行和银保监局，将金融顾问服务质量列入金融机构的考核内容。以每二至三年为周期，由市金融局、各区金融办负责组织民营企业对金融顾问的服务进行综合评价，并结合对金融顾问服务过程的跟踪评价，形成最终考核评价结果反馈给市政府，以此作为下一周期金融顾问制度实施的参考依据。

三、加大力度支持金融中介服务体系建设

1. 利用好股权投资机构的服务功能

首都北京要利用好股权投资机构的中介服务功能和其"有限合伙人"的庞大资金池。加快完善和落实便于股权投资基金发展的便利条件和激励措施，以吸引行业资历深厚的专业投资团队投资。吸引一批经验丰富的外资股权投资机构在京设立资产管理公司，发起成立股权投资基金。加快境内与外资股权投资机构的合作，提升股权投资管理的国际化水平和国际竞争力。"北京股权投资发展基金"积极发挥导向作用，加快市场化股权投资机构在京发展的步伐，通过增加财政资金、国有资本预算、整合现有股权投资引导基金等途径，做大做强母基金，加快母基金投入节奏。促进成熟个人投资者、境内外合格机构投资者、捐赠基金、信托资金、保险资金、社保基金等期限较长的资金，积极参加股权投资基金的募集。增加股权投资退出途径。加大力度推动场外交易市场建设，大力支持私募股权在北京金融资产交易所进行交易。同时，还应充分发展并购市场，让投资人能够更加便利地以转让股权的途径获得投资回报。

2. 鼓励支持中介机构自身的发展

一是促进担保机构发展。鼓励融资性担保机构之间以分保、联保等途径提高行业承保能力、增强担保合作、分散担保风险。支持市场主体依法成立专门服务中小企业的特色担保公司。二是提升信用评级水平和能力。开展面向科技企业的，由会计师事务所、信用评级机构、

投资机构、金融机构、政府有关部门等机构共同推动的综合信用评定。增加信用评级机构的公信力，使评级报告的适用范围得以扩大，评级报告质量得以提升。三是提高知识产权评估及处置等相关配套服务的水平。探索建设知识产权评估信息服务网络，研究形成知识产权质押登记属地管理制度，使得知识产权中介服务机构得以快速发展，知识产权质押贷款质权处置得以丰富，知识产权质押物流转市场体系得以培育。

第八章
首都金融监管与风险防范

第一节　首都金融监管面临的特殊形势

几年来，北京市金融业在错综复杂国内外经济形势下，稳中向好、稳中有升，金融业为首都经济高质量发展提供稳定适宜的货币金融环境，对实体经济的支持力度不断加大。在金融强监管背景下，金融降杠杆效果显现，反映出良性变化趋势，防范化解金融风险攻坚战取得了阶段性成果。但与此同时，随着金融业的快速发展，部分扰乱市场秩序、损害群众利益的金融犯罪也逐渐显现，特别是新兴金融业态领域风险点多面广，非法集资等涉众型、风险型金融犯罪在北京频频爆发、高位运行，很大程度上危及了首都"政治中心"建设的安全。

一、首都金融业发展存在的问题

1. 传统金融服务的产业支撑作用逐渐减弱

自 2018 年开始,金融科技的冲击给北京市的传统金融业带来重大挑战。北京金融街是全国金融机构总部聚集的中心,也是中国金融监督管理的心脏。但是,技术革命的不断进步颠覆了金融要素流动的规则,大数据和云计算技术的发展可以实现金融街建在云上,云上金融街将打破地理位置和金融要素的限制,首都金融街的传统地理优势和要素聚集优势在金融科技面前会消灭殆尽。人工智能支持下的量化金融的机器分析能力比人类大脑发达得多,将取代传统金融精英的人力资源优势。这些金融科技对金融业正在产生深刻影响。如果传统金融业不适时做出转型,将在未来的金融市场竞争中失去先机,难以保持原有的增长趋势。同时,以大数据、人工智能、云计算、区块链等为代表的金融科技的发展离不开大量的科技人才,而北京现存的 30 万金融从业者大多属于传统金融业态,这一人才存量结构急需调整。但是,北京的生活成本高,不利于科技人才的引进。近几年来,北京市发展金融业的比较成本日益上升。金融机构发展的主要成本包括房租、工资和利息等,这一方面北京市在全国没有比较优势,较高的要素成本抑制新型金融科技机构的进入和科技型金融人才的引进。现阶段北京面临功能疏解和人口控制,对于金融业的政策优惠相比全国其他地区处于劣势,全国都想挖掘北京的存量资源,一些地区尽其所能为金融企业返税、批地、给房,区域金融竞争不断加剧,从而造成市场扭曲极为严重。政策差异造成一部分优质金融资源外流。

2. 金融中介机构的作用未能充分发挥

金融中介作为金融行业的重要组成部分,是连接投融资双方的桥梁和纽带，通过提供各项居间服务助力投融资合作达成。中介机构无论是在企业融资中还是在个人消费金融活动中，都起着不可替代的重要作用。但是当前北京市金融中介行业发展不足，没有发挥出应有的作用。

一是金融中介服务体系不够健全，部分服务存在供给不足的问题。近两年来，北京市融资担保行业累计支持小微企业信贷规模超过600亿元，发挥了担保对信贷的放大作用，但相对于担保行业准公共产品的定位，财政资金投入较少，多以市场为主体，以政府为引导的担保体系需要进一步优化完善，特别是一些融资担保机构发展面临资本瓶颈约束、风险分散机制还不完善。

二是金融中介服务信息分散。目前，北京市金融中介种类多、机构数量多，作为服务需求方的中小微企业和个人，由于缺乏统一的信息获取平台，大多只能采用"一对一"的搜索和对接方式，信息获取效率低，搜集成本较高。

三是金融中介机构服务能力参差不齐。北京市金融中介机构虽然数量庞大，但服务能力千差万别，且没有统一的信息公示平台，机构信息缺乏透明度。服务需求方难以辨别优劣，难以找到适合自身情况的金融中介机构，且在选择中介时和被服务过程中往往处于被动地位，获得的服务质量没有保证，有的甚至会被不良金融中介机构欺骗而蒙受损失。

四是金融中介行业缺乏统一的服务标准使得服务成果难以被市场主体普遍认可。金融中介的服务涉及多种类型，每一类型的服务均缺少行业标准和公正评判，服务成果受中介机构自身信誉、实力和服务人员素质的影响很大，难以被市场主体普遍认可。投融资双方的每一次业务对接，都需要重新对融资方资产、信用、财务等进行评估和审计，造成融资周期长、效率低，同时也增加了融资成本。

五是金融中介服务集聚效应明显，对周边区域辐射较差。北京作为首都，在发展政策、经济活跃度方面，均好于周边地区。在推进京津冀协同发展的大背景下，北京市金融中介服务机构有带动天津、河北金融服务能力提升的先天优势。但也正因为巨大的金融中介资源优势，在一定程度上造成周边地区金融服务发展相对滞后，三地金融中介机构的协同配合较少，北京在金融中介资源方面的引领优势，并没有发挥出来。

3. 北京面临的债务风险具有特殊性

作为首都，北京市包含地方政府债、国有企业债和房地产市场信贷在内的整体债务水平和状况是可控的，尤其是地方政府债务率明显低于全国其他各省区市平均水平。自提出打好"三大攻坚战"以来，北京市各级地方政府债务治理取得极大成效，被中央纳入全域无隐性债务试点。但由于近两年北京市的财政压力较大，当地方资金缺口大时就会依赖，而非政府融资，剥离政府融资职能就较为困难，其间带来的风险也不容小觑。调研中发现，北京市还面临特殊的财政资金引发的金融风险：当前由财政出资的政府引导基金、产业基金存在的风险隐患较为严重。

北京市各级地方政府设立的引导基金，是引导社会各类资本投资经济社会发展的重点领域，同时也是薄弱环节，客观上存在一定风险。政府引导基金在运营中存在国有资产增值保值和引导基金的政策性目标之间的冲突。为规避上述矛盾，许多政府引导基金在设立之初，既无法对引导基金的政策性目标进行精准定位，也无法对引导基金的绩效实行量化考核。在实际投资中由于项目周期长、风险大、退出难等问题，政府引导基金参与的风险投资基金必然滑向"刚性兑付"的陷阱，既限制了产业基金的价值发现与价值投资的功能，阻碍长期股权投资对被投企业战略价值的提升，也增加了财政资金的道德风险，最终背离政府引导基金的初衷。

政府产业基金需要委托组建专业团队进行管理，委托人—代理人机制产生的道德风险在实践中会带来很多金融风险点。调研中发现，北京市的部分政府产业基金业务行为明显存在监管风险：在基金设立环节，未履行登记备案程序，人员不具备从业资质；在募资环节，对不同出资者进行优先—劣后的结构化安排，财政资金作为劣后级为社会资金提供风险补偿或保证收益，甚至多层嵌套，使政府产业基金异化为事实上的债务融资平台；在投资环节，部分基金通过协议安排，将资金借贷行为混同于股权投资行为，给地方财政资金带来极大的风险隐患。

4. 首都多层次资本市场建设的伴随风险

由于制度和历史原因，中国股市经常大起大落，很容易引发局部性的系统性风险，这种风险一旦爆发，就不单纯是金融市场的问题，而是会向社会领域蔓延，成为一场严重的公共危机，危及社会稳定和公共安全。2014年之前，由于北京没有全国性的证券交易场所，并不存在属地的金融市场风险。但是随着新三板市场的发展壮大，尤其是2021年北京证券交易所成立之后，北京市的属地金融市场风险逐步显现，风险主要集中在上市公司的主体上。从调研情况看，新三板和北交所的挂牌上市企业主体，很多涉及证券的虚假陈述。如某些企业主体因违规披露信息或者不实披露信息造成了股价异常波动，最终导致了股民的损失，受到损失的股民集体就会对这个上市公司提起民事诉讼。由于新三板和北交所地处北京，这类证券虚假陈述纠纷的风险处置就集中在北京，且目前已经成为北京金融法院的体量比较大的一类案件类型。由于上市公司的这一类纠纷,群体性强,涉及的股民人数众多,且遍布全国,所以这一类风险处置起来也比较困难,而且会给首都带来一定的维稳压力。

二、金融新兴业态带来的风险特殊性和严峻性

北京市金融科技发展速度较快,规模较大,在推进首都金融业发展的同时,金融创新带来的各种金融新生业态也成为北京市金融风险最为集中的领域。

一方面,小额贷款公司、融资性担保机构、互联网金融、第三方支付、金融科技公司等新兴金融业态在首都北京呈现突破式增长,全国30%以上的互联网金融公司聚集在北京。截至2023年底,北京市各类持牌法人金融机构总部超过900家,资产总量超过200万亿元,约占全国50%。其中,拥有第三方支付牌照的公司和正常运营的互联网金融平台数量均位居全国第一。北京金融科技与专业服务创新示范区共有金融科技企业超过100家,年收入超过1000亿元。小额贷款公司资本规模持续扩大,实现16个区全覆盖。融资性担保行业整体运营平稳,平均放大3.6倍。这些金融新兴业态的正常运行为中小微企业提供了便利的融资方式和资金支持,在推进北京经济发展中发挥了很大作用。

另一方面,新兴金融业态的不规范发展导致群体性风险高发。近几年来,几乎每一次新生金融业态和金融创新的出现都伴随着金融欺诈、金融犯罪。总的来说,新生金融业态带来的问题有刚性兑付的风险、金融监管落后于新生金融发展的风险、消费者权益和隐私的保护风险以及由微观风险演变的宏观系统性风险。

以金融创新为名、行非法集资和金融诈骗之实的行为和案件呈现

高发态势，形式和手段层出不穷。部分企业打着互联网金融、金融科技等金融创新、普惠金融的名义在朝阳、海淀、西城等中心城区注册，通过恶意欺诈、虚构融资项目、夸大融资项目收益等手段，实施庞氏骗局，碰触非法集资底线，并通过互联网在全国实施非法集资活动，类似于"e租宝"风险集中爆发恶化了金融环境。这些欺诈行为不仅涉及投资理财、私募基金、民间借贷等投融资行业，而且向养老、教育、旅游、农业等社会各领域蔓延。在产品形式上，不仅有私募基金产品、资管产品，还有销售收藏品以及承诺商品回购、积分返利等，迷惑性很强。有些是我国现行法律法规中未明确定性的，如众筹、虚拟货币等，这成为涉非行为的灰色地带。这些非法集资和金融诈骗行为都具有高度涉众性，且具有隐蔽性和突发性的特点。资金链断裂前无人识别其风险，无网络舆情，隐蔽性强；资金链断裂后突发性强，尤其在重大节日、重大活动等节点会出现风险隐患高峰。更为甚者，这些非法金融活动借助了网络的力量，致使受害面更广，渗透度更深而且更加难消灭。

金融的安全和稳定，直接影响到首都地区经济与社会的整体发展。2020 年，"三大攻坚战"收官，北京市防范化解重大风险已取得决定性成果。2021 年初北京市实际运营的 P2P 网贷机构已经全部归零，但是以第三方支付、平台信托、资产管理等为代表的互联网金融、非法集资等领域的金融机构和风险依然存在。另外，资本无序扩张的风险也日益凸显。如北京市个别金融企业和房地产企业无序扩张导致巨大风险向社会扩散；部分平台经济依托垄断地位"两头通吃"，侵害普通经营者和广大消费者利益，通过操纵算法影响资源优化配置、侵吞生产者和消费者福利以攫取最大利润，打压中小企业创新。这些都是首都面临的资本无序扩张的后果。

针对这些新兴金融业态，北京市进行了综合监管和有力治理，取得重大成效。但是诈骗行为换个名目或头衔又死灰复燃，例如虽然实际运营的 P2P 网贷机构已经全部归零，但是部分机构又以区块链创新或者第三方资产管理平台等形式出现，且冠以科技创新的名义，使其迷惑性更强，为监管带来了更大挑战。而一旦这些非法金融活动发生提现困难或"跑路"等风险事件，就会严重损害百姓实际利益，扰乱市场经济秩序，影响首都的安全与稳定。

总的来说，随着金融科技发展日新月异，传统金融风险的表现形式、传染路径发生深刻改变，滋生了诱导过度消费、侵犯用户隐私、助长"赢者通吃"垄断等诸多风险，给监管带来的防风险压力与日俱增。

第二节　首都地方金融监管的现状

一、北京地方金融监管与风险化解的现状

1. 北京市出台的相关金融监管政策综述

自互联网金融等金融新生业态迅速发展以来，金融风险的防范与处置就备受人民银行等金融监管机构的关注；尤其是 2017 年之后，作为"三大攻坚战"的首战，防范化解系统性金融风险被提到了国家金融安全的高度，国家和北京市层面关于加强监管、防范处置金融风险的政策文件密集出台。截至 2022 年 12 月底，国家层面共出台与防范处置金融风险高度相关的金融监管政策（含指导意见等）300 余项，北京市层面出台配套政策文件 20 余项，主要集中于地方金融组织管理、行业规范、互联网金融风险整治、非法集资风险处置等金融风险集中

爆发的领域。主要代表性文件如表8—1、表8—2所示：

表8—1　国家层面相关金融监管政策

时间	发布方	政策名称	主要内容
2023.1	中国银保监会	《银行保险机构消费者权益保护管理办法》	规范银行保险机构经营行为，保护消费者八项基本权利。加强行业监督管理，严格行为监管要求，明确对同类业务、同类主体统一标准、统一裁量，依法打击侵害消费者权益乱象和行为
2022.12	中国银保监会	《商业银行托管业务监督管理办法（征求意见稿）》	要求商业银行建立健全托管业务治理架构，进一步强化持续监管措施、监管处罚、数据报送和自律管理等相关安排。强化商业银行托管业务监管，督促商业银行落实风险管理和合规展业的主体责任，实现审慎稳健经营
2022.5	证监会、司法部、财政部	《关于加强注册制下中介机构廉洁从业监管的意见》	持续净化资本市场生态，一体化推进惩治金融腐败和防控金融风险
2022.4	中国人民银行等	《中华人民共和国金融稳定法（草案征求意见稿）》	国家金融稳定发展统筹协调机制负责统筹金融稳定和改革发展，研究维护金融稳定重大政策，指挥开展重大金融风险防范、化解和处置工作。压实各方金融风险防范化解和处置责任，提出建立处置资金池，明确权责利匹配、公平有序地处置资金
2022.1	中国人民银行	《地方金融监督管理条例（草案征求意见稿）》	明确地方金融监管规则和上位法依据，统一监管标准，构建权责清晰、执法有力的地方金融监管框架，加强央地监管协调配合，压实地方金融监管职责
2021.1	国务院	《防范和处置非法集资条例》	规定省级政府对本行政区域内防范和处置非法集资工作负总责。对非法集资的行政、刑事责任和资金清退、非法集资参与人应承担的后果等作了严格规定
2020.9	中国证监会	《关于进一步做好金融资产类交易场所清理整顿和风险处置工作的通知》	防控区域性股权市场、产权交易机构等其他类型交易场所开展高风险资产业务，稳妥推进商品类交易场所风险处置工作

续表

时间	发布方	政策名称	主要内容
2020.5	中国银保监会	《商业银行互联网贷款管理暂行办法》	对商业银行互联网贷款业务的定义与边界、风险治理与管控、数据与模型、信息科技管理、外部合作等约定了详细监管指引
2019.8	国务院办公厅	《国务院办公厅关于促进平台经济规范健康发展的指导意见》	聚焦平台经济发展面临的突出问题，创新监管理念和方式，落实和完善包容审慎监管要求，推动建立健全适应平台经济发展特点的新型监管机制
2018.1	中国保监会	《关于加强保险资金运用管理支持防范化解地方政府债务风险的指导意见》	鼓励险企购买地方政府债券，不得违规向地方政府提供融资，明确了保险资金运用涉及地方政府举债融资行为的政策边界
2016.10	国务院办公厅	《互联网金融风险专项整治工作实施方案》	集中力量对P2P网络借贷、股权众筹、互联网保险、第三方支付、通过互联网开展资产管理及跨界从事金融业务、互联网金融领域广告等领域进行整治

数据来源：中国人民银行网站（http：//www.pbc.gov.cn），中国银行保险监督管理委员会（http：//www.cbirc.gov.cn），中国政府网－中央人民政府门户网站（http：//www.gov.cn）。

表 8—2　北京市相关监管政策

时间	发布方	政策名称	主要内容
2022.8	北京市地方金融监督管理局	《北京市地方金融组织行政许可实施办法》	加强对北京市地方金融组织监督管理，明确对地方金融组织实施行政许可的事项、条件、程序
2022.6	北京市地方金融监督管理局	《北京市地方金融组织监管评级与分类监管办法》	加强北京市地方金融组织的事中事后监管，实现对地方金融组织的分级分类动态监督管理
2022.1	北京市地方金融监督管理局	《北京市地方金融组织信息公示办法》	保障公民、法人和其他组织依法获取北京市地方金融组织信息，包括地方金融组织设立、变更、终止等信息，提高北京市地方金融组织信息公开工作水平

续表

时间	发布方	政策名称	主要内容
2021.4	原北京市地方金融监督管理局	《北京市地方金融监督管理条例》	规范地方金融组织及其经营行为，加强地方金融监督管理，防范化解地方金融风险，维护金融消费者合法权益
2020.6	北京市地方金融监督管理局等	《外资资管机构北京发展指南》	在北京开展银行不良资产跨境转让业务试点，化解债务风险，提高信贷资产质量
2018.11	北京市地方金融监督管理局	《关于首都金融科技创新发展的指导意见》	加强金融科技风险防控工作的领导，及时处置化解金融科技风险事件，坚决打击假借金融科技名义的违法违规金融活动
2015.6	北京市地方金融监督管理局、北京市证监局等	《关于防范私募股权投资类企业从事非法集资活动的意见》	健全规范私募股权投资行业健康发展的协同监管机制，严禁私募股权投资类企业从事非法集资活动

数据来源：原北京市地方金融监督管理局网站（jrj.beijing.gov.cn）.

2. 北京市地方金融风险防范化解实施情况

在实践层面，北京市主动承担地方金融风险防范处置属地责任，组织、指导、协调相关部门开展违法违规金融活动的监测预警、风险防范和化解处置等，并取得了一定成效。

一是加强数据分析，探索建立大数据金融监管系统。北京市地方金融监督管理局研究推动区块链技术等金融科技在金融安全和风险防范上的应用，建立打击非法集资监测预警平台，非法集资线索举报平台，利用大数据实现对金融风险的监管和防范。2014年北京市开始筹建以"冒烟指数"为指标的金融风险监测预警系统，通过"冒烟与火情"的必然联系，形象地反映出开展金融类业务企业产生非法集资等金融风险的可能性。在此基础上构建的北京市打非监测预警平台以"冒烟指数"指标为核心，根据企业经营行为产生的数据信息，通过人、资金、业务这三条主线进行分析，利用数据挖掘、统计分析、关系图谱分析等技术方式建立金融风险研判模型。平台按照最终形成的模型，接入海量数据进行反复迭代和模式匹配，最终实现识别可疑行为、触发金融风险预警、量化风险等级的目标。

二是发动群防群治，加大金融消费者宣传教育力度。北京市政府相关部门通过建立首都金融安全微信公众号，深入街道、社区、乡村等方式，加强首都金融安全宣传和投资者教育。2021年，原北京市地方金融监督管理局与北京电视台合作打造"蜜蜂计划"系列节目，不断提升北京金融消费者媒体教育品牌影响力，持续扩大北京市金融消费者教育广度和深度。市区两级金融监管部门持续开展"百千万宣教工程"等品牌活动，提高金融消费者风险防范意识和风险辨别能力。在日常基础性工作中，市金融局与十六区金融办两级部门处理分派信访、信息公开、12345工单各项任务，切实做好重大活动期间和敏感节点的群体性上访应对工作。制定《需要电话答复件台账》《P2P信访工作流程》等电话答复指南，及时更新答复口径，更好回复来电来访群众期待。市金融监督管理局会同市信访办、市公安局探索开展针对恶意投诉人的专项打击工作。在群防群治方面，相关金融监管部门重点做好重大活动维稳和舆情管控。通过提前部署、重点谋划、市区联动，重点摸清辖区涉P2P等高风险领域信访维稳"家底"，加强人员管控，各级金融风险处置专班担当尽责，全力确保首都各项重大活动未发生任何舆情涉稳事件。

三是通过推进立法工作，加强地方金融监督管理。近年来，北京市地方金融监管协调机制和风险处置协调机制不断完善，金融风险防范和处置框架得到巩固提升。通过出台《北京市地方金融监督管理条例》对行政区域内地方金融组织及其监督管理，地方金融风险防范和处置等活动进行明确规定，建立金融工作议事协调机制。2021年4月16日，《北京市地方金融监督管理条例》由北京市人大常委会审议通过，于7月1日正式施行。地方金融监管体系进一步完善，原北京市地方金融监督管理局结合监管工作实践，及时修订"7+4"类地方金融组织[①]行业监管办法。加强现场检查、非现场监管和监管谈话，促进"7+4"类地方金融组织的行业规范健康发展。在"三大攻坚战"收官之后，北京市占据全国近1/3比例的P2P网络在营平台清零后加速风险出清，截至2021年末，北京市整体P2P网贷平台存量余额已由高峰期6000亿元压降至800多亿元；出借人数已由高峰期700多万人压降至50多万人，截至2022年末，P2P网贷平台存量风险基本清零，化解金融风险成效显著。北京深入贯彻实施《防范和处置非法集资条例》，由地方金融监管部门牵头建立各方协同的打击非法集资的工作格局。建立企业债务风险处置机制，妥善推动处置集团债务风险。牵头搭建北京市预付资金信息管理平台，配合各行业主管部门加强对预付式消费资金的风险管控。

二、北京市地方金融监管与风险防范存在的问题

从监管体制的角度来看，金融监管事权在中央和地方之间的权责划分是我国地方金融监管体制运行的基本前提。而从行业运行的角度看，经营无界作为地方金融组织的重要特点，会导致地方金融组织的注册地与行为发生地不一致，从而大幅增加地方政府监管区域性金融行为的难度。上述特点衍生出北京市地方金融监管的几大难题。

---

① "7+4"类地方金融组织，其中"7"是指小额贷款公司、融资担保公司、区域性股权市场、典当行、融资租赁公司、商业保理公司、地方资产管理公司，"4"是指投资公司、开展信用互助的农民专业合作社、社会众筹机构、地方各类交易场所。

1. 央地之间金融监管的协调机制不够顺畅

2017年7月，第五次全国金融工作会议明确提出要加强央地间的金融监管协调，由地方政府负责监管"7+4"类地方金融机构，处置化解属地金融风险。但是各地在落实相关政策过程中仍然存在着许多现实挑战，央地间金融监管界限不明、职责不清、多头监管等问题急需解决。纵向看，中央和地方两个层级的金融监管部门缺乏有效的沟通交流，需要扩大业务指导和信息共享的渠道机制。从近几年的实践来看，虽然地方政府的金融监管权责由混乱分散逐步走向明确集中，但由于各省市的地方金融监督管理局与"一委一行两会"之间并不存在直接的行政隶属关系，在业务指导方面中央和地方之间又一直缺乏一套顺畅的衔接机制，地方金融监管部门与负责制定规则的中央监管部门无法协调沟通。由于中央层面的金融监管部门并未设立明确的归口指导部门，限制了信息在上下之间的传达，负责制定政策的中央监管部门不了解基层的实际情况，也难以保证政策的落地执行效果。例如，在对民间金融的监管协调中仍然存在中央与地方权限不清的问题，央地监管空白以及监管部分重叠的现象。此外，信息沟通机制的缺失也普遍存在于不同地区的金融监管实践中，如何解决因前期各地金融业盲目扩张与竞争而导致的监管竞次问题已然是摆在地方政府面前的一道难题。

2. 市级政府部门之间对于金融监管缺乏有效的协调机制

地方金融监管是一项跨行业、跨部门的综合监管业务，由各地的地方金融监督管理局（金融办）、市场监督管理局、商务局、公安等多个部门负责，这就会导致多头监管碎片化。关于非法集资和金融诈骗的监管工作属于行为监管，并没有特定的监管对象，凡是涉金融行为风险都应进行监管，并进行后续的行政处置。这就造成地方政府需要监管的领域和对象数量远超预想，执法难度加剧。

从实践来看，目前北京市区两级政府的不同职能部门之间对于金融监管缺乏有效的协调联动，集中反映为缺乏可持续的联合执法机制。特别是地方金融监管的协调机制尚在起步实施阶段，金融监管部门与非金融监管部门之间分工协调配合局面尚未完全形成，行业监管、市场监管部门主动性不强，原本应承担组织协调工作的牵头部门——北京市委金融办（北京市地方金融管理局）客观上成为主责职能部门，但作为地方金融管理机构，其在很多领域并不掌握执法权，最终加大了金融协调监管的执法难度。尤其是在处置非法集资风险时，需要组织联合执法、查封经营场所、扣押资产、监督清退等工作，工作量十分庞大，但市区两级地方金融管理部门，都存在相应的人财物资源短缺以及专业技能匮乏等问题，仅仅依靠他们难以应对北京市全辖域的金融风险。

从项目调研情况看，北京市区地方金融监管部门之间也存在统筹协调机制不畅与人员短缺问题。一是对于日常检查工作，《北京市地方金融监督管理条例》（以下简称《条例》）未明确区分市、区两级职权范围，实践中容易形成行政相对人对市、区两级分别提起履责申请，并分别形成行政诉讼案件的情形；二是按照《条例》规定，只有市级地方金融的管理部门有权作出行政处罚决定，区一级的相关金融管理部门的执法手段主要是出具警示函和责令限期改正，但该两种措施的威慑力明显不足；三是区一级政府的金融管理部门即使已作出责令整改决定，但根据《条例》第五章规定，市级的地方金融管理部门需要再次作出责令整改的决定，逾期不改正，才可以作出行政处罚，客观上造成了行政资源浪费；四是北京市地方金融管理部门人员严重短缺：北京市地方金融管理局落实日常检查、行政处罚的有3个处室，每个处室平均 4～5 名工作人员；而全市"7"类金融组织有 872 家，另外"4"类组织中单含有"投资"字样的企业已有 72630 家。同时，各区地方金融监管部门人员配备更为薄弱，部分区尚未设置独立的金融办，例如门头沟区是由发展改革委的一个科室承担全区金融监管工作；而即使设置了金融办的区，例如朝阳区，其监管科室也仅 2 名工作人员，需要负责全区 183 家地方金融组织许可材料的初审、日常检查等各项工作，人员数量与工作量极其不匹配。

3. 实践中对地方金融组织监管的权责边界界定模糊

地方金融的主要监管对象是地方金融组织，只有明确地方金融组织的定义才能进一步确定地方金融的监管范围，但是实际上我国迄今在监管层面尚没有一个公认的地方金融组织定义。《条例》虽然明确规定地方金融组织指依法设立的小额贷款公司、区域性股权市场、融资担保公司、融资租赁公司等以及法律、行政法规和国务院授权省级人民政府监督管理的从事地方金融业务的其他机构，但是对于"从事地方金融业务的其他机构"的具体概念界定和业务形态种类尚需在实践中逐步明确。现阶段，地方金融组织的类别仍旧在不断增加，而对新兴地方金融组织的监管授权，还是要通过上级部委等部门进行"一事一议"。

基于以上现实障碍，北京在地方金融监管的实践中面临以下困境。一方面，北京市制定的《条例》第二条明确规定了监管对象为地方金融组织，其范围与国家要求落实的"7＋4"类组织一致。目前，"7"类组织的划定、经营范围、机构情况、监管规则已基本明晰。但对于"4"类机构，特别是投资公司和社会众筹机构，国家金融监管部门尚未给予明确定义（私募股权投资基金除外），如何进行监管也未明晰。调研情况显示，北京全市公司名称及经营范围中含"投资"字样的企业共 72630 家。该类企业此前按照一般工商企业管理，只要符合《公司法》和工商行政管理部门的行政审批条例相关规定，就可以进行注册登记。对于公司注册资本、股东、从业人员、组织结构、内控制度等都没有明确的规定。企业涉及的业务领域和范围千差万别，注册登记与实际经营情况存在较大差异，如何界定"投资"的范围，如何落实监管，存在很大难度。而监管薄弱或空白之处，正是潜在的金融风险点。鉴于北京新兴金融业态集聚度在全国最高，"十四五"期间，防控化解首都金融风险的工作任重而道远，必须对现存的各种新型金融业态加以关注和监管，警惕防范该领域风险隐患演化为系统性金融风险。

另一方面，北京市尚缺乏金融组织的行业规范机制。《条例》明确地方金融组织应当遵守信息披露、内部控制、资产质量、风险防范、法人治理等方面的规定，有效的行业内部规范机制能够极大地降低地方金融组织的金融风险。但在实践中，各地方金融组织的自我风险防控远远达不到《条例》规定的水平，一些地方金融组织内部治理结构混乱，人员职责不明，资金账目不清，行业协会的规范作用发挥得不明显，甚至部分行业协会自身的组织机构还不健全，对行业风险的研判和业务指导还不到位，未能充分发挥行业内部自律的作用。

4. 缺乏高效的金融风险预警监测处置机制

一方面，北京市区两级政府缺乏对金融风险的高效集约处置机制。对于应对金融风险的操作标准、处理方法，中央层面只有原则化的阐述，没有明确条款，只有一些类似资金救济机制、损失分担等的概念。这就要求执法人员具备丰富的金融监管领域的专业执法工作经验，但目前来看，北京市区两级地方金融监督管理部门的专职或兼职工作人员在此方面的经验积累还远远不够。执法经验和执法水平的短板，会导致执法准确性不足，直接影响着金融风险处置的效率和质量。另外，由于历史上出台的地方金融监管的相关条例文件的行政位阶较低，无法设置行政许可、行政处罚。因此在具体实践中，"个案谈判"往往成为地方金融风险处置的常用模式，造成各区沟通协调和处置成本普遍较高。

另一方面，地方金融风险的预警监测数据整合尚不到位。地方金融风险监管中的关键是提高效率，实现风险"早发现、早识别、早处置"。目前，北京市虽已启动建设地方金融风险的监测预警机制，但进度和完善程度不一。一是数据信息归集共享不足，使用数据有泄露风险。监管科技需要对大批数据进行收集和分析，而现在的数据标准并不统一，不同机构数据口径千差万别，难以实现较大范围的信息资源共享，在实践中运用科技手段进行监管较为困难。同时，由于大部分地方金融监管部门没有专业的技术开发人员，需要引入第三方机构进行技术支持，因此存在监管数据泄露的隐患。二是监管数据信息整合不足，数据利用精准性不够。现有的地方金融监管数据平台从各种渠道收集的数据信息通常存在碎片化问题，对数据进行整合利用的效果不明显。由各方汇集的数据信息存在粗放式的特点，在各类数据信息的系统性运用和精准性防控上还有较大提升空间。

5. 区级政府尚无法平衡好金融发展与风险防范之间的矛盾

在促进金融发展的同时维持金融稳定是我国金融部门一直践行的方向。在实际操作过程中，金融监管需要在发展壮大金融业和防范化解金融风险两者之间寻找相对平衡，然而不同层级的金融监管部门在不同时期的执行侧重点不同。对于地方金融监管部门而言，推进当地的金融发展比防范金融风险更为重要。2018 年，为打赢防范化解重大金融风险"攻坚战"，各地纷纷挂牌创设了地方金融监督管理局，但是区级监管部门仍然保留了原"金融办"的牌子，由此地方金融监管部门需要继续承担服务当地金融政策研判、招商引资等的功能，仍然需要向本级人民政府负责；同时中央地方财政分权的制度设计使得地方政府要借助金融发展助力经济增长和增加财政收入，各地过度侧重金融发展的各项行为会直接或间接造成金融系统性风险的不断积累。从中央监管层面看，其关注更多的是金融风险的预警防范，因而在金融创新发展和金融风险防范无法平衡时，监管部门会更加偏向保证金融体系整体安全，从而造成金融发展的目标被削弱。近年来，北京市区两级的地方金融监管部门被赋予的主要任务就是防范化解风险，使得地方金融业的发展没有明确的目标，由此导致了地方金融服务供给不足、民营经济主体和中小微企业融资艰难、地方性的中小金融组织没有受到足够重视等问题。整体来看，现有的地方金融监管机制尚无法很好地协调首都金融发展与风险防范之间的矛盾。

第三节　首都地方金融监管的理论依据与实施原则

金融监管的理论与实践源于西方，并在不同的时代、不同的经济社会环境呈现出不同的原则导向和特点，但其根本的理论逻辑和经济学基础仍然适用于当前我国面临的金融监管形势。总结分析金融监管理论与实践的历史规律，进而界定地方政府金融监管体制的实施原则，不仅有助于确立首都北京金融监管的原则和方向，对于我国各地方政府防范化解区域性金融风险、维护金融安全稳定也具有重大借鉴意义。

一、合理划分权责边界是地方金融监管协调的体制基础

从公共利益论的角度分析，由于存在外部性、信息不对称等客观现实，金融体系的自我调节机制会失灵，从而诱发系统性金融风险，

造成社会经济秩序的混乱。为满足最广泛性的公共利益保护，中央和各级地方政府有必要运用"有形之手"参与金融监管和风险防范，这是地方金融监管协调机制的理论根基。完善的金融监管体制对中央和地方的监管部门，以及各个不同监管主体之间的权责划分应有合理界定，使得监管主体所拥有的权力和承担的责任尽可能对等，这是我国地方金融监管协调体制需遵循的基本逻辑。具体到我国各地方政府面临的央地监管协调问题，可借鉴信息经济学、行为金融学等提出的监管理论，通过具体的制度设计与流程再造，来解决央地协调中存在的信息不对称和权责界定问题。

二、地方金融监管须做到立法与执法的统一协调

金融监管理论对监管立法与监管执法提出了二重要求：一方面，金融监管要从立法层面制定相关法律、条令和技术规范等制度规则；另一方面，要从执法层面对各项业务监督管理，当金融机构的运作出现偏差错误时，监管主体需要对其实施行为纠偏和违规惩治。从北京市的具体情况来看，目前满足《条例》规定的十几万家各级各类地方金融组织均属于被监管对象，面对如此庞大的执法客体，仅靠中央及市区两级金融专业监管机构是无法完成的，必须依托市区两级政府的各相关部门开展联合监管和联合执法。因此，地方金融监管的协调机制必须明确各级地方政府在金融监管执法中的权利和义务，确保地方政府在地方金融监管领域的权威性。

三、地方金融监管应注重规则导向监管与原则导向监管的结合

自 20 世纪 30 年代开始，受金融危机影响，西方多采用政府强制管制金融的模式，以美国为代表的规则导向监管成为当时金融监管的主流。

20世纪70年代以来，各国纷纷采取放松金融管制，英国等金融监管当局奉行原则导向监管，重新重视金融自律性管理，强调要发挥金融机构自身以及行业协会的监督管理作用。20世纪90年代之后，金融危机的频发与金融自由化的深入令各国转向效率与安全兼顾的金融监管模式，在政府强制监管与行业自律之间寻找平衡点。北京的地方金融监管机制应注重规则导向监管与原则导向监管的结合，在实施政府公权力的强制性监管的同时，也要注重金融机构的内部管理制度建设，让金融机构和行业协会的自我规范管理成为地方金融监管机制的有益补充。

四、地方金融监管应对金融创新需注重前瞻性和主动适应性

从金融监管理论与实践的演变历史可以看出，金融监管制度的改革往往是被动地适应金融危机和金融创新带来的挑战。近年来，我国金融科技为代表的金融新兴业态在加速金融创新的同时也带来了前所未有的风险，其技术风险与传统风险的叠加加剧了我国系统性风险跨部门跨领域的发生频次。而基于审慎监管、功能监管、行为监管三大支柱的传统金融监管模式，由于监管技术缺乏更新迭代，对风险的识别预警滞后，在处置应对金融科技所引发的综合风险时明显力不从心。基于此，北京地方金融监管机制设置需从监管模式、理论逻辑方面进行重大突破，改变目前被动适应金融创新和金融风险的状态，在传统的三大监管支柱之外增加科技监管维度，主动适应并充分利用科技进步带来的契机，在促进金融创新的同时做到前瞻性地控制风险。

五、地方金融监管协调应保障地方政府金融发展的合理需求

公共产品融资理论、地方竞争理论、财政联邦与财政分权理论和地方官员激励理论等经济学理论，从多个角度分析了地方政府自身发

展金融业务的必要性，为地方政府利用多种方式实现公共产品融资提供了理论基础，也阐释了我国地方金融风险产生的根本动因。这是北京及各个地方政府运行地方金融监管机制在当下的现实基础，应在要求地方政府防范化解金融风险的同时认可并确保地方政府自身金融发展的合理需求。借鉴国外地方政府金融风险管理经验，在央地金融监管协调的大背景下，进一步完善中央—地方政府委托代理链条中的激励约束机制、转变政府职能和经济增长方式是协调统筹地方经济发展与金融风险防范的关键。

第四节　完善首都地方金融监管机制

从国际金融监管理论和实践发展的情况来看，金融监管的具体机制会随着时代发展和社会经济环境的不同而不断演化，但最终目标都是为了防范化解金融风险和实现金融稳定发展。各地方政府应根据具体情况选择适合的金融监管制度并定期进行相关调整，北京地方金融监管机制的构建也应遵循上述原则。

一、完善央地金融监管协调机制

1. 提升协调机制的可操作性

要细化地方金融监管工作的流程设计，提升协调机制的可操作性。要从顶层设计入手，进一步健全央地金融监管协调机制，使央地双层金融监管体系分工明确，形成"上下联动"。加快在中央金融监管层面明确一个负责地方金融监管的归口指导部门，理顺中央与地方金融监管的分工与职责，同时负责协调各省市的地方金融监管部门之间的合作。针对地方金融组织"收益本地化、风险外溢化"的特点，各地方的政府部门以及金融监管部门要加强合作联系，形成"左右联动"。各省级政府的监管部门对属地金融监管协调的工作任务要进行流程细化，对于工作流程中的难点和堵点，尽早向国务院金融稳定发展委员会办公室报告，请求上级部门依托地方协调机制协调解决。让地方金融监管协调机制的"上下联动""左右联动"都有章可循，实现流程化和可视化。

2. 制定地方金融分业监管的相关细则

针对地方金融各个行业的特点，从中央监管层面拟定地方金融分业监管的相关细则。混业经营和跨界经营是地方金融组织的业务特点，因此，不同的业务类别要有相应配套的监管标准，监管标准的核心在于对业务监管里的各类技术性规则进行细化。地方金融风险预警防范的关键是信息披露，由此，各地方政府应该尽快组织确定相关行业的信息披露指引，并鼓励各个行业协会积极参与此项工作。在制定地方金融分业监管细则时，要注意统筹金融稳定和发展的关系，注意转变理念，逐渐从地方金融监管走向协同治理。金融监管是特定的金融监管机构对市场进行监督管理；但协同治理偏重于整体，着眼全局进行调整，注重的是综合管理，包括从监管到救济等一系列措施，更贴合地方金融治理的复杂性综合性特点。

二、构建长效规范的地方金融联合监管体系

1. 加强地方金融监管的联合执法

金融风险的化解处置协调机制要做到跨部门跨行业，要支持对各地的金融监管进行联合检查、执法。地方金融组织开展的业务具有复杂性和跨界性，应该由主责的地方金融监管部门进行协调，组织公安、市场监管、税务等部门一起参与联合检查执法行动。对于北京市政府来说，要做到有力防范化解地方金融风险，必须建设一支工作能力硬、

道德素质高的地方金融专业团队。长期而言,北京市要招聘有综合知识的复合型专业人才,比如金融、法律、财务等相关领域的人才,补充扩大专业监管力量。短期而言,市区两级金融监管机构还需要聘请各类专业机构人员协助监督、检查等。同时北京市各区可以搭建相关专业机构的资源数据库,即把在金融风险防范和处置方面具有丰富实践经验的会计师、律师等专业力量纳入属地金融监管资源数据库。

2. 以典型案例指导经验提高联合监管水平

在实践中探索建立典型案例指导制度,提高地方金融联合监管的能力和水平。面对地方金融监管实际中出现的疑难杂案,可以逐步摸索设置监督管理指导规范、专案协调制度;市级金融监管部门对十六区的金融监管部门的具体案件提供具体指导,对于某些复杂且亟待解决的案件,可以由市级以及上一级地方金融监管部门提供人才、物资等相关方面的支持。在风险处置方面,同样要构建地方金融监管机构与市场监管、公安、检察院、法院、司法局等部门之间的风险处置协调机制,将行政处罚、民事诉讼和打击刑事犯罪等多种处置方式有机结合。在具体案例事件解决完成后,市区两级金融监管部门负责对相关经验进行总结,并为跨行业跨部门金融监管相关标准的创立提供指引。在逐步补充省、市、县(区)各级地方金融监管部门的力量的同时,也要围绕典型案例中的风险防范和处置,对监管人员的专业素质和执法能力开展培训,逐渐提升其对地方金融风险的处置和化解能力,从而创建一支责任心强、专业度高、经验丰富的地方金融监管团队。

三、压实地方金融组织的自身风险防控和处置责任

1. 充分发挥金融行业协会的自我监督作用

要组织行业协会的力量,对地方金融组织的风险应急预案进行评

估指导。许多协会自身就拥有组织自治能力，例如金融消费者协会和其他一些具体的行业协会，可以依据行业内部的公约来监管行业，倒逼地方金融组织加强内部风险防控，这是控制后期金融风险卓有成效的方法。对于地方金融组织制定的风险应急预案，地方金融监管部门可以组织行业协会的专业力量进行评估，对于风险应急预案中的风险等级设定不科学、处置程序和应急措施不到位等内容，及时给予指导并进行相应调整。

2. 督促地方金融组织做好自身风险防控

要依托监测预警平台，督导地方金融组织及时启动风险应急预案。地方金融监测预警平台要与公检法、仲裁、网信等非金融政府部门建立信息共享渠道，由此可以对地方金融组织突发性的负面消息、群体性事件或者涉及刑事调查等的风险事件及时进行把控。消费者是金融市场的主体，保护好金融市场消费者可以从根源上防范控制系统性金融风险。相关金融监管机构应承担地方金融组织风险报告义务，第一时间把握金融消费者与金融组织产生纷争的具体情况，落实对地方金融组织处置风险义务的指导职责。相应地，地方金融监管部门应该加快建设新型评级制度，对地方金融组织和相关业务经营状况进行风险评级，通过评级机制，相关监管机构可以更清楚地了解地方金融组织运行现状。用制度督促地方金融组织自身规范发展，有利于防范化解系统性金融风险，维护消费者合法权益、维持金融市场秩序稳定。

四、注重监管的完整性，加强对金融科技业态的监管

金融科技必将给金融监管带来严峻挑战。一是 IT 基础设施的安全，包括信息系统的网络安全。核心目标包括要保证金融业务的连续性和可靠性，保证客户信息的保密性和完整性，同时能实现威胁预警、

漏洞检测等。二是制度基础准备，如：身份识别和认证、产品登记、资金和产品托管、支付和清算等金融交易制度安排。三是互联网金融的准入监管、审慎监管和行业自律。对金融创新要积极引导，当 P2P 达到一定规模，由于经营的效率和成本约束，设置资金池不可避免，只有改革制度、审慎监管，通过科技和机制创新应对金融科技给监管带来的严峻挑战，才是化解之道。

因此，在具体的监管中，北京市必须坚持一切金融活动持牌经营的原则，依法依规将金融科技活动纳入监管。建立完善金融科技行业标准、行业规范和监管框架，加强市场准入管理，加强事中事后监管，符合监管规定、经金融管理部门同意的，允许在企业名称中使用金融信息、金融科技等字样。充分运用大数据、金融云、区块链等手段，建立完善覆盖各类金融科技业态的风险监测预警系统，积极争取监管部门监管科技的相关政策试点。推动在北京金融科技与专业服务创新示范区探索"沙箱机制"和"金融风险管理实验区"。北京市作为全国率先开展金融科技创新监管的试点，目前已经有 12 个项目纳入金融科技创新监管沙箱的应用，这些创新应用的场景利用了大数据、区块链、5G 新技术，涉及物联网、小微信贷、智能银行和手机 POS 等领域。下一步，北京市应完善金融科技监管协同机制和沟通渠道，建立金融科技监管国际合作机制，提升区域监管科技水平，有效防范金融风险。

北京市相关政府监管部门要确保投资者利益，完善对金融科技行业的监管，防范与化解属地金融风险。建议金融监管部门充分利用各类媒体宣传，依托现有线上线下渠道，持续开展"金融知识普及月金融知识进万家""百千万宣教工程""蜜蜂计划"，结合社区、学校、企业、金融机构营业网点，加强金融知识宣教，培育合格金融消费者，使其投资行为更加趋向理性，从源头上避免金融风险的产生。建立多元化、多层次的金融纠纷的解决机制，充分利用全国消费者热线、仲裁、司法、第三方金融调节机构调解。北京地方金融监督管理局应牵头组织金融科技风险防控工作，定期组织研判金融科技业态风险。充分发挥本市金融风险防控体系和工作机制作用，落实各方金融科技风险防控责任。北京市十六区按照"谁引进、谁负责"的原则，落实各金融科技园区、平台、孵化器、楼宇物业、企业属地责任，建立金融科技风险报告制度，加强入驻企业风险评估，及时处置化解金融科技风险事件，坚决打击假借金融科技名义的违法违规金融活动。

五、统筹发展与安全，完善地方金融监管的制度安排

第一，要加强顶层设计层面的统筹安排，为平衡地方金融监管体制在金融风险预警防范与金融创新发展之间的关系提供制度安排。中央监管层面通过健全完善存款保险机制、全国范围内的金融业自律组织及有公信力的信用评级体系等措施防范系统性金融风险，避免出现短时期内风险预警防范任务至上、金融监管趋势一边倒的情况。北京地方金融监管部门要跳出短期利益格局来正确处理金融创新发展与风险预警防范之间的关系，统筹金融安全与金融发展。地方金融监管体制不仅要负责促进地方金融产业的发展壮大，还要切实承担起防范金融风险的职责，建立健全金融风险防范的协调体系，有效发挥政府管理部门的监督合力，维护一方金融平安。

第二，要完善地方政府金融监管机制自身的协调性。从地方监管的实践层面来看，筹备资金促进地方经济发展与防范监测金融风险两项职能不可兼顾，所以不应该由同一个金融管理部门同时负责（类似金融办）。站在地方政府属地治理的角度，为避免职能冲突，促进经济发展的任务从金融办剥离到其他机构，如促进投资委员会。北京地方

金融监管体系应以维护地方金融稳健安全为目标，加强职业道德监管、宏观审慎监管，维护市场稳定。同时，地方金融监管体制要适当鼓励金融创新，制定与完善相关规制政策，提高金融资源配置效率。为支持新兴科技产业、地方产业结构转型升级、中小微企业等特殊行业和领域的发展，可规定相关地方金融机构筹集一定比例的流动资金来为这些行业的发展提供支撑。

第三，要完善对地方金融监管机构的监督机制，监管者也需要"再监管"。在确保地方金融监管体系权威性和独立性的基础上，要建立相应的问责制度来对地方金融监管部门进行监督，提升监督透明度。一方面，地方金融监管部门要接受所属地方政府的监督，接受人民代表大会等立法机构和司法机关的监督，确保地方金融监管部门出台的各项政策能够兼顾社会各方的利益。另一方面，中央部门可将对金融风险的防范与处置成效纳入地方政府的考核评价机制，纳入干部选拔激励的指标体系，从而强化各级地方政府履行地方金融监督管理的责任约束，督促各级政府自觉履行防范化解金融风险的义务，统筹地方经济发展与金融安全稳定。

第九章
发挥政策优势为首都金融发展保驾护航

第一节　加强对国家金融管理中心建设的服务保障

一、做好国家金融决策与总部管理功能的属地服务保障

1. 服务国家金融决策与总部管理中枢功能

北京作为国家金融管理中心的属地政府，应加大对"一委一行一总局一会一局"等国家金融管理部门的服务保障力度，在金融治理、政策试点、改革示范等方面强化与国家金融管理部门的交流合作，为国家金融决策发布、金融信息交流和金融宏观调控提供支撑。

服务中外资金融机构在京发展，进一步发挥国家开发银行、中国进出口银行、中国农业发展银行、中国出口信用保险公司等国有政策

性机构，中国工商银行、中国农业银行、中国银行、中国建设银行、中国邮政储蓄银行等国有商业银行，中国人民保险、中国人寿保险、中国再保险等大型保险公司以及在京金融控股集团等金融机构的作用，巩固提升其资产配置、市场引导、资源布局等功能。支持在京金融机构完善数字货币、金融科技、投资银行、财富管理、交易结算等业务板块，进一步强化国家金融管理中心的财富管理、金融交易、资产定价、风险管理等功能。

2. 推动北京深入参与国际金融治理

北京应充分利用金融资源聚集优势，支持在资产管理、财富管理、金融科技、绿色金融等领域具有国际影响力的行业交流组织在京发展。充分发挥国家金融与发展实验室、国家金融研究院、五道口金融学院、金融科技研究院、中国财富管理 50 人论坛、中国金融 40 人论坛等高端智库政策引领作用，发挥金融街论坛、全球系统重要性金融机构会议、国际金融论坛、中国国际金融年度论坛、全球财富管理论坛、数字金融论坛、全球 PE 论坛、国际再保险高峰论坛等交流合作平台的作用，为金融业决策与发展提供参考借鉴。服务国际货币基金组织、世界银行、亚洲基础设施投资银行、丝路基金、亚洲金融合作协会等重要国际金融组织在京发展。支持各国际金融组织在京举办国际会议、发起金融倡议，不断提升首都金融国际影响力。与高端国际金融组织建立多元共赢的金融合作平台，提升金融治理体系和治理能力现代化水平，推动北京深入参与国际金融治理，增强首都金融的国际影响力和话语权。

二、加大对国家金融基础设施的建设保障

1. 加大对全国性金融基础设施的服务保障力度

许多全国性的金融基础设施和平台都建在首都，成为全国金融管

理中心。作为属地政府,北京市应大力支持金融资产登记托管系统、清算结算系统、交易设施、交易报告库、重要支付系统,基础征信系统等国家重要金融基础设施在京发展,服务好中央国债登记结算公司、中国证券登记结算公司等登记结算机构和网联清算公司等清算机构。做好存款保险基金、证券投资者保护基金、保险保障基金,以及银行业信贷资产登记流转中心、央行数字货币研究所、金融基础数据中心等重要功能机构的支持保障。支持中国证券金融公司推动转融通业务市场化改革,完善场内杠杆资金风险监测机制。支持银行业理财登记托管中心完善理财产品中央数据交换平台、理财产品信息披露平台、不良资产交易平台等全国性平台建设。

2. 加强北京金融科技基础设施建设

科技与金融的深度融合,已成为金融产业发展的大趋势,未来金融业的核心竞争力是金融科技,这是北京金融业新动能的重要来源。金融科技的产业发展离不开基础设施的配套建设,北京应根据自身的金融定位,加快推进国家级金融基础设施建设。利用区块链、金融云、大数据征信等金融基础设施,提高金融领域的底层技术,建设全国金融基础设施的基础架构。按照市场化原则,推动政务数据、社会数据、商业数据与金融数据的开放共享和互联互通,推动建设服务金融科技行业发展的金融大数据服务平台,规范发展金融数据交易。加强金融科技领域数据安全、网络安全、系统安全能力建设,积极维护国家金融安全,依法保护个人隐私。积极支持专业化的数据存储、公共云、专有云平台建设,发展分布式架构。北京市应重视金融科技底层技术的开发与应用,重点聚焦金融科技四个方向,即移动支付、网络融资、智能理财、区块链。当下可以充分发挥首都科技创新中心资源优势,整合高等院校、科研院所、大型金融机构、国有企业、互联网领军企业等各方优势，支持设立金融科技类研究机构、实验室或博士后工作站，开展联合技术研发。

三、开发金融服务政策计算器

在北京发展建设国家金融管理中心的过程中，国家、市、区三级政府和相关部门出台了一系列金融惠企政策，但在调研中发现，企业普遍存在政策找不到、看不到、问不到三大难题。

1. 涉企金融优惠政策的"最后一公里"问题

为用好用足国家、市、区三级相关金融优惠政策，让政策福利惠及各企业，北京市各行政区和部分产业园区纷纷通过线上线下各种方式组织政策宣讲会，进行政策解读，在局域范围内力求将政策精准送到企业身边。但在全市范围内，金融惠企政策落地的"最后一公里"问题尚无法系统、全面地得到解决。一是企业对各项金融惠企政策了解不及时。目前涉及金融惠企政策的平台很多，有国家级、市级、区级，随着北京国家金融管理中心功能区建设不断向纵深推进，各类改革开放政策更新迭出，企业出于自身的各种原因无法及时关注。二是企业对金融惠企政策理解不准确。一些能找到相关政策的企业，常面临的问题是看不懂，因为有些政策是指导性的，有些是措施类的，有些是通知申报的，面对各项政策中成百上千条的信息，企业不知道哪些对其有用，什么时候可以申报。三是企业缺乏金融惠企政策的互动辅导渠道。对于符合申报条件的企业来说，其在申报办理过程中会因各种各样的个案化问题和不匹配点，最终享受不到政策优惠或不能完全享受到，在此过程中企业的政策诉求途径少，也得不到专业指点，急需一种能反映诉求、获取辅导的互动途径。

2. 借鉴江苏苏州、安徽等省市推行政策计算器的经验

政策计算器，即政府提供的一种智能化惠企政策匹配模块，通过收集公开的各级各类政策信息，结合企业画像，运用大数据算法和人工智能技术，将企业信息和政策信息进行匹配，实现快速帮助企业找政策、用政策的目的。

近年来，各类企业政策计算器在我国江苏苏州、安徽、上海、浙江金华、湖南常德、山东潍坊等地都有不同范围和不同程度的试点推广。例如安徽依托工业互联网平台将企业政策计算器覆盖全省，江苏依托中小企业服务平台在苏州率先展开企业政策计算器试点。2020年11月20日，国务院办公厅发布《关于对国务院第七次大督查发现的典型经验做法给予表扬的通报》，对苏州市开发政策计算器的典型经验给予表扬。总结而言，开发企业政策计算器的主要做法如下：

一是归集惠企政策，建立政策数据。各省市开发企业政策计算器的基础是完善的涉企政策数据库，这类数据库完全依靠技术工具在公开网站对各级政府涉企政策进行搜索抓取，之后归类整理。例如，江苏省苏州市工信局开发的政策计算器，全面收集了国家、省、市、县四级，以及发展改革委、科技、工信、商务、金融等多部门公开发布的惠企政策，在不涉及政府各部门的数据共享和数据交换的前提下，通过公开渠道的数据抓取汇集成一个庞大的政策集成数据库，打破了以往的"信息孤岛"和"政策壁垒"。同时对归集的惠企政策按产业、层级、部门、支持方向等多维度进行图表分解、归类，形成条目式的搜索关键词，建立能与企业信息相匹配的申报条件数据库。

二是系统智能比对，助力企业用好用足政策。政策计算器通过收集公开的企业数据，结合企业填报的完整信息，通过200余个企业政策类特征标签形成企业画像，运用大数据和人工智能技术，将企业画

像和政策信息进行匹配度计算，1秒生成智能匹配报告。报告包含了企业可申报的政策、政策匹配度以及政策申报路径等相关信息，简洁易懂，助力企业精准申报政策。政策计算器里的政策除了企业可以"自己搜"，系统还可以"定向推"。对于已经注册的企业，只要有新政策出现，平台能立即将政策信息和匹配结果自动推送给企业，变"企业找政策"为"政策找企业"，让企业第一时间获取政策，打通了政策落地的"最后一公里"。江苏和安徽的抽样调查数据显示，通过政策计算器申报相关政策的企业，申报成功率达92%，其中57%的企业获得了10万～50万元政府补助资金。

三是服务对象具备特定针对性，提高服务企业精准性。从各省市推行政策计算器的实践来看，其服务对象均为某一特定领域或特定区域的企业，专业性和针对性比较强，大致可分为行业集中性、规模集中性、地域集中性三种。例如安徽的政策计算器专门服务于工业互联网企业，宁夏和青海集中于科技创新类企业，贵州主要针对商业贸易类企业，上海朱家角主要服务于乡村振兴主题企业，体现了行业集中性；再如江苏苏州市面向工业、软件和信息服务业、研究和试验发展、专用设备制造业等多个行业为其提供政策计算器服务，但都是中小规模企业，体现了规模集中性；地域集中性的代表有浙江金华、湖南常德、山东潍坊、江西九江等地，这些省份的计算器政策涵盖类型较广，包括行政审批、人才引进、资金支持、科技创新等，但仅服务某地区或某产业园区的企业。一方面，这种特定的集中性能在最短时间内快速开发计算器工具，提高了计算器的服务效率。数据库的"精而准"让特定领域内的企业可以体验"一键搜索、一键申报、新政策提醒"等服务，提高申报效率，降低申报成本。另一方面，这种特定的集中性提高了政策计算器的服务精准性，便于有针对性地引导企业重点攻关。例如科技类企业在申报某项政策时，政策计算器在显示政策匹配度的同时，也会清楚提示企业存在哪些不符合申报条件的"不足之处"，引导企业朝着政策鼓励的方向不断努力。

3. 开发首都金融服务政策计算器

首先，开发金融服务政策计算器专属模块，让福利一键惠及企业。北京的金融惠企服务系列政策具备地域集中性和产业集中性特点，从各省市的实践经验来看，适合开发相应的企业政策计算器。建议在北京市政府门户网站首都之窗"两区"专题栏目开发专属的涉企金融服务政策计算器智能模块工具，向全规模、全所有制、全生命周期的开放型企业提供精准化、全覆盖的服务，让企业咨询政策有方、服务寻找有效、诉求反映有门。

具体而言，金融服务政策计算器工具应该具备一键看政策、一键找政策、一键问政策、一键得政策、一键享政策五大功能。金融服务政策计算器依托技术团队爬虫抓取国家级、市级、区级的相关公开政策，在不涉及各部门数据共享规则的情况下，归集涉企金融服务优惠政策数据库，实现企业登录即可做到各级各类"两区"政策一网通看的一键看政策功能。在此基础上，金融服务政策计算器根据发文部门、政策类型、政策级别、关键字等标签对政策进行分门别类，实现政策精准检索的一键找政策功能。政策计算器的技术模块运用大数据算法和人工智能技术，将企业特征和政策信息进行匹配，即时得出政策匹配吻合率，回答企业能否享受某项政策，实现一键问政策功能。根据外省市技术经验，金融服务政策计算器需保证6小时一更新的频率，对于已经注册的企业，只要有新政策出现，工具能立即将政策信息和匹配结果自动推送给企业，实现企业一键得政策功能。对于完全匹配企业的政策，金融服务政策计算器会将政策的申报进行模块分解，以图解流程的方式帮助企业实现即时申报的一键享政策功能。

其次,开设金融服务政策计算器的辅导环节,实现企业服务的精细化。从其他省市的实践经验来看,对于智能匹配度不高的政策,政策计算器会提示企业需要查漏补缺,但企业往往不知具体如何改进;在政策申报时,企业反映最大的问题是对于社会效益、经济效益、未来前景等一些描述性材料不知道如何填写。这些都需要专业机构的辅导。据此,建议北京市开发的金融服务政策计算器增加企业辅导功能,提高金融服务政策惠及企业的广度和深度。一是通过计算器工具将涉企金融服务政策的申报材料进行智能化设计,尽量做到表格化、数据化、图解化,不要纸质化和定性化。二是在金融服务政策计算器工具中嵌入企业服务辅导模块,由市政府相关部门牵头遴选专业服务供应商(包括信息咨询、管理咨询、知识产权、融资服务、法律咨询、创业辅导、人力资源、市场开拓等)进驻计算器模块,以该工具平台作为对接窗口,实现专业服务供应商对企业的实时辅导;并在辅导模块中设置对辅导供应商的服务监管、服务评分功能,在年底考核中将企业评分低的辅导供应商剔除服务清单,用市场化、平台化的方式实现对企业服务的专业化和精细化。

最后,挖掘金融服务政策计算器的数据潜力,为政策评估和调整提供智库参考。金融服务政策计算器在日常运营中会积累各类政策和企业信息匹配的庞大数据库,北京市可在这个基础上进行数据挖掘和开发利用。一是从历史匹配信息中完善梳理北京市相关企业的清单台账,摸清各类企业的实际发展情况,据此规划企业成长性的政策扶持蓝图;二是在积累大量的企业信息、企业画像的基础上,利用大数据分析北京市相关产业发展存在的问题,进行产业扶持,并据此对日后产业链的进一步改革开放进行政策分析;三是挖掘计算器的数据预测功能,设计指标评价体系,政府部门对发布的每条政策都能做到效能评估,实现精准扶持,并对未来的政策调整做出方向预测;四是充分利用数据库与其他省市(例如上海、海南、浙江、深圳)的同类政策进行多维度对比,跟踪把握区域政策趋势,加强对金融改革和企业服务政策发展的分析研判,更好发挥国家金融管理中心的优势,打造金融服务实体经济发展的北京样板。

第二节　支持首都多层次资本市场建设

一、各方力量推动北京证券交易所的发展壮大

目前,北京证券交易所的建设发展方兴未艾,新三板深化改革也需要持续推进。作为属地政府,北京市应发动各级政府部门和市场各方力量,提高市场主体参与积极性,推进北京证券交易所的发展壮大。

1. 加大专精特新企业动员力度,为北京证券交易所储备后备企业

为实现与沪深交易所的错位发展,北京证券交易所旨在打造服务创新型中小企业主阵地,北京市应抢抓时机,动员组织专精特新优质企业到新三板挂牌、到北京证券交易所上市。建议市地方金融监督管理局和各区金融办,组织建立储备专精特新的中小微科技企业资源库,与北京证券交易所和新三板共享名单。将有一定成长性和创新性的初创企业,纳入新三板基础层储备企业库,其中符合基本挂牌条件的,动员其到新三板挂牌;尚不符合挂牌条件的,通过北京四板市场先进行定向培育,满足要求后推动其到新三板挂牌,同时畅通北京四板和新三板之间的转板机制。对于符合北京证券交易所上市条件的市属专精特新企业,政策鼓励,积极推动其申请挂牌上市。同时北京市政府

和金融管理部门应鼓励现有的新三板创新层企业申报北京证券交易所，鼓励优质基础层企业积极申请进入创新层。

2. 打造北交所在京第三级基地

协调北京市各区积极打造新三板和北交所在京的第三级基地，号召各区金融相关部门与新三板加强沟通，提供新三板资源培育、投融资渠道对接、路演推介展示、北交所上市培训辅导等服务。通过市区两级政府服务，协调解决企业在新三板和北交所上市过程中遇到的难点和瓶颈问题，加速北京市中小微企业在北交所上市和新三板挂牌的工作进程。各区金融办在全面推行本区金融服务顾问制度的基础上，可牵头组织在本区开设金融服务超市或者金融服务便利店。金融服务超市及金融服务便利店可作为北交所在京"三级基地"，打造"区域企业成长上市孵化摇篮"。基地提供新三板资源培育、中介服务资源整合、投融资渠道对接、路演推介展示、北交所上市培训辅导、风险监测预警等一体化服务，助力各区做强产业链、做深价值链、做好资本链。基地将通过政府周密服务、引入区域创投基金支持、上市资金支持"三管齐下"，协调解决企业在北交所上市过程中遇到的难点和问题，加快企业在北交所上市进程。

二、政府搭桥推动多层次资本市场深入融合

1. 政府搭建多层次资本市场与监管机构的合作交流平台

建议由金融监管局牵头，搭建首都多层次资本市场与"一部两局"（中国人民银行营业管理部、北京市证监局、北京市银保监局）、市区金融监管部门、北京金融法院、北京市市场监督管理局等相关政府部门之间的合作交流平台，实现北交所、新三板、北京四板等首都金融市场与各级金融监管以及风险处置部门之间的信息共享和交流，对于

证券虚假陈述诉讼、企业违规违约、市场异常动向等风险通过事前预警、事中调解、事后联合处置等合作方式实现对首都金融市场风险的预警防范化解。

2. 政府搭建资本市场与金融机构的业务交流平台

由市级政府出面，在对本地区金融机构进行系统梳理和分类的基础上，搭建多层次资本市场与其他金融机构的信息交流平台，引导北交所、新三板、北京四板等金融市场与本市商业银行、保险、基金、信托、PE等金融机构对接。例如可以通过平台扩大北京四板、中证报价系统的知名度，促进优质投资者关注北京四板、报价系统，为北京四板、报价系统平台挂牌企业引入战略投资人。再如，可以借助平台吸引一批业内具有影响力的金融机构成为新三板、北交所参与人，引导金融机构为投资者提供包括风险咨询在内的全方位的金融服务。

同时，北京市还需要构建一个地方政府有关部门、金融机构和潜在融资企业之间顺畅沟通和交流的平台，由相关业务主管部门（例如金融局）主持，定期举行沟通交际活动、搭建在线的沟通互动平台等，例如定期邀请北交所上市公司、新三板各层次挂牌企业、券商专家交流企业挂牌经验和方法，提高企业对于金融市场、金融机构的认识，促其做出是否挂牌的正确选择。通过这一平台，提供融资服务的金融机构、金融市场和政府部门决策者能够随时获悉企业最直接的需求。

三、引导金融中介机构为多层次资本市场提供服务保障

1. 鼓励社会各界加大对新三板的投入

北京证券交易所的设立为本地金融机构带来更多业务机会。依据上市要求，申请在北交所上市的公司需为在新三板挂牌12个月的创新层公司，这极大增加了新三板的活跃度。各区金融办动员辖区内证券

公司积极开展北京证券交易所和新三板投资者开户工作，多渠道、多方式进行投资者教育。鼓励公募基金、政府引导基金、创业投资基金等基金投资者，个人投资者等不同类型投资者进入交易所和新三板不同层级，为企业发展提供长中短期资金支持。北京市可以鼓励注册地在北京的公募基金研发新三板基金产品，并积极参加全国股转公司技术系统测试。鼓励政府引导基金、私募基金、信托公司等机构投资者积极参与新三板公开发行股票的询价和申购以及精选层股票交易。

2. 吸引更多金融中介机构进入首都资本市场

各层次资本市场均需要大量金融中介机构提供服务，为此，北京市应加快扶持证券公司、基金公司、股权投资机构等中介机构，降低准入壁垒，吸引全国性综合类证券公司的进入，强化竞争机制，提高运作效率。制定与完善金融生态环境建设的相关法律、会计准则、信息披露、司法执法、金融产权制度，建立规范风险投资运营机制的法律环境，强化风险管理机制，促进风险投资的发展。北京证券交易所的设立为本地金融中介机构带来更多业务机会。充分发挥股权投资资金的资本市场补充作用，加快完善和落实便于股权投资资金发展的便利条件和激励措施，以吸引行业资历深厚的专业投资团队投资。加快境内与外资股权投资机构的合作，提升股权投资管理的国际化水平和国际竞争力。增加股权投资退出途径。加大力度推动场外交易市场建设，大力支持私募股权在北京金融资产交易所进行交易。同时，还应充分发展并购市场，让投资人能够更加便利地以转让股权的途径获得投资回报。

四、发挥属地优势，做好首都多层次资本市场的服务保障

北京市应充分利用属地优势，对北京证券交易所和新三板市场等

首都多层次资本市场的日常经营进行适当的政策倾斜。例如减免基础设施的配套费用，确保新三板市场和新的交易场所拓展以及相关项目的土地使用计划获得优先保证等。帮助解决员工的实际困难，例如给予核心骨干、高端人才、应届生更多的落户名额，以及在政策方面为子女入托、入学提供一些便利等。

伴随着北京证券交易所的设立和新三板在全国资本市场中战略地位的提升，申请新三板挂牌的企业数量将不断增多。从以往的实践来看，现金补贴政策大大提高了拟挂牌企业的积极性，不失为一种行之有效的举措，建议北京市继续维持原有的对新三板上市企业的现金补贴水准。近年来虽然新三板对北京的税收贡献年均在亿元以上，但相比上交所和深交所在当地利税贡献情况，新三板的利税规模仍有较大提升空间。自北京证券交易所宣布设立以来，新三板市场活力得到激发，日均成交额增长了 2.7 倍。从长远来看，通过税收优惠推进交易活跃度有助于增加其税收贡献，增加地方财政收入。建议北京市对在北京证券交易所和新三板挂牌的企业进行各种形式的税收补贴。具体的税收激励形式，可以采取挂牌前的企业改制或挂牌中以及挂牌后的企业税收返还等措施。例如北京市地税可以向新三板基础层和创新层挂牌企业提供交易环节的税收优惠，从而推进市场交易规模和活跃度的发展。

第三节　发挥首都金融资源在京津冀地区的辐射作用

京津冀协同发展是习近平总书记亲自谋划、亲自部署、亲自推动的重大国家战略，与"一带一路"、长江经济带发展并列为三大国家战略，在推动区域经济优势互补、协同发展、打造世界级城市群方面发挥着关键作用。京津冀协同发展战略实施以来，金融业积极服务支持三地实体经济扩大产能、产业转型、技术创新，为三地协同发展的成绩单填上重要一笔。然而，受三地金融发展水平的差异以及地域行政分割观念等因素影响，金融在服务京津冀区域发展方面仍存在业务协同不足、金融一体化程度不高等问题。

一、探析金融堵点，精准定位京津冀发展难点

1. 金融资源分布尚不均衡

京津冀三地经济地位和功能定位存在差异，造成三地金融发展水平参差不齐、结构尚不平衡、资源分布不均。北京市拥有丰富的金融资源和多样的金融生态，汇集了金融监管部门、国内外金融总部及协会，金融产业集聚效应显著；天津市依托滨海新区承载了北京产业资源转移，塑造了一批具有竞争力的产业集群，兼具对外贸易等优势，厚植了金融创新沃土；河北省经济发展相对缓慢，金融基础设施建设相对薄弱，缺少有利于金融高质量发展的环境。

2. 金融协同性有待提升

受限于京津冀三地金融发展水平的差异，以及地域行政分割观念等影响，三地金融在协同服务京津冀区域发展方面略显不足。业务协同的不足间接导致了监管协同的缺位，统筹推动区域整体发展的战略规划不足。从整体上看，京津冀区域金融管理和发展协同力度均需加大，金融共享原则、区域金融竞争与合作规则急需确立。否则，三地的金融竞争可能会大于金融合作，甚至会出现金融合作转变为金融博弈的现象。

3. 金融同质化仍需改善

在政策导向上，京津冀三地金融政策差异性有待提升，各自功能

定位和产业优势推动金融资源合理布局方面略显不足，资金过度流向部分重点领域，造成其他领域金融支持不足，进而加剧了市场竞争。另外，京津冀三地金融机构类型存在同质化问题。三地均以商业银行为主要金融服务载体，在政策趋同的影响和利润增长的导向下，金融机构更倾向于支持高精尖产业，创新型中小微企业融资相对困难，造成金融支持效率的不足。

4. 金融一体化程度不高

金融服务一体化是三地协同发展的重要基础。近年来，京津冀三地在结算一体化、票据一体化和征信一体化等方面采取了诸多举措，进行了多番尝试，取得了一些成绩，但三地跨区域结算便捷程度仍不够高，结算手段和渠道畅通方面仍存在难题，未能形成统一的金融支付结算体系。金融作为经济发展的血脉，金融一体化程度不高也对三地经济一体化、高质量发展造成不同程度的影响。对非首都功能疏解企业而言，除资金结算成本增加外，还会面临迁移前后所在地银行业务衔接不畅等困境。

5. 金融科技水平亟须提升

当前，金融数字化正在加速改变区域协同发展的基础，数字技术有助于减少地理距离的影响，增强区域经济发展的优势。随着金融科技的迅猛发展，金融行业数字化转型成为提升数字化服务能力的重要抓手。目前，受多重因素影响，京津冀三地仍缺乏链接信息和业务的金融服务系统平台，三地金融机构难以实现对区域全局产业、企业和居民的金融需求捕捉，难以实现线上统一开展跨地区的金融业务，金融科技赋能京津冀协同发展还有很多金融基础设施需要配套。

6. 金融风险防控能力形成挑战

京津冀一体化发展过程中，一些高污染、高排放的企业逐渐被淘汰，"转型升级、绿色崛起"成为发展主旋律。现阶段，重工业在三地，尤其是在河北的产业结构中仍占据较大比重，政策性调整必然对这类企业带来冲击，势必对给予其资金支持的金融机构造成风控压力。此外，产业政策的调整将催生新行业、培育新企业，但新兴行业往往要经历从初生到成熟的发展过程，相关企业发展会面临不确定性，这也将在一定程度上对金融机构风险防控能力形成挑战。

二、"牵、联、链"强化金融赋能，全面推动京津冀协同发展

1. 用好"牵"的功能创新金融产品，服务环京通勤圈公共设施均等化发展

北京应充分发挥三地中金融资源尤其是开发性金融资源最为丰富的优势，带动引导金融机构开展金融产品创新，加大对通勤圈综合交通体系、保障性住房、医疗配套等公共基础设施建设的投入，提供通勤圈公共设施建设相关的全产业链金融服务，解决环京通勤圈的公共服务均等化问题。一是灵活利用投资基金对基础设施建设的投资牵引功能。针对通勤圈三地财力支持不均等的特殊性，京津冀三地应积极发展股权投资母基金、产业投资基金等新金融手段，建议三地联合设立环京通勤圈基础设施产业投资基金，同时募集社会资金，进行市场化运作，大力推进通勤圈公共设施建设。借鉴浙江对基建企业提供的差异化金融服务创新，鼓励三地商业性金融机构开展股权基金投资、投贷联动产品、"软贷款＋期权"等新模式加大对基础设施建设企业的投资力度。借鉴美国、澳大利亚、日本、新加坡等国家在交通、能源、医疗等领域的REITs运作经验，鼓励三地符合条件的基础设施项目积极参与基础设施领域不动产投资信托基金（REITs）试点，盘活存量资产形成投资良性循环。二是鼓励龙头金融机构牵头加大中长期信贷

的投放力度。推动京津冀金融机构在信贷政策、授信额度、信用风险防范等方面创新合作，发挥各自比较优势，建立适合本地的基础设施建设优惠利率信贷专项，加大对通勤圈基础设施建设中长期贷款投放力度。针对基础设施工程项目工期长、资金占用量大等特点，建议三地金融机构借鉴河南、贵州、黑龙江等地交通项目的融资模式，采用银团贷款的合作方式，由实力雄厚的金融机构牵头向基础设施承建企业提供联合放款或授信，从而有效分散信贷集中的风险。三是充分发挥债权融资工具的投资牵动作用。三地政府及企业应充分认识到并发挥公司债、企业债券、银行间债务融资工具、中期票据、短期融资券等债权融资工具的作用，加大对基建承建企业的资金支持。适度发挥财政资金在公共设施建设领域的撬动作用，建议三地发行通勤圈公共设施建设专项债，筹措基建项目资本金，吸引社会资本投资。四是挖掘融资租赁业务在公共设施投资领域的牵拉效应。巧妙利用融资租赁门槛低、融资期限长、还款方式灵活、压力小和"以租代销"的功能，由北京市国资融资租赁公司牵头，带动三地国有融资租赁机构在城市基础设施租赁、高速公路租赁、轨道交通租赁、电力和石油、石化、天然气等能源设备租赁、工程机械租赁领域广泛开展业务，灵活解决相关企业资金不足的问题，快速推进通勤圈的公共基础设施建设。

2. 用好"联"的功能推进金融一体化，实现京津雄功能圈三地金融合作互补

整体来看，京津冀区域金融管理和发展的协同力度急需加大，区域金融竞争与合作规则急需确立，金融支持效率急需提高。京津雄功能圈的地理位置和金融发展水平适宜在此开展三地金融服务互联互通和竞合发展的创新试点，充分发挥三地金融的特色，实现优势互补。一是制定同城化的金融服务规范。在功能圈区域，通过加强跨省域金融机构建设，鼓励金融机构打破条块分割的传统经营管理模式，实现业务由互联互通到三地建立统一的金融服务规范，提高三地金融服务一体化水平。借助联合授信，推动信贷资源在三地的合理流动，提高资金供给与需求间的适配性；推动融资抵押品、企业工商和财税信息异地互认；加快完善交通一体化和医疗服务场景的支付同城化。二是推动三地绿色金融联动协同改革创新。在功能圈高标准高质量打造三地绿色协同发展示范区，针对三地差异化的绿色发展需求，因地制宜提供量身定制的绿色金融产品与服务，实现联动协调发展。探索三地更多"全国首创"制度创新成果，加快形成配套的绿色金融制度体系和经验模式，将京津雄地区打造成为发展绿色经济的新高地。加大对绿色投融资活动的支持，构建起涵盖绿色贷款、绿色债券、绿色保险、绿色供应链等在内的多元化产品体系。三是成立京津冀金融发展联盟。借鉴长三角地区做法，在功能圈区域内由金融行业协会发起成立京津冀金融发展联盟，充分发挥金融行业组织的桥梁纽带作用，建立常态化联络沟通机制，为成员单位在三地的活动提供便利，同时发挥三地各自现有的专业委员会和专家库的优势，为金融业服务京津冀一体化提供智库参考。四是加强区域金融风险联防联控机制建设。完善京津冀金融资源共享机制建设，整合各类金融资源要素，为金融监管部门、银行金融机构建立有效的信息交流平台，将征信、统计、金融监管与稳定集于一身。在此基础上，成立京津冀区域金融风险管理与预警中心，三地监管部门定期沟通协调，共建区域金融监管与风险防范的政策互补机制。

3. 用好"链"的功能性配置金融资源，精准化支持京津冀产业配套圈重点领域发展

针对京津冀"产业圈"重在促进节点城市强链补链的定位，发挥金融在三地资源配置的作用，畅通金融要素在三地之间的循环流通，加强节点城市金融机构要素集聚，锚定重点产业领域提供精准化资金支持，推动创新链、产业链在京津冀产业配套圈层合理延伸布局。一是加大对区域范围内先进制造业和高端产业的融资链支持。三地金融服务机构要聚焦服务京津冀产业配套圈层各节点城市的战略性新兴产业，对信息技术、集成电路、新能源和智能网联汽车、生物医药、工业互联网、氢能等优势领域适当倾斜信贷资源。围绕智能化、绿色化等重点方向布局金融业务，逐步扩大对三地高精尖产业优质项目的投融资比例，培育互联网、大数据、人工智能等产业集群发展壮大。积极推动质押模式创新、行业服务方案创新和交叉场景创新，为企业开发适应性更高的金融产品和金融服务。二是加大对三地产业链供应链韧性建设的金融支持。着力发展应收账款质押贷款、保理、标准化票据、信用证等形式的供应链金融在三地的互联互通。围绕新能源、新材料、装备制造、生物医药等优势产业配置金融资源，以畅通的资金链保障产业链供应链在京津冀三地的区域配套和深度融合。加快推动京津、京雄、津雄产业带，打造世界级城市群的"战略支点"。三是延长多层次资本市场在三地的服务链条。充分利用北京证券交易所和新三板市场先决优势，支持北交所做大做强，发展多层次资本市场。三地共同培育专精特新科技型中小企业成长壮大，依托京津冀区域性股权市场和三级资本市场服务基地，将多层次资本市场的服务链条延伸至中小微企业，激发三地企业创新热潮，推动三地创新型中小企业北交所上市。积极推动具有较强影响力的企业到主板市场、海外市场上市，为三地企业全面发展提供金融市场支持。四是为三地自贸区全链条开放提供金融支持。积极支持京津冀地区重点企业国际化发展，为外商投资以及自贸试验区发展营造更加有利的金融氛围，开展跨境资金流动、国际收支便利化等开放探索。吸引更多国际金融组织和外资金融机构落户京津冀，探索重点金融领域全链条开放，激发出三地更强的经济发展潜能，对全国形成较强的拉动效应，将京津冀打造成中国经济新的区域增长极。

第四节　用好资源禀赋维护首都金融稳定与发展

一、发挥金融科技优势，完善地方金融风险监测预警机制

1. 升级调整现有的监测预警技术，实现金融风险的智能化预警

充分发挥北京市金融科技发达的优势，不断升级调整现有的以"冒烟指数"为指标的金融风险监测预警系统和监测预警平台，通过完善计算模型，结合新兴金融业态风险特征不断迭代升级，确保监测预警的精准度。将大数据和人工智能、机器学习、知识图谱、自然语言处理等新技术应用于金融监管领域，通过导入大量金融监管相关数据，利用机器学习形成知识图谱或者建立模型，通过不同算法和神经网络应用预测被监管目标存在或可能引发的金融风险，实现智能化识别预警风险、量化风险等级和提前处置风险的目的。在完善现有金融风险监测预警系统的基础上，探索增加市级《防范和处置非法集资条例》行政执法系统建设，将"线索收集—监测预警—协同处置—行政执法—案件管理"等各个工作环节贯穿融合，建设全链条综合治理技术平台，提高金融风险防范处置的有效性。

2. 加快推动信息共享机制建设，完善金融风险监测预警维度

在现有的预警监测系统所使用的工商注册登记、招聘、舆情、法院等公开信息数据、第三方投诉平台举报数据、客户提供风险企业数

据、监管机构数据和网络爬虫数据等多源异构数据共 150 个数据项的基础上，多渠道拓宽监测数据来源，加快推进金融风险的信息共享机制。借助金融监管数据整合，通过金融监管协调机制接入更多当前"金融风险预警监测"系统所需数据。在市一级监管部门建立统筹全市的地方金融信息共享中心，并且密切关注区域内的新型金融组织和金融业态，构建新式金融信息监管体系。与此同时，逐步完善现有预警监测系统内相关金融组织和金融业态的信息，与地方金融办和中央相关派出机构积极联系，构建相应的信息收集、信息交流、信息共享机制，在此基础上确定信息共享的方式、信息共享内容以及防止信息泄露的保障机制等。完善金融风险预警数据指标建设，制定适合本地金融业发展的金融风险监测预警系统。结合《防范和处置非法集资条例》及实施办法，发挥网格化管理和基层群众自治组织作用，将网格员排查的线索纳入预警监测系统，积极整合线下监测预警数据，完善监测预警维度。

3. 充分发挥数据要素的价值，确保监管数据使用安全

在借助云计算以及大数据等新型科技手段改善监管信息收集水平的同时，打破之前由于部门利益产生的数据孤岛现象。通过市级的相关金融监管部门引领布局，明确地方金融组织监管领域的数据收集和使用规则，各类地方金融监管机构按照职能细化的不同收集对应数据信息。利用前沿技术，保障数据的使用和共享安全。具体而言，北京市可充分借助区块链、密码学、隐私保护、安全多方计算、可信计算等前沿技术，建设安全、高效、通用的数据合作基础设施；同时保护原始数据安全，数据不离开各机构或个人，只是调用计算，实现"数据可用不可见"。一方面要在硬件设施层面完成可信环境的搭建，保证数据只在可信环境下计算；另一方面要采用联邦学习等去中心化计算模式，支持多方数据安全计算和智能应用，确保金融监管数据使用和共享的安全性。为了防止类似信息泄露事件的发生，首先监管部门内部要做好数据安全保密管理措施；其次在选择第三方机构时，需要严格谨慎，做好背调；最后数据授权时要有规范流程，并设立数据监管的相关安全防护机制来确保数据信息安全。

4. 建立风险评估体系，为地方金融组织精准画像

在地方金融分业监管细则的基础上，以数据要素为依据建立各类金融风险的监测预警模型，对新型金融业态的交易数据、网络舆论相关数据、涉及诉讼或者仲裁的数据等进行全面系统的挖掘分析，以数据为依据使地方金融监管更加方便有效，并做到监管的智能化、常态化、全面化。提高地方金融风险的精准识别和动态预警能力，将地方金融风险隐患化解在萌芽状态。从技术角度看，可通过机器学习形成多角度、可增可减的风险分析子模型，最终按照模型和专家研判模型共同赋权，得到被监测目标的风险评分。每一个子模型都可以从不同的角度预测被监测目标的风险状况，克服传统信用风险评估中单个模型考虑因素的局限性，使预测更为精准。

二、用好金融法院延伸功能，助力首都金融稳定与发展

北京地区金融业快速发展，金融交易日趋复杂，新类型纠纷不断涌现，对专业化金融风险防范处置和跨领域金融监管协调治理提出新的更高要求，北京金融法院的设立及时回应了首都这一金融发展需求。自2021年成立以来，北京金融法院发挥专业法院的作用，对金融案件实行集中管辖，在提高金融审判专业化水平、解决区域金融发展与法治保障等方面取得了较大突破。但作为改革法院，北京金融法院的功能不仅仅是审理好案件，更多的是发挥审判的延伸值，为维护首都金

融安全、防范化解金融风险提供司法服务和保障。未来可从四个方面入手发挥北京金融法院的延伸作用，推进首都金融监管协同治理，提升国家金融管理中心功能。

1. 挖掘金融司法大数据的潜在价值，以数据协同服务首都金融风险预警防范

北京金融法院在设立之初即注重审判工作的信息化和智能化建设，其在案例审判中积累的数据库以及正在建设中的金融司法大数据研究中心拥有海量（约每年 3000 万件案例）的金融司法大数据。应充分利用北京金融法院的这一优势，充分挖掘金融司法大数据的潜在价值，将司法数据与金融数据结合起来，以数据协同为深化金融风险治理贡献司法智慧。

一是由市级层面统筹，通过政策、资金、人才等方面支持，持续推进北京市司法数据与金融数据开放共享，以司法数据扩充现有金融监管数据的维度。具体可依托北京金融法院已有的金融司法大数据研究中心基础设施和平台建设，在司法数据与金融数据初步交换的基础上，不断扩大金融司法数据归集共享范围，进一步实现首都金融司法数据和金融监管数据的融合贯通。二是深入挖掘司法数据对金融风险的研判和预警作用，进一步释放金融数据的潜在价值，以数据协同服务首都金融风险预警防范。在司法数据与金融数据贯通融合的基础上，研究构建金融司法指数，从司法角度探索构建金融风险分析模型，开发金融风险感知预警系统，作为对以"冒烟指数"为代表的金融风险预警系统的有益补充，进而实现首都金融风险预警防范的系统化、智能化。三是将金融法院纳入北京市金融监管协调机制和北京市金融风险防范和应急机制，使其正式成为首都地方金融监管和风险处置的成员单位。在具体执法中，一方面发挥金融司法大数据的协同作用，以金融审判数据为金融行业运行、金融监管治理提供服务；另一方面充分发挥北京金融法院作为专业法院的优势，在金融风险处置化解方面起到定分止争、打击犯罪、息诉罢访的积极作用。

2. 推广金融司法典型案例的示范引领效应，以规则协同提高地方金融监管能力

北京金融法院自成立以来，妥善审理了一批重大疑难的、具有规则创设意义和较大社会影响力的"首案"和典型案件，积极开展了金融审判体制机制创新案例试点。这些案例在实践中对其他地区的金融监管形成了示范引领作用，为全国的金融审判规则树立了标杆。建议北京市充分发挥金融专业法院树立规则、示范引领、促进治理的重要作用，探索建立金融监管典型案例指导制度，提高首都金融联合监管的能力和水平。

一是由北京金融法院牵头构建首都地方金融监管专案协调制度。面对市金融局和各区金融办在金融监管实际中出现的疑难杂案，由北京金融法院牵头，联合相关基层法院对金融监管部门的具体案件提供具体指导；对于某些复杂且亟待解决的案件，可以向其提供司法专业人才全程参与等相关支持。二是探索地方金融监督管理和风险处置的规则和标准设置。在典型案件解决完成后，金融法院与市金融监管部门共同总结经验，加强对案件的甄选、编写、报送、应用和研究工作，为首都跨行业跨部门金融监管相关规则和标准的创立提供指引，并适时将北京金融法院的司法案例规则向全国推广。三是围绕典型案例中的金融风险防范和处置做法，由市金融局牵头，与北京金融法院合作对金融监管队伍和综合执法力量开展培训，逐渐提升首都金融监管和风险处置的能力和水平。

3. 拓展金融法院的企业金融顾问功能，以智力协同实现风险防范端口前移

实施金融安全战略，金融机构不仅自身要防控风险，还要帮助企业防范风险。调研中发现，北京金融法院的绝大部分涉诉企业缺乏防范金融风险的意识和能力，部分企业因盲目扩张、非理性融资等不当金融决策，既造成了自身的流动性风险，又增加了地方的金融风险压力。建议拓展北京金融法院的企业金融顾问功能，将防范化解金融风险的端口前移至企业。

一是借助金融法院的专业优势，助力企业法律解困。在诉前调解和诉后执行的过程中，金融法院可凭借其专业法院的优势，针对涉案双方的诉求，以修复和重建双方受损的信用关系为着力点，提出"一揽子"矛盾纠纷解决方案；促进案件双方在深挖内潜和财产增值基础上互谅互信的良性互动，帮助企业修复和重建信用，引导资本向善。二是将金融法院纳入北京市小微金融顾问服务体系，助力企业金融纾困。建议由市金融局聘请北京金融法院成为北京市小微民营企业的金融法治顾问单位，着重对于涉案民营企业提供金融服务。金融法院可通过工作机制创新，推动涉案企业的债务重组、企业重整、投资资源引入、资产优化处置，为有需求的被执行企业引进优质战略投融资资源提供空间和时间，做到法律上为企业解困的同时在金融上为企业纾困。三是发挥金融法院对地方政府的"金融法治智囊团"作用。北京金融法院通过完善金融法治专家库，健全专家联系机制和专家咨询委员会运行机制，延伸经济金融风险治理触角，辅助北京市政府加强金融管理，防范和处置区域金融风险。通过整合、汇聚各方金融法治理论研究、咨询智库力量，加强对金融领域新市场、新业态、新技术的联合调研和政策研判，为市委、市政府完善金融发展规划、推进金融

改革创新，提供决策依据和参考。

4. 发挥北京金融法院的区域辐射作用，以资源协同推动京津冀地区金融稳定发展

当前，京津冀地区金融领域的矛盾风险呈现区域性、系统性、交叉性和复杂性特点，金融市场的稳定与发展也面临较大不确定性。应充分发挥北京金融法院在京津冀范围内的溢出效应和辐射作用，加强京津冀三地法院协同合作，以司法资源的协同保障区域金融稳定与发展。具体可以从以下三个方面完善细化常态化协作机制：

一是高起点推进京津冀地区金融司法协作的整体水平。目前，北京金融法院已经与河北、天津、雄安新区的数家中级法院签署了金融司法数据协同和信息共享的协议。围绕金融服务实体经济，北京金融法院与京津冀地区金融司法部门可在产权保护、执行和解、信用协同等方面加大合作力度，助力区域经济运行企稳向好。二是以金融司法共治撬动金融监管协同治理，依托三地法院分别协调当地的金融监管机构，在三地金融司法合作的基础上最终形成京津冀地区金融监管协同共治的机制；合力强化跨区域金融监管的法治协作，推动三地金融审执一体联动，推动构建京津冀金融司法一体化风险处置机制，提高跨区域跨市场的统筹应对能力。三是打造具有全国影响力的京津冀金融司法"高地"名片。要发挥京津冀地区金融机构数量多、规模大、门类全的资源优势，通过深化金融司法协作，创新金融司法机制，提升金融司法专业化、高效化、智能化、国际化水平，将京津冀地区打造为在全国乃至全球具有引领示范效应的金融司法"高地"。

参考文献

[1] 张杰：《中国金融改革的制度逻辑》，中国人民大学出版社2015年版。

[2] 程丹：《北交所优化新三板生态市场流动性将进一步激活》，《证券时报》2021年12月2日。

[3] 昝秀丽、吴科任：《证监会：深化新三板改革努力办好北交所》，《中国证券报》2021年11月16日。

[4] 马婧妤：《证监会主席易会满在北交所揭牌暨开市仪式上表示 持续深化新三板改革 努力办好北交所》，《上海证券报》2021年11月16日。

[5] 孟珂：《进一步丰富北交所和新三板融资产品》，《证券日报》2022年3月4日。

[6] 张弛：《新三板和北交所市场生态持续优化》，《金融时报》2022年2月22日。

[7] 吴科任：《精准包容资本赋能，北交所新三板一体发展成绩亮眼》，《中国证券报》2022年3月18日。

［8］李诗洋：《新三板划归场内交易，改变资本市场格局》，《国际融资》2015 年第 9 期。

［9］王振、熊德平：《中介视角下互联网金融发展及对传统金融机构的挑战分析》，《科技广场》2020 年第 6 期。

［10］李佳明：《基于现代金融中介理论的互联网金融模式研究》，《市场周刊》2020 年第 4 期。

［11］荀月康、王璐璇：《我国商业银行功能的弱化——基于金融中介理论》，《营销界》2019 年第 51 期。

［12］李庆国：《商业银行转型研究的文献述评》，《现代经济探讨》2017 年第 10 期。

［13］陈丽、李娇娇：《金融发展与经济增长的关系国外文献综述》，《中国商论》2016 年第 9 期。

［14］谢平、邹传伟：《互联网金融模式研究》，《金融研究》2012 年第 12 期。

［15］李博、董亮：《互联网金融的模式与发展》，《中国金融》2013 年第 10 期。

［16］汤小青：《我国金融风险形成的财政政策环境和制度因素》，《金融研究》2002 年第 11 期。

［17］屈波：《金融创新风险的分类及其形成》，《金融发展研究》2009 年第 7 期。

［18］崔琳熠：《我国金融风险的表现、成因及治理对策》，《观察思考》2014 年第 14 期。

［19］左文静：《金融环境下对金融风险的分析与防范》，《中外企业家》2019 年第 31 期。

［20］周效东、汤书昆：《金融风险新领域：操作风险度量与管理

研究》,《中国软科学》2003年第12期。

[21] 宫晓琳:《未定权益分析方法与中国宏观金融风险的测度分析》,《经济研究》2012年第3期。

[22] 张颖、张富祥:《分位数回归的金融风险度量理论及实证》,《数量经济技术经济研究》2012年第4期。

[23] 赵进文、张胜保、韦文彬:《系统性金融风险度量方法的比较与应用》,《统计研究》2013年第10期。

[24] 李明选、孟赞:《互联网金融对我国金融机构信用风险影响的实证研究》,《企业经济》2014年第11期。

[25] 陈守东、王妍:《我国金融机构的系统性金融风险评估——基于极端分位数回归技术的风险度量》,《中国管理科学》2014年第7期。

[26] 陶玲、朱迎:《系统性金融风险的监测和度量——基于中国金融体系的研究》,《金融研究》2016年第6期。

[27] 沈悦、李博阳、张嘉望:《系统性金融风险:测度与时空格局演化分析》,《统计与信息论坛》2017年第12期。

[28] 廖岷、林学冠、寇宏:《中国宏观审慎监管工具和政策协调的有效性研究》,《金融监管研究》2014年第12期。

[29] 高蓓、陈晓东、李成:《银行产权异质性、影子银行与货币政策有效性》,《经济研究》2020年第4期。

[30] 宋科、邵梦竹:《中央银行与宏观审慎政策有效性——来自121家央行的经验证据》,《国际金融研究》2020年第6期。

[31] 王存轩:《金融监管适当地方化的思考》,《金融理论与实践》2002年第6期。

[32] 董彦岭:《我国金融地方化趋势与地方金融发展战略》,《海

南金融》2007年第4期。

[33] 邹小芃、牛嘉、汪娟：《对地方金融风险的研究：文献综述视角》，《技术经济与管理研究》2008年第4期。

[34] 肖耿、李金迎、王洋：《采取组合措施化解地方政府融资平台贷款风险》，《中国金融》2009年第20期。

[35] 张理平：《资产证券化与地方政府融资平台建设》，《经济体制改革》2010年第4期。

[36] 詹向阳：《辩证看待地方政府融资平台发展》，《中国金融》2010年第7期。

[37] 安国俊：《地方政府融资平台风险与政府债务》，《中国金融》2010年第7期。

[38] 梅德志、刘源：《区域振兴、地方融资与风险防范》，《经济研究参考》2010年第44期。

[39] 张文中：《金融地方化的趋势与金融管理体制变革》，《新疆财经》2010年第6期。

[40] 杨艳、刘慧婷：《从地方政府融资平台看财政风险向金融风险的转化》，《经济学家》2013年第4期。

[41] 余子良：《地方政府融资平台的来龙去脉与风险规避》，《改革》2013年第1期。

[42] 蓝虹、穆争社：《论完善地方金融管理的边界、组织架构及权责制衡机制》，《上海金融》2014年第2期。

[43] 徐鹏程：《新常态下地方投融资平台转型发展及对策建议》，《管理世界》2017年第8期。

[44] 王冲：《地方金融监管体制改革现状、问题与制度设计》，《金融监管研究》2017年第11期。

［45］刘红忠、许友传：《地方政府融资平台债务重构及其风险缓释》，《复旦学报（社会科学版）》2017年第59期。

［46］国务院发展研究中心"经济转型期的风险防范与应对"课题组：《打好防范化解重大风险攻坚战：思路与对策》，《管理世界》2018年第34期。

［47］韩文丽、谭明鹏：《监管趋严背景下地方政府融资平台债务现状、评判及对策探析》，《西南金融》2019年第1期。

［48］张斯琪：《"一委一行两会"格局下中国金融监管协调框架探析》，《中国行政管理》2020年第3期。

［49］于永宁：《"一行三会"监管协调机制的有效性问题》，《山东大学学报（哲学社会科学版）》2012年第4期。

［50］巴曙松：《金融监管机构是分是合：这并不关键——谈当前监管框架下的金融监管协调机制》，《西部论丛》2006年第11期。

［51］赵劲松：《对建立新型金融监管协调机制的思考》，《金融理论与实践》2005年第6期。

［52］刘新荣、陈波、陶钧：《对建立完善地方金融监管工作协调机制的思考》，《西南金融》2016年第4期。

［53］邢毅、闫静文、张晓红：《地方金融监管协调机制建设》，《中国金融》2018年第22期。

［54］肖龙沧：《完善地方金融监管协调》，《中国金融》2018年第23期。

［55］李海洋：《金融监管改革背景下的地方金融监管协调机制研究》，《北方金融》2019年第5期。

［56］王晓、陈思憧、曾令祥：《完善地方金融监管协调体制》，《中国金融》2018年第22期。

[57] 余子良:《地方政府融资平台的来龙去脉与风险规避》,《区域经济》2013 年第 1 期。

[58] 姚凤阁、温红梅:《地方政府融资平台风险防范与规范发展》,《财政研究》2013 年第 10 期。

[59] 曹桂全、赵阿敏:《地方政府融资平台问题研究综述》,《经济纵横》2014 年第 4 期。

[60] 毛振华、袁海霞、刘心荷、王秋凤、汪苑晖:《当前我国地方政府债务风险与融资平台转型分析》,《财政科学》2018 年第 5 期。

[61] 王静:《公共财政框架下我国政府或有债务风险管理》,《经济问题》2009 年第 5 期。

[62] 王仕军:《我国地方政府性债务风险形成的深层次机理及解决路径》,《理论学刊》2011 年第 10 期。

[63] 毛建林:《地方政府投融资平台:体制根源、风险机理与规范发展——基于委托代理理论的一个分析框架》,《西南金融》2011 年第 4 期。

[64] 于永宁:《"一行三会"监管协调机制的有效性问题》,《山东大学学报(哲学社会科学版)》2012 年第 4 期。

[65] 刘科星:《美英金融监管协调机制演进的经验与借鉴》,《西南金融》2015 年第 7 期。

[66] 綦相:《国际金融监管改革启示》,《金融研究》2015 年第 2 期。

[67] 许文彬、赵霖、李志文:《金融监管与金融创新的共同演化分析——一个基于非线性动力学的金融监管分析框架》,《经济研究》2019 年第 5 期。

[68] 刘卫东、晏艳阳:《完善我国金融监管协调机制的思路》,

《现代经济探讨》2009年第6期。

[69] 吴曼华、田秀娟：《中国地方金融监管的现实困境、深层原因与政策建议》，《现代经济探讨》2020年第10期。

[70] 李有星：《民间金融监管协调机制的温州模式研究》，《社会科学》2015年第4期。

[71] 钟震：《金融监管协调：通道理论的提出及应用》，《财贸经济》2018年第9期。

[72]《防范和处置非法集资条例（中华人民共和国国务院令第737号）》（2020年12月21日通过）

[73]《国务院办公厅关于促进平台经济规范健康发展的指导意见》（2019年8月1日发布）

[74]《互联网金融风险专项整治工作实施方案》（2016年4月12日发布）

[75]《北京市金融突发事件应急预案》（2018年9月4日发布）

[76]《北京市地方金融监督管理条例》（2021年4月16日通过）

[77]《关于首都金融科技创新发展的指导意见》（2018年10月22日发布）

[78]《中共北京市委关于制定北京市国民经济和社会发展第十四个五年规划和二〇三五年远景目标的建议》（2020年11月29日通过）

后 记

在过去十几年对北京市金融业发展的跟踪调查研究和实践参与的基础上,在各方的帮助和支持下,《国家金融管理中心:大国首都的金融发展之路》这本书终于完成了。恰在本书校对出版的过程中,中央金融工作会议在京召开,会议指出要为强国复兴伟业提供有力金融支撑,擘画了今后金融高质量服务实体经济的"路线图"。紧接着,习近平总书记在省部级主要领导干部推动金融高质量发展专题研讨班开班式上发表重要讲话,强调要坚定不移走中国特色金融发展之路,推动我国金融高质量发展。两次会议传递出的信息令人振奋、引发金融领域共鸣,首都金融的发展之路也因此迎来了新的机遇与挑战。

中央金融工作会议提出"做好科技金融、绿色金融、普惠金融、养老金融、数字金融五篇大文章",为当前和今后一个时期的首都金融工作指明了方向。首都北京除了拥有丰富的金融资源和雄厚的科研力量外，还有一系列的政策优势，例如中关村国家自主创新示范区、科创金融改革试验区等，在"五篇大文章"的实践中进行了很多有益的探索，具备既有的先行优势。北京作为首都，需要认真领悟贯彻中央金融工作会议指示，积极将"五篇大文章"做深做实，将金融资源向重点领域和薄弱环节倾斜，在服务经济高质量发展方面发挥积极作用，为推动金融强国建设与金融高质量发展持续贡献力量。

金融强国建设要求我们的金融监管要"长牙带刺"、有棱有角，在防范和化解风险方面关键在于金融监管部门和行业主管部门协作配合。这对于央地金融监管协调机制的运行提出了更高要求。而随着地方金融监管体制改革的深入推进，北京市地方金融监督管理局也完成了向北京市委金融办（北京市委金融工委、北京市地方金融管理局）的角色转变，相应的十六区金融办也进行了大幅度的机构改革和人员调整。对比之前，北京将面临监管执法队伍人员力量锐减和风险化解治理任务加重的挑战，如何在新的形势下守住风险底线，确保首都金融发展的安全与稳定，是理论和实践中需要深入探索的一大命题。

从国际看，随着我国国际地位不断提升，经济金融实力不断增强，北京作为国家金融管理中心和金融改革开放前沿，有基础、有条件紧密连接全球金融网络，成为全球金融中心重要节点。从国内看，经济增长潜力和市场优势形成对全球金融资本的强大吸引，金融供给侧结构性改革在对优化金融机构、市场和产品体系提出更高要求的同时，也为北京率先承接国家金融改革开放任务、优化调整金融资源、提高竞争效率带来新机遇。从北京看，以首都发展为统

后　记

领推动高质量发展，以落好"五子"探索率先融入新发展格局的有效路径，加速形成京津冀协同发展新增长极，加快打造以"两区"为平台的高水平开放新格局，为首都金融业高质量发展提供了丰富的应用场景和广阔的创新空间，国际科技创新中心建设为首都金融业转型升级提供了强劲技术支撑。

中国特色金融发展之路是一个不断探索和创新的过程，大国首都的金融发展也同样如此。未来，首都北京需要继续坚持走中国特色金融发展之路，不断推动金融改革和创新，提高金融业的竞争力和服务实体经济的能力，真正做到以我为主、博采众长。

因此，本书的内容仅能代表对过去国家金融管理中心和首都金融发展的研究，希望能为读者提供一个深入了解首都乃至全国金融体系形成及发展的机会。未来笔者将持续深入研究，从理论和实践层面探讨破解制约首都金融高质量发展障碍的方式方法，以期为国家金融管理中心建设贡献绵薄之力，同时也为相关政策制定者和研究者提供有益的参考。

本书在撰写过程中得到了北京市统计局、北京市商务局、原北京市地方金融监督管理局（现更名为北京市委金融办、北京市地方金融管理局）、全国中小企业股份转让系统、北京金融法院、北京市股权交易中心等单位或机构的大力支持。本书的出版得到了中央党校出版社相关领导和编辑的帮助。中共北京市委党校（北京行政学院）特别立项资助了本书的撰写和出版，科研处的同仁们在此过程中付出了辛勤的努力。在此对给予本书撰写和出版的相关机构、企业、个人表示衷心的感谢。本书是中共北京市委党校（北京行政学院）学术文库系列丛书之一。希望本书能够引发读者对国家金融管理中心和首都金融发展的深入思考，促进学术研究和政策制定的进一步发展，为中国金融事业的繁荣贡献力量。但限于理论水平与实践经验，书中难免存在不足之处，望广大读者批评指正。

2024 年 3 月